国際刑事裁判の政治学

国際刑事裁判の政治学

平和と正義をめぐるディレンマ

THE POLITICS OF INTERNATIONAL CRIMINAL JUSTICE
Rethinking the Peace versus Justice Dilemma

下谷内奈緒
Nao Shimoyachi

岩波書店

目次

第二部 国際刑事裁判のディレンマ

序章　正義の追求は平和を促すのか

一　問題の所在

国際社会における正義の追求は、平和をもたらすのか。本書は紛争の当事者に対する国際刑事訴追を分析することで、この問いについて考察するものである。その意味で本書が扱う正義とは法的正義であり、国際社会における正義のほんの一端にすぎない。ここ数十年の間に「グローバル正義」の文脈で議論されてきた分配的正義（経済的正義）や、新たな正戦論とも呼ばれる軍事的介入にまつわる正義（軍事的正義）は射程外としている。また本書が扱う平和も、和平合意が結ばれ紛争が終結するかという短期的平和に限定される。

このように本書の論考の対象は極めて限られたものだが、それでも、本書はこの問いについて考察することが現代の国際社会の構造を考えるうえで重要な意義を持っているのではないか、という問題意識に基づいて書かれている。第二次大戦以降、米国を中心に発展してきた国際政治学においては、長く、正義が主要な研究課題として扱われることはなかった。国際政治学が学問として確立されてすぐに米ソ二大国が対峙する冷戦の時代を迎えたことから、もっぱら諸国家間の秩序の維持が主たる関心事となり、正義はまったく考察されないか、秩序に従属する価値とみなされた。正義ある国際秩序について幾分か関心を払った英国学派の間でも、その代表的論者とみなされているブル(Hedley Bull)が主権国家からなる国際社会を擁護する観点から、正義よりも秩序を優先したことは有名である。ブルは、脱植民地化運動や南アフリカの人種隔離政策(アパルトヘイト)が、国際連合総会決議で度々表明されたように、広く国際社会の間で正義への関心を喚起していることを認識していた。[1] それでも、国際社会が世界全体の正義あるいは個人の正義を規定することは、主権国家で構成される国際秩序に変容を迫る革命的行為だと危惧したのである。[2]

このように国内社会と国際社会を峻別し、秩序ある国内社会に対して無政府(＝無秩序)的国際社会を対置させてきた主流の国際政治学に対して、正義を国際政治上の問題として提起し、正義と秩序の関係について再考を促してきたのは、第三世界の貧困や人権問題への関心の高まりであり、そこで大きな役割を担ってきた非政府組織(Non-Governmental Organization：NGO)や個人の活動家たちだった。だが、正義論が欧米諸国の間で活発に議論されるようになったのは、自国を統治することのできない「破綻国家」等が問題視され、「主権国家体制の動揺」が叫ばれるようになった冷戦後のことである。国際社会における正義の問題は、国家の主権をどう捉えるのかという問いと密接な関係を有している。

本書が扱う紛争当事者の国際刑事訴追が提起する平和と正義の相克の問題は、このように国際社会において正義の追求がにわかに重視されるようになるなかで生じたものである。国際機関が重大な犯罪を犯した個人を訴追する国際刑事裁判の一連の試み、とりわけ恒常的な機関である国際刑事裁判所(International Criminal Court：ICC)の設立は、それを推進する人々からは、主権国家の上位に強制規範を打ち立て、国家を介さずに直接、個人の刑事責任を追及する画期的な動きと捉えられてきた。しかし、これに対しては処罰を恐れる独裁者が政権の座に固執することになり、民主体制への移行や紛争の終結、つまり本書でいう平和が阻害されかねないという批判が出されている。これまで権威主義体制から民主主義体制へ、あるいは紛争から紛争後の平和構築へと移行してきた国々においては、政治的配慮から旧政権下での人権侵害の責任者を裁くことが難しい場合には、代案として刑事訴追を伴わない被害者救済や社会的な和解のための措置(真実究明委員会の設置や賠償措置、責任者の公職追放や公的謝罪など)が行われてきた。「(国際的に重大な)犯罪を行った者が処罰を免れることを終わらせる」と宣言するICCの設立とともに、それまで和平交渉においてしばしば次善策として用いられてきた、旧体制下での加害者を免責するという選択肢は表向き許容されなくなったが、依然として国際刑事訴追の効果や是非を問題にする議論は絶えず、現場でも矛盾した政策がとられるようになっている。

国際刑事裁判は、民主化や紛争終結といった平和の創造を阻害するのか否か。本書では国際社会における規範の転換期に生じたこの問いについて、国際刑事裁判が抱えるディレンマの政治構造の解明に努めることでアプローチし、国際社会における正義と秩序の関係について再考する手がかりとしたい。

二　「平和」と「正義」をめぐる論争

国際刑事裁判の是非をめぐる論争は、国際社会における法の役割についての異なる評価に起因する伝統的な理想主義と現実主義の論争として展開されている。これは国際秩序の基盤を何に求めるのかという大局的な国際秩序観の相違であるがゆえに議論はなかなか収束せず、近年ではデータベースを用いた実証研究も行われているが、方法論上の課題によって、議論に終止符が打たれるには至っていない。本節では、まず、「平和」と「正義」をめぐる論争がどのような経緯で生じたのかを概観し、この論争で何が問題となっているのかを把握しておきたい。

1　議論の系譜

民主化後あるいは紛争終結後の社会が旧体制下で生じた著しい人権侵害行為にどのように対処すべきかという問題は、「移行期正義(transitional justice)」と呼ばれる分野で論じられている。同様の問題は第二次大戦後のニュルンベルク・東京裁判(極東国際軍事裁判)や一連の「ナチス戦犯」法廷の研究、一九七〇年代以降に盛んになった比較政治学における民主化研究などにおいても考察されてきたが、「移行期正義」という言葉が広く用いられるようになったのは、一九九五年に米国平和研究所(United States Institute of Peace：USIP)のクリッツ(Neil J. Kritz)が編纂した『移行期正義──新興民主主義国はいかに旧政権に向き合うのか(*Transitional Justice: How Emerging Democracies Reckon with Former Regimes*)』が出版されてからである。同書は米国平和研究所が東欧諸国の民主化を受けて立ち上げた研究プロジェクトの成果の一つであり、各学問分野で行われてきた関連の学術研究を法文書や真実委員会の報告書等の一次資料とあわせて総ページ数二〇〇〇を超える全三巻の資料集にまとめたものである。

この本のタイトルが示すように、一九九〇年代半ばまでは「移行期」とは主として民主体制への移行を指していた。そして、その「正義」に関する研究は、第二次大戦直後に開催された二つの国際戦犯法廷に関するものを除くと、独裁的な旧権威主義政権下で生じた人権侵害にいかに対処するのかという、国内の政治、法律、社会的問題に関するものが多数を占めた。なかでも民主化「第三の波」(3)のなかで南欧(ギリシャ、ポルトガル、スペイン)に続いて体制移行を遂げたラテンアメリカは「今日の移行期正義の潮流の源流」(4)と位置付けられ、多くの事例研究が行われてきた。(5)民政移管後にボリビア、アルゼンチン、ウルグアイなど多くの国で失踪や拷問などの実態調査を行う委員会が設置され、アルゼンチンでは軍政期の司令官に対して人権侵害の責任を問う裁判が行われるなど、まだ「移行期正義」という用語が生まれる以前から旧体制の負の遺産に向き合う注目されるべき施策がとられたからである。一九八〇年代末から民主化の進んだ中東欧諸国でも共産主義体制の過去にいかに向き合うかが問題となり、ドイツやチェコスロヴァキアでは体制移行後の比較的早い段階から国家が管理していた秘密ファイルの開示と、それに付随する関係者の公職追放が大きな政治、社会的問題となった。[6] アパルトヘイトを廃止して民主化した南アフリカについても、犯罪における自らの役割を証言した者に免責を付与することで国民の和解と統合を図った真実和解委員会の取り組みが注目され、多くの事例研究が行われている。[7] 一九九〇年代後半になると、これらの過去の犯罪に向き合う様々な方法について考察したミノウ(Martha Minow)の『復讐と赦しのあいだ(*Between Vengeance and Forgiveness*)』(一九九八年)や、移行期の法の支配の多義性について論じたタイテル(Ruti G. Teitel)の『移行期正義(*Transitional Justice*)』(二〇〇〇年)など、移行期正義を多面的に捉える研究が出された。

その後、冷戦終結後に国際社会が各国の紛争処理に関与するようになると、「移行期」には権威主義体制からの移行に加えて、紛争からの移行、すなわち紛争終結とその後の平和構築の過程が含まれるようになった。移行期正義に関与する主体も被害者や人権組織、各国政府から、国連やICCを含むものに拡大し、移行期正義は国際社会が関与する平和構築政策の一環としても論じられる傾向を強くするようになった。[8] 国際刑事裁判と紛争終結をめぐる「平和」と「正義」の相克の問題は、このように国内の体制移行に付随する課題を問題にしてきた移行期正義研究が「国際化」するなかで生じたものである。

一九八〇年代から九〇年代初頭に多くの国が民主化するなかでも同種の議論は存在した。これは、旧体制下で生じた人権問題の責任追及が誕生したばかりの民主主義の安定を脅かしかねないと論じるものである。この問題はとりわけ民政移管後のアルゼンチンで軍政期の指導者を対象にした裁判が行われ、訴追対象が拡大してゆくと中堅将校による反乱が起き、有罪判決を受けた多くの加害者が免責されることになったことから顕在化した。そこでは、軍部の裁判を行ったアルゼンチンのアルフォンシン(Raúl Alfonsín)大統領の補佐官を務めた法学者のニーノ(Carlos Santiago Nino)が「訴追の価値は……民主制を存続させる目的と釣り合いの取れたものでなければならない」[9]と述べたように、加害者の責任追及に慎重な見解が出された。比較政治学における民主化研究においても、政治的安定を法的な正義の追求の制約要因と解する議論が繰り返し提示された[10]。真実委員会の設置や犯罪に関与した者の公職追放、賠償措置といった刑事裁判以外の移行期正義措置にはそれら独自の意義があるが、この時期に移行期の正義の追求のために様々な手段が試みられた背景には、こうした刑事裁判をめぐる政治的事情も存在していた[11]。

これに対して旧ユーゴスラヴィア国際刑事裁判所(International Criminal Tribunal for the former Yugoslavia: ICTY)の設置を皮切りに行われた国際的な刑事裁判は「不処罰の克服」という考えに基づいたものであり、過去の重大犯罪に対する対応として法的アプローチを重視する傾向を生み出した[12]。これはラテンアメリカや中東欧諸国、南アフリカが民主化するなかで試みた様々な移行期正義措置のなかでも刑事裁判を重視し、「正義」を法的正義と同値して狭く解釈するもので、国際的な刑事裁判が紛争継続中の事態を対象に活動する傾向を強めるなかで、紛争終結という「平和」との相克の問題を顕在化させた。国際刑事法の発展を背景に刑事裁判の実施が移行期正義のなかで主流化することに対しては、現地のニーズを重視する研究者や実務家から西欧の自由主義的価値の押し付けであるとの批判も出されている[13]。

研究者の間では、旧体制下で生じた人権侵害にいかに対処するかという問題と、紛争下で生じた残虐行為にいかに対処するかという問題は性質が異なるとする指摘も根強い[14]。しかし、この二つは果たして厳然と区別できるものだろうか。今日、国際社会が関与する形で紛争が終結する際には、民主的選挙の実施や憲法制定に対する支援があわせて行われ、紛争終結と民主化が同時に進められることが常態化している。さらに、両者の間には共通する重要な論点がある。それは、刑事訴追が交渉による合意形成の阻害要因となるのではないかという点である。民主化交渉と和平交渉はともに政治的行為であり、その成功には関係者の合意を必要とする。しかし、その関係者に対する刑事訴追は、合意形成の機会を奪いかねない。交渉による平和的体制移行の道が閉ざされた場合、民主化要求は武力を伴う革命へとエスカレートしかねない。和平交渉の道が閉ざされた場合、紛争はいずれかの紛争当事者が軍事的に勝利するまで続きかねない。刑事訴追が交渉による平和的な現状変更を阻害するのではないかということが、そこでは問われているのである。

2　対立する国際秩序観

このように国際刑事裁判の効果と役割をめぐる見解の対立は、国際社会が各国の紛争解決への関与を強めるなかで先鋭化したものだが、そこでの議論は国際政治における法の役割についての見解の相違も加わり、伝統的な国際政治学のおける理想主義と現実主義の論争を基底にした国際秩序観の対立として展開されている。

国際刑事裁判を支持する論者が暗黙裡に当然視するのは、法の強制力によって犯罪を抑止するという国内類推的発想である。国際社会には世界政府が存在しないため、法の最終的な履行を担保できないとして、国際法の無力を強調するのが伝統的な現実主義者の主張だった。これに対して、暫定的な裁判所である旧ユーゴスラヴィア国際刑事裁判所とルワンダ国際刑事裁判所(International Criminal Tribunal for Rwanda: ICTR)を含む国際刑事裁判所は、重大な人権侵害を犯した責任者を取り締まるために、検察官や裁判官といった司法機能や訴訟手続きを整えることで国際法の拘束力を強化した。そして主権免除を所与としてきた伝統的国際法に国家指導者個人の刑事責任を導入したニュルンベルク・東京裁判に倣って、国家という抽象的な集団ではなく個人を訴追の対象とすることで、将来の著しい人権侵害行為を予防することを謳っている。[15] そこには国内において刑法が犯罪の一般予防効果を持つように、国際社会においても刑事制度を整えることで犯罪を抑止できるとする、国内社会をモデルとした国際秩序の構想がうかがえる。

例えば、ＩＣＴＹとＩＣＴＲで法律顧問を務めた国際法学者のアカヴァン(Payam Akhavan)は、民族的憎悪や暴力は自然発生的に起こるのではなく、体制エリートが権力を追求する結果生じる計画的な犯罪だとする。ゆえにその首謀者を訴追することは「処罰の威嚇」の信頼性を高めることとなり、将来の虐殺を抑止する効果を持つと主張している。[16] 国際刑事裁判の意義を論じた文献として、このアカヴァンの論文と並んで頻繁に引用されるオレントリッカー(Diane F. Orentlicher)による一九九一年の論文が、人権侵害行為の処罰を定めた国際法の諸規定を詳細に検証して「訴追の義務(duty to prosecute)」を履行する重要性を論じたのも、抑止の効果を高める観点からだったと捉えることもできるだろう。[17] 国際政治学において規範の役割を重視する構成主義者の間でも、加害者の訴追を国際人権法執行の一形態と捉え、人権規範が制裁の強化と相まって将来の人権侵害を抑止すると解する研究結果が出されている。[18] このように国際刑事裁判を支持する論者の間では、後述する裁判への批判者との論争が続くなかで、次第に国際刑事裁判の役割として因果応報や道徳的要請よりも犯罪の抑止効果が強調されるようになっている。

こうした論理を現代の理想主義だと批判するのが、「現実主義者」たちである。国際法学者のゴールドスミス(Jack Goldsmith)と国際政治学者のクラズナー(Stephen D. Krasner)は「理想主義の限界(The Limits of Idealism)」と題する共著論文で、ＩＣＣが国連安全保障理事会という政治的意思決定機関以外にも裁判を提訴する管轄権を与えて(具体的には締約国とＩＣＣ検察官)「法の下の平等」を国際社会に確立しようと試みたり、民主的な説明責任を負わない国際機関が一国内で正義を実現できると考えたりすることは、「Ｅ・Ｈ・カーが批判した戦間期の理想主義を強く彷彿させる」と指摘する。そして、国際秩序は国際政治における力の分布や各国の政治状況に大きく依拠するのであり、国際政治から力の作用を排除することで完全に中立的な正義が実現すると考えることは、誤りであると警告する。[19] 米国の「現実主義者」の代表格に据えられているキッシンジャー(Henry Kissinger)も、ＩＣＣが政治的背景や結果を考慮せずに訴追や裁判を行うことは各国の民主プロセスを蹂躙することになりかねないと懸念を表明し、当該国政府が民主的に代表されていない場合には国際司法介入もありうるが、その判断は安保理が行うべきだと主張している[20]。ICCを批判する論者に共通するのは、世界政府のない分権的国際社会では、各政治共同体(主権国家)における交渉と妥協によって維持される国内秩序が国際平和の礎であり、国際社会が政治的配慮を欠いた普遍的な法を盾に介入することは、むしろ平和を阻害するという伝統的な現実主義者の警告である。

両者の主張が現実の政策で衝突するのは、国際刑事訴追に例外を認めるか、すなわち加害者の不処罰を認めるか否かという場面である。先に民主化の際に各国では人権侵害の責任者の訴追に消極的だったことをみたが、国際社会においても、免責は有効な交渉の手段として使われてきた。民主的に選出されたアリスティッド(Jean-Bertrand Aristide)大統領が軍事クーデター(一九九一年)によって追放されたハイチでは、米国と国連が軍関係者全員の責任を問わないことを約束するとともに、軍部指導者にはパナマへの亡命の手筈を整えて軍の退陣を促し、民主主義が回復された[21]。内戦の続いていたシエラレオネでは、残虐行為を繰り返していた反政府組織指導者を含むすべての紛争当事者に無条件恩赦を付与することを一九九九年の和平合意に盛り込むことで、紛争を終結させた。免責の確証を与えなければ、軍や独裁者は裁判を恐れて和平案を拒み、紛争が長期化すると危惧されたのである。

一九九八年にICCローマ規程が採択された後、国連事務局はICCの管轄権の対象となる重大犯罪――ジェノサイドと人道に対する罪、戦争犯罪[22]――の責任者を免責する和平案は支持しないとの立場に方針を転換したが、和平交渉の手段から免責措置を完全に除外することを懸念する安保理は、この方針に反対こそしていないが、明確な支持を表明することは差し控えている[23]。現場でも、アフガニスタンで和平交渉を進めるブラヒミ(Lakhdar Brahimi)事務総長特別代表が、現地で問題となっていた刑務所での虐殺事件の真相究明が行われれば、政治状況が不安定化しかねないと懸念を表明し[24]、各国も国連の仲介のない和平交渉の場では、国内秩序の安定を優先させるために刑事責任を不問にしたり恩赦を付与したりし続けている[25]。その結果、一九九〇年代以降には人権侵害を裁く国内、国際裁判が増加する一方で、それを上回る数の免責／恩赦の事例が報告される事態となっている[26]。

3　二項対立を超える試み

移行期正義研究でも他の社会科学研究と同様、近年、データセットを用いた体系的な実証を試みる研究が行われている。これは第一義的には、大半の研究が特定の国——とりわけ前述したように民政移管後に旧政権下の人権問題に向き合うために様々な施策がとられたラテンアメリカ諸国と真実和解委員会の取り組みが注目された南アフリカ——の事例分析に基づいており、体系的な実証研究が不足していると指摘されてきた移行期正義研究の方法論の課題に応えようとする試みである[27]。しかし、体系的な実証研究には、平行線を辿ってきた「平和」対「正義」の二項対立を克服する効果も期待された。

代表的なデータセットとしては、まず、オックスフォード大学のペイン(Leigh A. Payne)が中心となって作成した「移行期正義データベース(Transitional Justice Data Base: TJDB)」と、現在はグリフィス大学の上級講師であるキム(Hunjoon Kim)が博士課程在籍中にミネソタ大学(当時)のシッキンク(Kathryn Sikkink)とともに作成した「人権訴追データベース(Human Rights Prosecutions Database: HRPD)」がある。いずれも二〇一〇年に公開された。前者が一九七〇年から二〇〇七年の間に民主化あるいは内戦を経験した国々を対象に、免責措置を含む五つの主要な移行期正義手段(刑事裁判、真実委員会、免責措置、賠償、公職追放)の実施状況を年単位で記録しているのに対して[28]、後者は一九八〇年から二〇〇四年の間に民主化、内戦、国家新生のいずれかを経験した国々を対象に、刑事訴追と真実委員会の活動の有無を年単位で記録している[29]。

両研究チームは各々のデータベースを用い、抑止の効果を人権状況および民主化度合の改善と捉えて「刑事裁判が将来の犯罪を抑止する」という仮説の検証を行っている。オックスフォード大学の研究チームがこの仮説の検証にあたって分析の対象としているのは、上述したデータベースのうち一九七〇年から二〇〇四年の間に権威主義体制から民主体制に移行した国々であり、内戦経験国は除外しているが[30]、両研究チームの分析結果に大きな矛盾がみられたことは、移行期正義研究の方法論を考えるうえで注目される。ミネソタ大学の研究チームが、一九八九年以降に刑事訴追の件数が急増し「正義のカスケード現象(justice cascade)」が起きていると指摘したうえで、刑事訴追が真実究明とともに人権状況の改善に寄与しているとの結果を導き出しているのに対し、裁判件数を訴追時ではなく判決時で計算したオックスフォード大学の研究チームは、裁判のみでは人権状況の改善と民主主義の定着に統計的に有意な結果が得られず、真実委員会の設置は人権と民主化の指標を悪化させているとの結論を得たのである。さらにオックスフォード大学の研究チームは、裁判が免責措置と組み合わせて行われた場合に、人権状況の改善と民主化が促されているとの興味深い結果を示した。なお両チームはともに人権状況を測る指標として広く使われている Cingranelli-Richards(CIRI) Human Rights Data Project の Physical Integrity Rights Index(PHYSINT)および Political Terror Scales(PTS)を、民主化度合を図る指標として Polity IV(オックスフォード大学の研究チームはさらに Freedom House)の指標を用いていた。

その後、両研究チームは共同研究を行い、用語の定義やデータの収集源を拡張することで新たなデータベース「移行期正義共同研究(Transitional Justice Research Collaborative：TJRC)」を構築したが、この新データを用いた分析においても、刑事裁判の効果については用いる指標によって異なる結果が出されている[31]。このことは人権状況の改善や民主化の促進といった大きな目的と刑事裁判の間の因果関係を特定する際に、裁判以外に関係する多くの要素をいかにコントロールするかという難しい課題を提起している。

このほか裁判と免責がともに増加している現実を前に、両者をうまく組み合わせる戦略の重要性を説く研究もある。例えばオックスフォード大学の研究チームは、裁判が免責措置と組み合わせて実施された場合に人権保護と民主化が促進されるとの統計結果から、旧政権側勢力が影響力を保持する交渉型の体制移行の場合には、まず旧政権下での加害者を免責し、民主主義と法の支配が定着した後に裁判を行うべきだと主張する。しかし、本人たちも認識しているように、免責の撤回が慣行となれば、交渉時の免責付与の約束の信頼性は低下していくだろう(32)。また、不処罰を容認するための基準に関する研究も出てきている。論者によって詳細は異なるが、共通しているのは「民主的正統性」の基準であり、免責が当該国民によって民主的に選択された場合には認めようというものである(33)。だが、国際的な刑事裁判が訴追の対象とする国々の大半が独裁国家であり市民の政治的自由度が極めて低い現状で、果たして民主的な正統性を確保できるのかは危ぶまれる。

三　アプローチと構成

前節で概観したように、国際刑事裁判をめぐる「平和」と「正義」の論争の基底には、処罰の威嚇による犯罪の抑止か、あるいは免責の確証による和平か、という分権的国際社会の構造を前提にした対極的な国際平和観が存在している。しかし、それぞれの主張は必ずしも実証に裏付けられたものではなく、このことが論争が収束しない原因となっている。他方で体系的な実証を試みる統計分析は、データの収集方法の他、刑事裁判の実施と人権状況の改善および民主化の間の因果関係の特定に課題を抱えている。国際刑事裁判が果たして交渉による紛争の平和的解決を阻害するのか否かという問いに答えるためには、一度、国際政治学を規定してきた既存の認識の枠組みを離れて、この問い自体を理論的に考察するところから始める必要があるだろう。そしてデータ分析では見えてこない、各々の文脈に即した事例分析によって検証する作業が必要となるのではないか。

本書はこうした問題意識に従い、以下の構成をとる。

まず第一部第一章において、今日の国際刑事裁判の特徴について考察する。「強制力」と「正統性」という二つの概念を中心に国際刑事裁判の歴史を概観し、なぜ国際社会は実効性の弱い人権規範を強化させるに至ったのか、なぜ一九九〇年代後半に国際的な刑事裁判が実現したのかを問うことで、刑事裁判を行う国際社会の構造を明らかにすることにも努める。第二部では第一部での考察を基に、紛争当事者の国際刑事訴追に内在するディレンマの政治構造を解明する。第二章で理論的考察を行い、第三章と第四章で事例分析を通して検証する。第三章は紛争当事国が自国の事態をICCに付託した事例、第四章は国家指導者がICCによって起訴された事例である。第三部では国際刑事裁判がもたらす、より間接的な影響について考察する。本書でみていくように、「補完性の原則」を採用するICCをはじめとする現代の国際刑事裁判は、第一義的には各主権国家に刑事裁判の実施を期待している。そこで第五章では国際規範の変化が各国における人権問題の責任追及にどのような変化をもたらしているのかを考察する。そして第六章では、第五章で検討した人権裁判のうち国家指導層が訴追された事例を分析することで、刑事訴追と国内和平の関係について改めて考える。

なお、本書では旧ユーゴスラヴィアを除いた、紛争当事者が訴追対象とされたすべての国の事例を検証することになる(巻末の資料1および資料2参照)。旧ユーゴスラヴィアについてはすでに数多くの事例研究が行われていることから本書では個別の事例分析の対象とはせず、必要に応じて言及するにとどめる。また、本書で取り上げる事例は第六章第二節で検討するレバノンを除き、すべてアフリカ大陸の国々である。事例分析を通して、なぜ近年、アフリカ諸国がこれほど強くICCに反発しているのか、その背景を明らかにすることも試みたい。

第一部　国際刑事裁判の法規範

第一章　現代の国際刑事裁判の特徴

本章では国際刑事裁判と紛争の平和的解決の関係を論じる前提として、国際刑事裁判の法規範の特徴について考察する。国際刑事裁判は、国際法上の重大犯罪を犯した個人を国際組織が処罰する行為である。この国際刑事裁判の試みには、主権国家を構成単位とする近代国際社会の伝統的な枠組みと比して、二つの点で際立った特徴があることが指摘されてきた。

第一は法の執行に関する点である。主権平等と内政不干渉を基本原則とする近代主権国家体制では国家の主権が絶対視され、各国は自らが同意しない規範には拘束されない。これに対して国際刑事裁判の管轄権は、訴追対象となる個人が属する国家の同意なしに適用され得、その場合、国家機関に付与されていた主権免除は、重大犯罪について除外される。(1)

第二は国際政治の主体に関するものである。近代欧州で主権国家体制が確立されて以来、国際政治の主たる主体は国家であり、国際政治は主に国家間の関係に関するものだと捉えられてきた。二〇世紀後半になって安全保障以外の諸活動の重要性が国際政治において高まるにつれ、私企業やＮＧＯなどが新たな主体として注目されるようになったが、これらが「非国家」主体と総称されているように、国家は依然として国際社会の構成単位の中心に据えられている。その帰結として、国際法学においても主要な法源である慣習法と条約を成立させる主体として専ら国家が想定され、その違反の結果生じる問題も国家の責任の問題として論じられてきた。これに対して国際刑事裁判は、国家を介さずに直接、個人の刑事責任を追及する。その根拠となっているのは国際人権法と国際人道法（以下、国際人権・人道法）の発展である。国際刑事裁判は、内政に排他的な統治権を持つと理解されてきた国家の主権を制限してでも護るべき個人や集団があるという考えに基づき、刑事訴追の対象だけでなく保護の対象としても個人を想定した普遍的価値観に立脚している。

このように国際法の拘束力を強化し、個人責任を導入した国際刑事裁判が「旧来の国際法秩序とは一線を画する意義を持つことは間違いない」(2)。しかし、国際法学者の古谷修一も指摘しているように、個人責任を追及する新たな体系は、伝統的な主権国家体制の原則に完全にとってかわったわけではなく、国際刑事裁判権は国家責任の枠組みと並行して存在し、行使されている(3)。以下では、法の執行を担保する「強制力」と、法の支配に基づいた公正な裁判の実現をはかる「正統性」の二つの概念を中心に国際刑事裁判の展開を歴史的に分析し、今日の国際刑事裁判の特徴を明らかにすることを試みる。

一　強制力

法とは何かについては古来から哲学者の間で議論されてきたが、法を道徳など他の社会規範と区別する本質的な要素に、当該規範の遵守が社会の構成員にとって任意ではなく義務であるという強制の側面があげられることに異論はない。ことに刑法については違反者に対して公権力による制裁が加えられるか否かが、実効性を確保する観点から重要な要素だと捉えられてきた。しかし、国際社会には法に違反した国家に制裁を下す公権力が国家の上位に存在しない。そのため、国際法はその主たる構成員である国家の行動を規制するには不完全な法だと捉えるのが、古典的現実主義者の見解だった。

国際政治を主権国家が国益を追求する権力闘争として描き、政治的現実主義の立場から国際政治学の体系化を図ったモーゲンソー(Hans J. Morgenthau)は、ナチスの迫害を逃れて米国に亡命する以前の母国ドイツでは、国際法を研究の対象としていた。そのモーゲンソーは国際法について、「オーストラリアの先住民やカリフォルニア北部のユーロク族のような、文字をもつ以前の社会において一般的にみられる法に似た、原始的なタイプの法である」と述べている(4)。国内法が組織化された権力を独占する政府によって執行されるのに対して、それぞれの領域内における最高の法的権威として定義される主権国家から構成される国際社会の本質的な特徴は、そうした集権的な法制定ないし法執行の機関が存在しないところにある。国際法が原始的なのは、こうした「国際社会の分権的構造の必然的な結果(5)」であり、なかでも司法機能については、裁判所の管轄権が一方の当事者が請求しただけで(相手方当事者の同意を必要とせずに)成立する強制的管轄権、同一の訴訟事件を上位の裁判所で審理させる審級制度、少なくとも最上級裁判所の決定に対する先例拘束性の原則の適用という、実効的な司法制度に不可欠な三つの基礎条件をすべて欠いていると指摘している(6)。

同じく国際政治学の祖として知られるE・H・カー(Edward Hallett Carr)も、「国際法は、それが未成熟で十分には統合されていない共同体の法であるという点では、近代国家の国内法とは異なっている」と述べ、拘束力ある裁決を下す司法機関、法の遵守を担保する行政機関、共同体の全成員に同意不同意を問わず自動的かつ無条件に適用される立法という、成熟したあらゆる国内法体系の必須要素である三つの制度を欠いていると指摘している(7)。そして「国際法の弱点は、何か技術的な欠陥によるものではなくて、国際法の機能する共同体が未成熟であることからくる」のであり、国際法は国際道義が国家道義より脆弱なのと同様に、高度に組織化された現代国家の国内法よりもその内容において脆弱であり、法の倫理的要素の基盤であるすべての国家に平等に適用されうる一般規則を展開することが極めて難しいと述べている[8]。

こうした国際社会の構造に起因する司法の限界を体現するものとしてあげられるのが、国際刑事裁判所に先立って常設の司法機関として設立された国際司法裁判所である。国家間の紛争は一八世紀末より、紛争が起こるたびに紛争当事国がその解決を第三者に委ねることに合意して仲裁法廷を設置するというアドホックな形で処理されていたが、「仲裁裁判が紛争処理手段として効果的であるためには、国内司法にならって常設的かつ義務的な性格を有していなければならないという見解が二度のハーグ平和会議で表明され[9]」、一九〇一年に常設の仲裁裁判所が設置されるに至った。この時点で「常設」されたのは裁判官名簿にすぎなかったが、第一次大戦後には戦間期の平和運動の高まりに後押しされて、選出された裁判官が常駐する真に常設的機関である司法裁判所(Permanent Court of International Justice: PCIJ)が国際連盟によって設立され、第二次大戦後には国際司法裁判所(International Court of Justice: ICJ)としてその機能が引き継がれた。

しかし、国際司法裁判所の決定の拘束力は、依然として国際社会の分権性を強く反映している。第一に国際司法裁判所では、基本的には一方当事国が訴えを提起しても他方当事国が同意しない限り裁判所の管轄権が及ばない。ＩＣＪ規程第三六条二項は締約国がＩＣＪの強制裁判管轄を任意に受諾する宣言を行うことができると規定しているが、この選択条項に基づいてＩＣＪの管轄権を受諾している国は二〇一八年九月現在、七三か国に留まっている。これはＩＣＪ締約国となる国連全加盟国の三八％弱にすぎず、しかも受諾国の多くは様々な条件や期限を留保している[10]。さらにＩＣＪ規程第五九条は「裁判所の裁判は、当事者間において且つその特定の事件に関してのみ拘束力を有する」と規定しており、モーゲンソーが指摘したように先例拘束性を持たない。

このような古典的現実主義者による国際法の理解に対して、第二次大戦後に行われたニュルンベルク・東京裁判から冷戦後のＩＣＴＹ、ＩＣＴＲを経て常設のＩＣＣ設立に至る国際刑事裁判の歩みは、国際法の役割を重視する論者にとっては往々にして、国際社会の分権性に内在する問題を克服し、いまだ不完全とはいえ国家の主権を制限して中央集権的な司法制度を生み出す試みとして捉えられている。例えばＩＣＣローマ規程起草委員会議長をはじめ国際刑事法の発展に寄与する実務に多数関わってきた国際法学者のバシオーニ(M. Cherif Bassiouni)は、ＩＣＣ、ＩＣＴＹ、ＩＣＴＲの設立にみられるように国際刑事法が国家を通さず「直接執行」される制度が発展した結果、「通常の刑事裁判がそのまま国際レヴェルで実施されているという見方は、もはや例外ではなく、ますますそのように捉えられるようになっている」と述べている。(11)

確かに国際刑事裁判の管轄権は、対象となる個人が属する国家の同意なしに適用されうるという点で強制的である。また、史上初めてジェノサイド罪が適用されたＩＣＴＲの判決(Prosecutor v. Jean-Paul Akayesu)が、その後スレブレニツァの虐殺を審理するＩＣＴＹやスーダンのダルフールの事態を審理するＩＣＣにおいて、同様の犯罪が起きたか否かを判断する基準として引用されるなど、一定の先例拘束性もみられる。

しかし法の遵守を担保する根拠は裁判ごとに異なっており、主権国家の絶対性を弱めて中央集権的な法執行体制を築くことが国際平和をもたらすとする国内類推論的な発想とは裏腹に、国際刑事裁判の総体としての強制力は時代を下るごとに弱まっているのが実情である。本書では国際刑事裁判の強制力を、主権国家を拘束し、法の執行を担保する力として捉え、以下ではこれまでに実施された国際刑事裁判を、(一)各法廷が設立される段階と(二)個々の裁判が実施される段階の二つの側面から概観する。(一)では国際刑事裁判が国家の同意を超えてどれだけ国家を拘束し、国家の主権を制限するのかに着目する。(二)では各法廷においていかに国際刑事法が履行されるか、すなわち捜査から起訴、逮捕、公判に至る一連の刑事手続きがいかに実施されるかに着目する。

1　ニュルンベルク裁判と東京裁判

法廷の設立

世界で初めて実現した国際刑事裁判は、圧倒的な力を背景にしたものだった。連合国は第二次大戦を、深刻な人権侵害を行うファシズムから自由と人権を護る戦いとして正当化し、「人権と正義を維持するには敵に対する完全な勝利が不可欠である」と謳った連合国共同宣言の文言通り、枢軸国を構成するイタリア、ドイツ、日本から無条件降伏を引き出すまで闘った。交渉による休戦を拒否し「強制による戦争終結」[12]たる無条件降伏政策を推進したのは米国のルーズベルト(Franklin D. Roosevelt)大統領だったが、背景には第一次大戦が休戦という講和によって終結したためにドイツ人が敗戦の事実を否定し今次の大戦に至ったという認識と、対独戦で孤立感を深めているソ連の指導者スターリン(Joseph Stalin)に最後まで戦い抜く激励のメッセージを送る目的があったとされる[13]。

ナチス・ドイツは、東部の対ソ戦ではスターリングラード攻防で敗北を喫してから劣勢に転じ、西部でもノルマンディー上陸作戦によって軍が壊滅的な打撃を受け、続く連合国の進撃によって西側領土の大半を失った。そして一九四五年四月にはソ連軍によって首都ベルリンが包囲され街が破壊され、ヒトラー(Adolf Hitler)が自殺、遺書でヒトラーの後継として大統領に任命されたデーニッツ(Karl Dönitz)海軍元帥率いる臨時政府が五月七日、事前に一切の条件を提示されないまま文字通り無条件で西側連合国軍の司令官を前に降伏文書に調印した。翌五月八日には東側のソ連軍司令官の前でも同様に無条件降伏文書に調印した。日本もミッドウェー海戦の敗北を境に劣勢に転じて以来、太平洋上の拠点を次々に失い、一九四四年半ばからは日本全土の各都市が激しい空襲に晒されるようになった。広島、長崎への原爆投下を含むこれらの戦略爆撃や沖縄での地上戦によって日本の多くの都市は焼け野原となり、同年八月一五日、天皇は国民に向けてラジオ放送された詔書で「而モ尚交戦ヲ継続セムカ終ニ我カ民族ノ滅亡ヲ招来スルノミナラス延テ人類ノ文明ヲモ破却スヘシ[14]」と語り、対日降伏勧告であるポツダム宣言の受諾を連合国側に通告したことを伝えた。このポツダム宣言の第一〇項には「stern justice shall be meted out to all war criminals, including those who have visited cruelities upon our prisoners（吾等ノ俘虜ヲ虐待セル者ヲ含ム一切ノ戦争犯罪人ニ対シテハ厳重ナル処罰加ヘラルベシ）」と、戦犯処罰を定める条項が含まれていた。

降伏文書への調印[15]が設立根拠の前提となっているという点で、ニュルンベルク・東京裁判は基本的には伝統的な国際法秩序が要請する国家の合意に立脚している。しかし、その同意は、ツキディデス（Thucydides）が「強者が強制できることを強制し、弱者が、受諾せざるを得ないことを受諾する」と述べたような、勝者にのみ正義の実施が許されるという古くから存在してきた戦争観によって引き出されたものであり、敗戦国のドイツと日本にとっては他に選択の余地のないものだった。

裁判の経過

無条件降伏を受諾した敗戦国と戦勝国という力の非対称関係のもと、裁判は比較的短期間のうちに完結した。ニュルンベルク裁判は一九四五年一一月二〇日に開廷し、戦争を主導したとされる主要戦犯二四名の被告に対する四〇〇回を超す公判と二三四名の証人尋問を経て四六年八月に結審し、同年九月三〇日から二日間にわたって判決が言い渡された。重病による免訴者一名と開廷前の自殺者一名を除き、一九名に有罪、三名に無罪が宣告された[16]。開廷から判決まで、わずか一年足らずであった。これに対して東京裁判は二八名を被告に一九四六年五月三日に開廷し、四一六回の公判と四一九名に対する証人尋問を経て一九四八年四月一六日に結審し[17]、一九四八年一一月四日から一二日にかけて判決が言い渡された。ニュルンベルク裁判に比べれば二年半と長い時間がかかっているが、判決前に病死した二名と病気のため訴追免除された大川周明を除く全員が有罪となり、うち連合国によって主犯と目された東条英機や広田弘毅ら七名が絞首刑、一六名が終身刑、二名がそれぞれ七年、二〇年の禁錮刑となった。

裁判はともに戦勝国の代表者らによって行われた。ニュルンベルク裁判を担ったのは連合国管理理事会を構成した米国、英国、フランス、ソ連の四か国であり、各国から裁判官と検察官が各々一名任命され[18]、裁判長にはイギリス人のローレンス(Geoffrey Lawrence)が就任した。弁護はすべてドイツ人が務めた。これに対して東京裁判にはポツダム宣言を発した米国、英国、中国、ソ連の四大国に[19]、フランス、オランダ、オーストラリア、ニュージーランド、カナダ、インド、フィリピンを加えた計一一か国が参加し、それぞれ裁判官と検察官を派遣した。裁判長にはオーストラリア人のウェッブ(William Webb)、ニュルンベルク裁判では設けられていない首席検察官のポストにはアメリカ人のキーナン(Joseph B. Keenan)が就任し、弁護には日本人の他、アメリカ人も任命された。このように法廷が多国籍からなる人員で構成されたことが、東京裁判がニュルンベルク裁判に比べて長期化した一因となったといわれる[20]。

とはいえ、ニュルンベルク裁判でも東京裁判でも、自殺者や体調により免訴となった者を除きほぼすべての被告が法廷に出廷し、裁きを受けたことは注目に値する[21]。このことは、後述するように九〇年代以降に再び行われるようになった国際刑事裁判では概して逮捕に至るまで時間がかかり、ICCに起訴されたスーダンのバシール(Omar al-Bashir)大統領などに至っては逮捕状発付後に所在が分かりながら逮捕することができないという事態が生じていることとは対照的である。被告の身柄拘束を可能にしたのは、無条件降伏を勝ち得た戦勝国の絶大な力であった。

「勝者による裁き」の特徴は、法廷の人員構成の他、訴訟内容にも表れている。ニュルンベルク・東京裁判は、A級犯罪と呼ばれる「平和に対する罪」のほか「戦争犯罪」(B級犯罪)と「人道に対する罪」(C級犯罪)をも管轄犯罪としたが、検察の訴追努力はもっぱら「平和に対する罪」に傾注された。ことに東京裁判では起訴状にあげられた計五五の訴因のうち「平和に対する罪」についての訴因が三六を占め、判決の段階になって判定の対象として絞られた計一

○の訴因のなかでも八つが「平和に対する罪」に関するものだった。[22] ニュルンベルク裁判でも判決では侵略戦争の遂行と関連した限りにおいての戦時の「人道に対する罪」が有罪の対象とされた。[23]「平和に対する罪」は「人道に対する罪」とともに、ドイツ戦犯裁判について話し合うために一九四五年六月末から八月はじめにかけて開かれたロンドン会議で米英仏ソの四か国が採択したニュルンベルク裁判所憲章ではじめて明文化された国際犯罪である。「侵略戦争若しくは国際条約、協定若しくは誓約に違反する戦争の計画、準備、開始若しくは遂行又はこれらの各行為のいずれかの達成を目的とする共通の計画若しくは共同謀議への参加」と定義された「平和に対する罪」[24] は、端的に言えば侵略戦争の開戦責任を問うものである。戦争の違法化は一九二八年に締結された「戦争の放棄に関する条約(不戦条約)」にみられるように、第一次大戦の惨禍を経た戦間期に提唱された理想主義的な考えではあったが、これはE・H・カーが懸念したように、現状の変革を試みる国からその主要な手段を奪うことをも意味した。国際法の強制力の限界を指摘したカーやモーゲンソーら古典的現実主義者は、同時に国際法が現状維持国にとって有利に利用される政治性についても喝破していたのである。

モーゲンソーは、国際法がその限界にもかかわらず存在し機能するのは、「分権性を有する二つの要素、すなわち、個々の国家の利害の一致ないし補完関係と、これら諸国間における権力の分散」によるのであり、「共通の利害関係もバランス・オブ・パワーもないところには国際法も存在しない」と述べている。そのうえで、「国内法が国家機関の主観的意思に由来し、同じく主観的意思によって執行されるのに反し、国際法は社会的諸力という客観的なものによって左右されるところが圧倒的に大きい」[25] と述べて、国際裁判が「ほとんどの場合現状に有利なように」[26] 機能することを指摘している。カーも「政治の舞台とは、現行の法的状況を一般的な方法で守ろうとする保守主義者と、現行の法的状況を重要な点において変えようとする急進主義者との間で、程度の差はあれ絶え間なく続く戦いの場なのである」[27] と述べて、現状維持装置としての国際法の役割を強調した。

ニュルンベルク・東京裁判において「平和に対する罪」という平和の現状を脅かした枢軸国指導者による侵略戦争の責任追及に重点が置かれ、残虐行為から個人を保護することにより重点の置かれた「人道に対する罪」と「戦争犯罪」が副次的扱いであったことは、この点で象徴的である。「人道に対する罪」は従来の戦争犯罪の枠内に収まりきらない自国領域内に住むユダヤ人に対して虐待行為を行うナチスの犯罪に対処するために作り出された新たな犯罪概念だが、ホロコーストの衝撃は大戦末期に強制収容所が解放され、ナチスの犯罪の総体が明らかにされるにつれて徐々に現れたもので、集団殺害の禁止や文民の保護がジェノサイド禁止条約(一九四八年)やジュネーブ諸条約などの実定法として結実し、国際人権・人道法の発展に貢献してゆくのは、戦後もしばらく時間を経てからのことだった。

なお、不戦条約が六〇か国以上の批准を得たことにみられるように侵略戦争が違法であるとの認識は広まっていたものの、侵略戦争を国際犯罪とすることについては依然として各国の反対が根強かった。第二次大戦終結前後においても裁判を経ずにナチス指導者を政治的処刑に処すべきとする案は有力であったし、(28)ニュルンベルク裁判所憲章を採択したロンドン会議においても、当初、米国以外の参加国である英仏ソは侵略戦争を国際犯罪として処罰することに難色を示した。(29)とりわけ侵略戦争の定義をめぐって難航したロンドン会議を最終的に裁判の実施に向けて動かしたのは、米国の圧力だった。侵略戦争を国際法上の犯罪として確立することに意欲を見せ、米国を代表してニュルンベルク戦犯法廷設立のための交渉にあたった最高裁判所のジャクソン(Robert H. Jackson)裁判官は、本件がまとまらなければ四か国の共同による裁判をあきらめて各国による個別裁判も辞さないと言明するにあたって最終的には他の三か国も米国案に譲歩するようになり、ニュルンベルク裁判所憲章に「平和に対する罪」が盛り込まれることになったのだった。(30)これは第一次大戦後に試みられたドイツ皇帝(カイザー)ヴィルヘルム二世の訴追が、侵略の罪で個人を刑事訴追することは主権免除と事後法の禁止に抵触すると主張した米国の反対によって不発に終わったことと対照的であり、戦争犯罪概念の形成においても大国という力が果たした役割の大きさを物語っている。

2　旧ユーゴスラヴィア国際刑事裁判所（ＩＣＴＹ）とルワンダ国際刑事裁判所（ＩＣＴＲ）

常設の国際刑事裁判所を設立する必要性は第二次大戦終戦直後から認識され、実際に国連の国際法委員会が準備にあたって設立草案を総会に提出した。しかし、後にみるように冷戦が展開するなかで、一九五〇年代には侵略の罪の定義について合意に至らないまま、作業は中断された。国際的な刑事裁判が再び行われるようになったのは冷戦終結後の一九九〇年代に入ってからだが、第二次大戦後に行われた裁判に比べれば、これらの法廷が国家を拘束し裁判を遂行する力は限定的なものになっている。

法廷の設立

冷戦終結後に勃発した内戦に際して暫定的に設立された二つの国際法廷は、ともに国連安保理によって設立された。安保理は旧ユーゴスラヴィアとルワンダにおける国際人道法違反を「国際の平和と安全に対する脅威」と認定し、国連憲章第七章下の措置として法廷を設立した。(31) 国連の強制措置の発動である憲章第七章下の措置として設立された両法廷は、全加盟国を拘束する。従って加盟国は法廷の捜査と訴追に協力し、求められれば被疑者の居場所を特定して証言を集めたり、証拠を保全し、被疑者を逮捕して法廷に引き渡す義務を負う。(32) さらに、これらの暫定法廷は国内裁判所に優位した管轄権を持ち、「訴訟手続きのいかなる段階でも国内裁判所に対して国際法廷に従うよう要求することができる」と規定されている。(33) すなわち旧ユーゴスラヴィア構成国とルワンダ（さらには後述する普遍的管轄権を行使する国）も該当する国際犯罪を扱うことはできるが、国際法廷が求めた場合には訴訟を中止して案件を国際法廷に引き渡さなくてはならない。

このように集団安全保障の新しい形として国際刑事法廷が設立されたのは、国連憲章第七章下の強制措置として本来想定されていた軍事的措置を発動することに国際社会が及び腰だったためである。旧ユーゴスラヴィア連邦は一九九一年一二月二三日に一共和国だったクロアチアの独立がドイツによって承認されて以来、崩壊の一途をたどった。一九九二年四月にボスニアで紛争が勃発した直後から米国は衛星情報やＣＩＡによる情報収集、イゼトベゴヴィッチ(Alija Izetbegović)大統領からの手紙などによりムスリム人に対して虐殺が行われていることを把握していたが、[34]ボスニア紛争を終結させた九五年一二月のデイトン合意に至る和平交渉が始まるまで米国をはじめとした国際社会が事態に真剣に対応してきたとは言い難い。一九九二年六月には国連保護軍(United Nations [UN] Protection Force: UNPROFOR)が派遣されたが、その権限は伝統的な国連平和維持活動(Peacekeeping Operations: PKO)が担う停戦監視を超えるものではなく、紛争の拡大を防ぐためには空爆を含む強力な武力行使が必要との認識があったにもかかわらず国連保護軍の権限が拡大されることはなかった。法廷は、一九九二年の大統領選でブッシュ(G. H. W. Bush)大統領(当時)を批判して「(ユーゴスラヴィアで行われている)虐殺をやめさせる強い手段をとる」と公約し勝利したクリントン(Bill Clinton)米大統領のイニシアティブで、[35]翌年五月二五日に設立された。和平が進展しないなかでも何らかの明確な対応をとっていることを示す必要があったからだ。

ルワンダでは現地に展開されていた国連平和維持軍(UN Assistance Mission for Rwanda: UNAMIR)が、後にジェノサイド罪が適用された少数派のトゥチを標的にした虐殺が進行するさなかの一九九四年四月に撤退した。国際社会には虐殺を食い止めるために必要と考えられた、より強力な軍を派遣する意思はなかった。国際社会とりわけ米国は事態をジェノサイドと認定することを躊躇した。米国も批准しているジェノサイド禁止条約は締約国に集団殺害の防止と処罰を求めており、ジェノサイドと認定すれば、何らかの対応を迫られるからだ。[36]国際社会が手をこまねくなかで、内戦は同年七月にトゥチが中核となって組織された反政府武装勢力「ルワンダ愛国戦線（Rwanda Patriotic Front：RPF）」が軍事的勝利を収めることで終結し、法廷はその後の一九九四年一一月八日に設立された。

このようにICTYとICTRは安保理によって強力な裁判所となるべく設立された。しかし、次節でみるように実際の活動においては、一方で「国際の平和と安全」の維持を目的に設立された経緯から政治的妥協を避けることができず、他方で関係国の協力が義務とされながらもその履行を担保する措置を欠いたために、安保理や法廷設立規程によって付与された名目上の権限を十分に行使することはできなかった。

裁判の経過――ICTY

ICTYは設立から二〇一七年末に活動を終了するまでに一六一名を起訴した。このうち一八名に無罪、八九名に有罪判決が下され、三七名については起訴の取り下げや被告の死亡により手続き終了、一三名に関する案件は国内法廷に移管された[37]。残る四名の上訴審と再審は後継機関である国際刑事法廷メカニズム（Mechanism for International Criminal Tribunals: MICT）で行われている。

ICTYの成果については、ニュルンベルク・東京裁判以来初めて実施された国際刑事裁判として国際人道法の発展に寄与したとの肯定的評価から、かけられた時間と費用に見合う結果が出ているのかを疑問視する否定的評価まで様々な見解が出されてきた。が、同法廷が「非人道的行為に参加し続ける関係者に対する強力な抑止になる[38]」べく紛争継続中に設立された経緯を鑑みると、とりわけその活動の初期に困難に直面していたことが否定できない。

ICTYは国際法廷が初めて現職の国家元首を起訴したことで注目された。しかし、セルビア共和国大統領（後にユーゴスラヴィア大統領）のミロシェヴィッチ（Slobodan Milošević）は法廷設立当初からセルビア軍の残虐行為を裏で指揮し、戦争犯罪の容疑が濃厚だとみなされていたにもかかわらず、和平プロセスにおける有益な交渉相手とみなされていた間には起訴は見送られた。ICTYで裁判官を務めた多谷が指摘するように、ミロシェヴィッチが起訴されたのはデイトン合意実施の阻害要因であることがはっきりしたコソヴォ紛争後の一九九九年五月であり、逮捕が実現したのはさらに二年後の、政権の座を降りた後であった[39]。これに対して欧米諸国から重要な交渉相手とはみなされていなかったボスニアのセルビア軍を率いたカラジッチ(Radovan Karadžić)とムラディッチ(Ratko Mladić)はデイトン合意前に起訴されたが、その後、一〇年以上も逃亡を続けた[40]。当時の首席検察官ゴールドストーン(Richard J. Goldstone)は、後に出版された自伝のなかで、政治的圧力によりミロシェヴィッチの起訴を見送ったのではないかという当時広く共有されていた見解を否定しているが[41]、デイトン交渉以前のボスニア和平に関与した元英国外相オーウェン(David Owen)は、ゴールドストーンやICTY関係者に「和平交渉の詳細を説明し、(直面している)困難を示した。その結果、容易に引き出せる結論は、交渉による平和を達成するためには国家元首を起訴することは得策ではないというものだっただろう」と述べている[42]。また、カラジッチとムラディッチの起訴は国連事務総長に事前の相談なしに行われたが、当時のガリ事務総長は、このことを強く咎め、事前に相談されていれば和平合意前の起訴に反対しただろうと述べている[43]。

また、ICTYでは国連全加盟国に裁判への協力が義務付けられているにもかかわらず、関係各国の協力を得るのは容易ではなかった。裁判では、集団墓地の衛星写真やセルビア軍司令官の会話の通信の傍受など、必要な証拠収集において西側諸国の情報機関に多くを依拠した[44]。とりわけ圧倒的な情報量を有していたのは米国だが、ICTY設立を主導したにもかかわらず、米国は多国籍のスタッフから構成される暫定的な国際法廷に機密情報を提示することを渋った。そのためゴールドストーンは、情報が入る流れを作るまで度々ワシントンに飛んで困難な交渉に従事せざるを得なかった[45]。

ICTYは警察組織を有していないため、逮捕についても関係国の協力が不可欠だった。しかし、被告が潜伏しているとみられたセルビアとボスニアのセルビア人で構成される「スルプスカ共和国」では、依然として戦犯として起訴されたミロシェヴィッチやカラジッチらを英雄視する傾向が残り、政府は被告の引き渡しに非協力的だった[46]。デイトン合意の履行を確保するために展開された北大西洋条約機構(North Atlantic Treaty Organization：NATO)軍中心の和平履行部隊(Implementation Force：IFOR)も、戦犯の逮捕という平和維持以外の任務を引き受けることに消極的で、通常の平和維持の任務活動中にたまたま戦犯に遭遇すれば逮捕するというスタンスだった。これはベトナムとソマリアの教訓から米国国防省が純粋な軍事以外に任務が拡大することに断固反対したためである。他方で国務省はIFORの任務を非軍事的部門に拡大することを主張していた。そのためデイトン合意直前に米国政府内で行われたIFORの任務に関する協議では、戦犯逮捕はIFORの義務ではなく、あくまで「権限(authority)」とするという妥協が図られた[47]。後に米国国連大使だったオルブライト(Madeleine Albright)が国務長官になり、英国でも国際法廷を支持していたクック(Robin Cook)が外務大臣になると、IFORは戦争犯罪人逮捕に協力するようになったが、それでも逮捕の大半は中・下級の戦犯被疑者に留まった[48]。ICTYが重要戦犯の逮捕に動き出すのは、先に触れたように大統領選で落選したミロシェヴィッチが逮捕された二〇〇一年より後のことである[49]。「抑止」効果を期待されて設立されたICTYがスレブレニツァの虐殺(一九九五年七月)を防げなかったことは、裁判の批判者からしばしば指摘されることである。

裁判の経過——ICTR

ICTRは、一九九四年の設立から二〇一五年一二月末に活動を終えるまでに九三名を起訴した。このうち六二名に有罪、一四名に無罪が言い渡された。有罪判決が言い渡されたなかには元首相カンバンダ(Jean Kambanda)など政府の要職についていた者も含まれる。この他、三名が依然として逃亡中であり、二名が裁判中に死亡、二名が訴訟取り下げ、一〇名に関する案件が国内法廷に移管されている。逃亡中の三名の捜査を含むICTRの機能は、ICTYの機能とともに、安保理によって設立された後継の国際刑事機関MICTに引き継がれている[50]。

ICTRについては特に国際法廷においてはじめてジェノサイド罪を適用した点で肯定的評価がなされる一方で、起訴された九三名全員がフトゥの側であり、虐殺への関与が広く疑われながらもその後政権を担ったRPFの側には起訴されたものが一人もいないことから勝者の裁きであるとの批判が出されている。また、ICTY同様に国外で裁判が行われたために、裁判の効果が十分に国内に反映されていないといった否定的評価もある。しかし、本節が問題とする裁判の強制力の観点からは、なによりも当事国であるルワンダ政府が裁判に非協力的であったことが問題としてあげられる。

ICTRでは、対象とする事態の大半がルワンダ国内で起き、また審理の多くを証人の証言に依拠したため、ルワンダ政府の協力が不可欠だった[51]。しかし、ルワンダのRPF政権は国際社会が虐殺を止めなかった経緯から、国連そしてその安保理が設立したICTRに懐疑的であり、このことが協力関係に影響した。

ルワンダ政府は当初、国際法廷の設立を提言した国連専門家委員会の中間報告を受けとると、自ら安保理に法廷設立の要請を行った[52]。しかし、その後の国連における協議で、安保理非常任理事国だったルワンダ政府は、①法廷の設置場所(ルワンダ政府は国内での開催を希望)、②最高刑の量刑(国際法廷は死刑制度を採用せず無期禁錮を最高刑としたが、当時のルワンダは死刑制度を採用しており、政府は国際犯罪より軽い罪で起訴された被告に国内裁判で死刑が適用される矛盾を指摘した。なお、ルワンダは二〇〇七年に死刑制度を廃止)、③時間的管轄(ルワンダ政府はジェノサイドの計画はICTRの時間的管轄である九四年よりはやい段階から計画されていたと主張)の三点を不服として、法廷設置を決定する安保理決議に反対票を投じた[53]。先に述べたように、ルワンダ紛争は虐殺の対象となったトゥチを中心としたRPFが軍事的勝利によって終わらせたのであり、紛争後に政権を担ったRPFはICTRを自らの正統性を高めるための戦略的利害に資するとは考えたものの、国際的な司法介入は国際社会がジェノサイドを放置した責任を覆い隠す「臭いものに蓋をする試み(a fig leaf)」にすぎないと捉えていた。[54]
ルワンダ政府の非協力は、一九九九年一一月三日に一審判決を不服としたバラヤグウィザ(Jean-Bosco Barayagwiza)の上訴が認められ、公訴が棄却された際に表面化した。バラヤグウィザはフトゥ至上主義を掲げる急進派の共和国防衛同盟(Coalition for the Defence of the Republic: CDR)の創設者の一人であり、トゥチへの暴力を煽動したラジオ局、ミルコリンヌ自由ラジオ・テレビ(Radio Télévision Libre des Mille Collines: RTLM)において度々スピーチを行うなどトゥチの虐殺において影響力の大きい人物だった。[55] しかし、虐殺における責任を問う実質的な裁判に先立ち、バラヤグウィザは自らが逮捕されたカメルーンと移送後のICTRにおいて不当に長く拘束されたとして公判前の釈放を求めていた。ICTRの一審は被告の主張を退けたが、上訴裁判部は大筋で認め、バラヤグウィザがカメルーンで逮捕された後もICTRへの移送が迅速に行われず、また、移送後も迅速に裁判が開始されなかったとして、公訴を棄却し、バラヤグウィザの即時釈放とカメルーンへの送還を命じたのだった。この公訴棄却は、検察側の落ち度によるもので再訴禁止とされた。[56]
ルワンダ政府はこの判決に抗議して、首席検察官が要請していた同国訪問のためのビザ発行と首席検察官との面会を拒否し、この判決が覆されない限り法廷への協力を拒むと宣言した。[57] 米国をはじめとした数か国がルワンダ政府に働きかけた結果、ルワンダ政府は態度を軟化させ、また、本判決が出る二か月前の一九九九年九月に前任のアーバー(Louise Arbour)に代わって首席検察官に任命されたデル・ポンテ(Carla Del Ponte)が、上訴裁判部に判決の見直しを申請した結果、審理は継続されることとなったが、[58] 本件は裁判の実施にあたって当事国であるルワンダ政府の協力がいかに重要かを印象付けることになった。[59]
さらにルワンダ政府は、デル・ポンテ首席検察官がRPF側の犯罪について捜査を開始すると、証人のICTR出廷に制限を加えるようになり、いくつかの審理を一時停止させる事態を招いた。名目上は性的暴力の被害者である証人らが法廷で耐え難い尋問に晒されることから保護するためとされたが、実際には自らの側の犯罪追及を嫌った政権の意向が働いたとみられている。ルワンダ政府は、ICTRはフトゥによって行われたトゥチに対するジェノサイド罪の責任追及に精力を注ぐべきで、RPF側の犯罪は自国で裁くとの立場だった。また、先に行われた首席検察官との面会では、現在の政府軍(RPF軍)にはフトゥの兵士もいくらか統合されており、RPF兵士の犯罪が捜査されるとなると対象は広がり、国内の治安が脅かされかねないと懸念を表明していた[60]。

ICTYとICTRの双方の首席検察官を兼ねていたデル・ポンテは、安保理が両法廷の早期終了を目的とした出口戦略を構想し、ICTYとICTRにそれぞれ個別の首席検察官をあてることを決定するとICTR首席検察官の職を解かれることになったが、その際にもルワンダ政府が関係国に精力的に働きかけを行った。ルワンダ政府にはすでに、オランダのハーグに拠点を置く首席検察官がルワンダの裁判を「パートタイム」で行っているとの不満があり、国連における働きかけの名目上の理由もICTRにおける審理の効率化を図るためとされた。しかし、デル・ポンテは自らがICTR首席検察官の職を解任された主な理由は、RPF側の犯罪を捜査したためにルワンダ政府が安保理理事国に働きかけたためだとみている[61]。デル・ポンテは「なるべく政治を排除しようと努めたが、年を追うごとにいかにそれが困難かを知ることになった」と述懐している[62]。

3 国際刑事裁判所(ICC)

法廷の設立

常設の国際刑事裁判所であるICCは多国間条約に基づいて設立された経緯から、その管轄権は設立条約であるローマ規程を批准していない国には基本的には及ばない。捜査や裁判の実施にあたって各国の協力が必要となるのはICTYやICTRと同様であり、締約国は捜査と訴追に協力する義務を負っているが[63]、二〇一八年一二月現在、ローマ規程の締約国は一二三か国であり、国連加盟国の約六割に留まっている[64]。国際条約の常として締約国の離脱も妨げない。ブルンジが自国への予備捜査の開始を不服としてICCから離脱したのは記憶に新しい[65]。そして何よりもICCは「補完性の原則」を採用し、当該国が捜査と訴追の意思と能力を有しない場合にのみ国際刑事裁判所が管轄権を行使することを定めている[66]。このようにICCは「合意は拘束する」という伝統的な国際政治の原則に基づき、国家主権を尊重することを明確にしている。

ICCは各国の同意を超えて管轄権が行使される場も定めているが、それは限定的なものに留まっている。第一は、ICCが管轄権を行使する前提として採用している、犯罪行為地を基準とする属地主義(第一二条二項(a))と被疑者の国籍を基準とする属人主義(第一二条二項(b))に基づくもので、これによって締約国ではない国の国民がICC規程締約国内でICCが対象とする罪を犯した場合でも管轄権が行使されるようになっている。第二に、第一二条三項では締約国ではない国も自国で起きた事態についてICCの管轄権を受諾できることを定めている。コートジヴォワールはこの条項に基づいて二〇一〇年の選挙後に生じた国内の混乱についてICCが捜査を行うことを要請した。第三に、ICCは締約国とICC検察官に加えて安保理にも管轄権行使権限を付与しており、安保理が事態を国際の平和と安全に対する脅威と認定して付託する場合には、対象国の同意の有無にかかわらず管轄権は強制的に及ぶ。

なかでも第三のICC検察官と安保理にどれだけの権限を付与するのかという点は、裁判所の権限と独立性に直結する問題であり、ローマ規程を採択したローマ外交会議とその準備委員会の主要な争点だった。カナダを中心に中小国で構成された「同志国グループ(Like-Minded Group of States: LMG)」は「強い裁判所」を望み、ICC検察官に職権捜査の権限を付与することを主張した。これに対して安保理常任理事国、とりわけ米国は、自国兵士が刑事訴追の対象となることを危惧して検察官の職権捜査に反対し、代わりに安保理の役割の強化を主張した。さらに、安保理常任理事国は侵略を裁判所が管轄する対象犯罪とすることや、核兵器の使用を国際人道法違反に含めることにも反対した。英国はローマ会議の前に開かれていた準備会議で、フランスもローマ会議でLMGに参加したが、現在、常任理事国のうち締約国となっているのは、英国とフランスの二か国のみである。この他、インドやメキシコ、エジプト等の非同盟諸国は、安保理常任理事国に対抗して核兵器を規程が禁止する兵器に含めることを主張したが、自国の主権を重視し、裁判所の権限を限定的なものにしようという点では常任理事国と同じ立場だった。[67]

一九九八年六月一五日から約一か月の会期で開催されたローマ外交会議は、当初提出された条約草案に約一四〇〇点に及ぶ未合意箇所を残しており、三週目が終わろうとする頃になっても上記の管轄権行使主体の権限を含む主要な争点についてまったく妥協点は見出せていなかった。[68] そこでローマ外交会議の全体委員会議長を務めたカナダ出身のキルシュ(Philippe Kirsch)は、論点を含む条項を自ら起草して各国に交渉を促したが、主要点に関する各国の隔たりは埋まらなかった。会期最終日を迎えた深夜二時、キルシュは事務局とともに最終草案を完成させ、参加各国に提示した。「それを承認するか、会議は失敗に終わるか」のいずれかだった。最終案は、ICC検察官の職権捜査は予審部の承認を条件に認め、安保理には事態を付託する権限の他、国連憲章第七章の規定に基づいてICCの捜査と訴追の延期を決定する権限を与えるという妥協案だった。これに対してインドは安保理の役割を制限し、核兵器の使用をICCの管轄犯罪とするよう求める修正案を、米国は管轄権を被疑者の国の同意に基づくことなどを求める修正案を提出したが、ノルウェーが提出したこれらの修正案を受け入れないとする「不採択を求める」動議が圧倒的多数で可決されたため、事務局が作成した最終案が規程として採択されることになった。[69]

「事務局は強力な裁判所は規程に強力な条項を有しているだけでは不十分だと強く確信していた。世界の信頼と実効性を確保するためには、裁判所は広範な政治的、財政的支援をも必要とするだろう」[70]。キルシュがこのように振り返るように、全加盟国を拘束する安保理決議によって設立されたＩＣＴＹとＩＣＴＲと異なり、多国間協議を経て採択されたＩＣＣローマ規程は交渉による妥協の産物であり、ＩＣＣでは国家の同意を超えて個人の刑事訴追が行われる範囲は、ＩＣＴＹとＩＣＴＲより限定的なものとなっている。

裁判の経過

ＩＣＣがこれまでに取り上げた事態については、第三章および第四章で検証するため、ここでは概略を記すにとどめる。ＩＣＣは二〇〇二年七月一日の設立以来、一〇か国一一の事態（ウガンダ、コンゴ民主共和国、スーダン、中央アフリカ二件、ケニア、リビア、コートジヴォワール、マリ、ジョージア、ブルンジ。巻末の資料1参照）について捜査し、計三三件の逮捕状を発付している。このうちこれまでに三件の有罪判決が出されている。少年兵の徴用と戦闘での使用（戦争犯罪）で禁錮一四年、村の襲撃時に発生した殺人、文民の攻撃、財産の破壊、略奪（人道に対する罪と戦争犯罪）で禁錮一二年をそれぞれ言い渡したコンゴ民主共和国の事態と、戦争による文化財破壊の罪で禁錮九年が言い渡されたマリの事態である。有罪判決に至った件数が限られていることもさることながら、捜査と裁判に概して時間がかかることが特徴である（例えば捜査開始から判決に至るまでに、コンゴの事態ではそれぞれ八年と一〇年、マリの事態では三年を要している）。

注目されるのは、全被告人の約半数にあたる一六名が依然として逃亡中であることだ。これには二〇〇五年に逮捕状が出されてから一〇年以上逃亡を続けているウガンダの反政府組織指導者コニー（Joseph Kony）らが含まれるが、とりわけ訴追対象が国家元首あるいは政府高官の場合には捜査と身柄拘束は困難に直面している。安保理によって付託されたスーダンのダルフール紛争に関する事態では、バシール（Omar al-Bashir）大統領を含む逮捕状が発付された被疑者六名全員が逮捕されないままでいる。同じく安保理によって二〇一一年二月以降の内戦の事態が付託されたリビアでも、国家指導者カダフィ（Muammar Mohammed Abu Minyar Gaddafi）は裁きを待つ前に死亡し、他の被疑者も皆、身柄の拘束には至っていない。[71] 二〇〇七年末に行われた大統領選後の暴力に関してＩＣＣ検察官が捜査を開始したケニアの事態では、後に大統領と副大統領となったケニヤッタ（Uhuru Kenyatta）とルト（William Ruto）に対する裁判は、証拠不十分により終了することとなった。そこからは証拠収集と身柄拘束に国家の協力を要することから生じる国際刑事法の執行の限界が浮かび上がる。[72]

なお、ＩＣＣが取り上げる事態の選別についても、たびたび疑問が呈されてきた。訴追対象がアフリカ諸国に集中していることにアフリカ連合（African Union：AU）が反発していることは周知の通りだが、そもそもＩＣＣが管轄対象となる犯罪が疑われるすべての事態を取り上げる人的・資金的能力を備えていないことも付言しておかなくてはならないだろう。

4　国際的な刑事裁判

ＩＣＣが世界の刑事裁判所としてつくられたのではないことは、ＩＣＣの設立後も戦争犯罪の責任追及がＩＣＣに一元化されたのではないことにも表れている。ＩＣＣローマ規程が「補完性の原則」で明確にしている通り、国際的な関心事である重大犯罪であっても、それを裁く第一義的責任は各国政府が負っている。ＩＣＣが管轄権を行使するのは、国家に裁く意思と能力がない場合であるが、しかし国家に裁く能力がないと判断される場合でも、直ちにＩＣＣが事態を取り上げるわけではない。ＩＣＣの設立後も、ＩＣＣが管轄権を行使しないところで、あるいはＩＣＣによる訴追と並行して、国際社会が関与する様々な形態の国際的刑事裁判が行われている。これらは大別すれば、犯罪行為地国が行う裁判を国際組織あるいは第三国が支援するものと、犯罪行為地国の同意なしに第三国で裁きが行われるものがある。

混合法廷等

前者の代表的な形態は、通称、混合法廷と呼ばれるものである。混合法廷では、犯罪行為地国の検察官・裁判官と国連等が任命した国際検察官・裁判官が協力して裁判を行い、多くの場合には犯罪行為地国の国内法と国際法の双方が適用される。[73] ＩＣＣが対象とする犯罪がローマ規程が発効した二〇〇二年七月一日以降のものに限定されているため、混合法廷は、それ以前に起きた犯罪を裁くために立ち上げられたという事情もある。しかし、この範疇に属さないレバノン特別法廷（Special Tribunal for Lebanon：STL）[74]に加えて、最近ではすでにＩＣＣが活動していた中央アフリカ共和国にも国際裁判官が参加する国内特別法廷が設置されており、混合法廷の活用が新たに脚光を浴びている。

混合法廷には、国連が主導して設立したものとしてコソヴォ（二〇〇〇年～）および東ティモール（二〇〇〇～二〇〇五年）、現地の要請に基づいて設立されたものとしてシエラレオネ（二〇〇二年～）、カンボジア（二〇〇六年～）、レバノン（二〇〇九年～）、中央アフリカ（二〇一五年～）の法廷がある。この他、ＩＣＴＹの出口戦略の一環として中・下級の戦争犯罪に関する事件を移管するために設立されたボスニア・ヘルツェゴヴィナ戦争犯罪裁判部（War Crimes Chamber of the Court of Bosnia and Herzegovina：WCC）（二〇〇五年～）がある。いずれも裁判の実施において当該国のイニシアティブが尊重される点で共通する。これは暫定的な国際刑事裁判であるＩＣＴＹ、ＩＣＴＲでは訴訟が長期にわたり、また費用がかかった割に、裁判が行われた場所が犯罪行為地から離れていたために該当国の司法制度の改善など現地社会への還元がなかったことへの反省に基づいている。[75] また、混合法廷という形態がとられる背景には、旧ユーゴスラヴィアやルワンダでみられたような国際法廷を設立する国際社会の意思が欠如している場合もある。

東ティモールとコソヴォの場合には、暫定統治を担った国連が司法機能の崩壊した現地社会に代わって法廷を設立した経緯から、現地との協議は行われていないが、他の混合法廷では当該国と国連の間の合意文書か国内法によって設置が根拠付けられている。シエラレオネとカンボジアでは裁判所の構成から適用される法に至るまで、国連と当該国の間で協議が行われた。レバノンの混合法廷については、同国の首相が設置を要請し、国連が実施した現地調査の結果を踏まえてレバノン政府と国連の間で法廷設立の合意が交わされたが、その後、レバノン議会が合意の批准をめぐって対立し、議会が四か月にわたって招集されない事態が生じたため、見かねた安保理がレバノン政府による要請とレバノン議員の署名を踏まえて安保理決議[76]によって法廷の設立を決定するという異例の設立形態をとっている。ボスニア・ヘルツェゴヴィナの戦争犯罪裁判部は、ＩＣＴＹの中・下級裁判を国内法廷に移管することが安保理で了承されたのち、国内法を根拠に設置された。同様に、中央アフリカの混合法廷は、暫定政府が国連との間で法廷設立に向けた覚書に調印したのち、国内法に基づいて設立された（巻末の資料1参照）。

このように基本的には対象国の同意を要件とし、国際支援のもとに対象国の司法を活用し育成することを目的としている点で、混合法廷はＩＣＣと比べても主権国家を拘束する強制の側面は弱い。さらにＩＣＣローマ規程が少なくとも加盟国に裁判への協力を義務付けているのに対して、混合法廷で同様の義務を負うのは主として対象国のみであり、第三国の政治的、財政的支援は任意に任されている。[77]とくに財政面の問題は深刻で、各法廷はＩＣＴＹとＩＣＴＲと比しても圧倒的に低予算で運営されているにもかかわらず、[78]財政難に直面している。

上記の混合法廷以外に、これまでに国際社会の支援を受けて犯罪行為地国が行った裁判としては、占領機関である連合国暫定当局（Coalition Provisional Authority：CPA）が起草した特別法廷規程に基づいて設置されたイラク高等法廷（二〇〇五年一〇月にイラク特別法廷から改称）と、国連とグアテマラ政府の合意によって設立された国際委員会（Comisión Internacional contra la Impunidad en Guatemala：CICIG）が支援するグアテマラの裁判があげられる。イラク高等法廷に対しては米国が多大な財政支援を行ったが、法廷の裁判官と検察官はともにイラク人で構成されている。グアテマラにおける裁判では、ＣＩＣＩＧが法的助言を行うほか、重大事件についてグアテマラ検察庁を補完する独自の捜査を行う権限を有しているが、審理と判決はグアテマラ人によって行われている。[79] これらの点が、現地スタッフと国際スタッフから構成される法廷を有することを特徴とする上述の混合法廷とは異なるが、いずれも当該国の意思を尊重している点は混合法廷と同様である。ＣＰＡが起草した特別法廷規程は、（ＣＰＡが任命したものではあるが）後に新政府が樹立されるまでの暫定統治機関として設立されたイラク人で構成されたイラク統治評議会によって承認された。ＣＩＣＩＧもグアテマラ政府の合意に基づいて設立されたものである。

混合法廷のうち紛争当事者が訴追対象となったシエラレオネとレバノンについては第六章で検証するため、ここではその他の法廷における裁判の経過について概観しておく（中央アフリカの混合法廷については、二〇一八年一〇月にスタッフの就任式が行われたばかりであるため除外する）。国際社会の支援を受けて犯罪行為地国が行ったこれらの裁判において共通して問題となるのは、現地のイニシアティブを尊重することから生じる政府による司法介入と司法能力の不足である。

東ティモールで国連暫定統治機構（UN Transitional Administration in East Timor：UNTAET）のイニシアティブで行われた混合裁判は、独立にあわせて行われたことから、旧政権、すなわちインドネシアの直接的な影響は少ない。しかし、東ティモールでは独立以前の司法を担っていた大半がインドネシア人であったことから現地の法律家を活用しようにも能力不足が問題となり、また、小さな貧しい新独立国が生き延びていくためには隣国の大国であるインドネシアとの関係に配慮せざるを得ず、東ティモール新政府は、被疑者の大半が逃れていたインドネシアに対して犯罪人引き渡しの要求を行うことを躊躇した。その結果、起訴された三九一名のうち実際に裁判にかけられたのは五二名にすぎず、人権侵害に大きな責任を有するとされたインドネシア国軍関係者らは責任追及を免れた。また、東ティモール新政府の意向によって国軍関係者の逮捕状発付が取り下げられた事実も明らかになっており、司法の独立についても疑念を生じさせた[80]。

コソヴォの混合法廷も東ティモールと同様に、紛争終結後に暫定統治を担っていた国連暫定行政機構(UN Interim Administration Mission in Kosovo：UNMIK)のイニシアティブによって設立された。UNMIKはUNTAETと並び従来のPKOより広範なマンデートを有する多機能型ミッションであり、国連は包括的暫定統治権行使の一環として、当初、現地の裁判官や検察官を主体とする法廷の設立に尽力した。しかし、セルビア系住民の優遇政策がとられていたコソヴォでは、有能なアルバニア系法律家の確保は難しく、結局、UNMIKはコソヴォの裁判所と検察室に国際裁判官と検察官を参加させ、さらに司法の独立と公平性の観点から必要の際には国際裁判官が多数を占める特別パネルを事案ごとに別途立ち上げるという方式を採用することとなった。

国際裁判や特別法廷を一から立ち上げるのではなく、既存の国内司法制度を活用したコソヴォ方式は注目されたが、裁判は国際裁判官と検察官の不足等により活動が進まなかった。また、主要幹部はコソヴォにおける国際犯罪について管轄権を有するICTYで裁かれることが想定されていたとはいえ、十分な訴追が行われているとは言い難い。さらに、国際裁判官や検察官の任命権や特別パネルの設立に関してUNMIKが有する広範な権限は、司法に対する行政権の介入との批判を招いた。二〇〇八年二月のコソヴォ議会による独立宣言に伴い、UNMIKの司法機能は同年末に欧州連合(European Union：EU)に引き継がれたが、独立宣言後はコソヴォ政治で影響力を保持する元コソヴォ解放軍(Kosovo Liberation Army：KLA)幹部による司法への介入が問題視されている[81]。

国際社会の関与が強く残ったコソヴォでの裁判に対して、ボスニア・ヘルツェゴヴィナでは当初から、短期間のうちに完全な国内法廷として運用されることが想定されていた。国際社会の支援で首都サラエボに設立された国内裁判所に設置されたWCCは、国際裁判官が多数を占める混合法廷として活動を開始したが、国際スタッフの任期は五年と定められていた[82]。五年の任期満了間際になって任期はさらに二年延期されたが、その期限を迎える二〇一二年までには完全にボスニア・ヘルツェゴヴィナの裁判官だけで運用されるようになっていた[83]。ＷＣＣは当初からＩＣＴＹから法的、技術的支援を受けて精力的に活動し、数多くの戦争犯罪事件を裁いた。ＩＣＴＹから移管された六件の事件はすべて五年以内に審理を完了し、二〇一五年までにこれらを含む一三〇近い事件を処理した[84]。裁判の質もおおむね良好と判断されている。課題は扱う事件の多さである。二〇一八年二月現在、四五〇〇名の加害者の関与が疑われる計五五〇の戦争犯罪事件を残しており、ボスニア・ヘルツェゴヴィナ政府は当初二〇一五年までに大方完了する予定であった戦争犯罪裁判の期限を二〇二三年までに延期して取り組んでいる[85]。

カンボジアでは国民の四人に一人にあたる約二〇〇万人が犠牲になったとされるポル・ポト政権（一九七五年四月一七日〜一九七九年一月七日）下の虐殺について、カンボジア政府の要請により指導者の責任を追及するための法廷設置に向けた話し合いが一九九九年に国連との間で始められた[86]。それまでにポル・ポト（Pol Pot）率いるクメール・ルージュ（カンボジア共産党）は相次ぐ離反や内部抗争で勢力がほぼ瓦解していたが、これは政府が同組織幹部に恩赦を与えることで懐柔した結果であり、政府は次第に国連と共同で行う裁判に消極的となった。交渉は裁判の構成（特に国際裁判官の数や評決方法）や国連・カンボジア間の協定とカンボジアの国内法のいずれが優位にあるか等をめぐって難航し、国連とカンボジア政府が裁判の様式について合意したのは、交渉開始から四年を経た二〇〇三年だった[87]。

他の混合裁判では国際裁判官が多数を占めているのに対して、カンボジア特別法廷（Extraordinary Chambers in the Courts of Cambodia：ECCC）では、カンボジア人裁判官が全五名のうち三名と多数を占めるが、少なくとも一名の国際裁判官の賛成がなければ決定が行えないとする「超多数決制（super-majority）」が採用されている。これは、裁判官の過半数がカンボジア人で構成されることを主張したカンボジア側と、国際裁判官が多数を占めることを主張した国連側の妥協策として、仲介役を担った米国が提示した案だった。それにもかかわらず、裁判はカンボジア政府の司法介入に悩まされることとなった[88]。特別法廷が新たな事件について捜査の開始を決定すると、首相のフン・セン（Hun

Sen)はさらなる訴追は社会不安を招き「二〇万人から三〇万人が犠牲になる」[89]などと述べて追加訴追に反対の立場を公言し、政府高官の証人喚問について出廷を牽制する発言を繰り返した。法廷はクメール・ルージュ「幹部」と犯罪に「最も責任のある者」[90]を裁くとされたが、主要幹部は皆、高齢であり大半が事実上、責任追及を免れている。[91]

国際スタッフを含まず現地スタッフによってのみ行われる裁判の場合、国際社会のコントロールはより制限される。イラク高等法廷はサダム・フセイン(Saddam Hussein)元大統領を含む旧バアス党幹部を短期間のうちに裁いたが、これはシーア派主導のイラク新政府による報復裁判ではないかと批判されている。同法廷には米国が資金面と技術面で多大な支援を行ったが、法廷は全員イラク人で、アラビア語を唯一の公用語とするなど「完全にイラクの国内法廷」として運営された。そもそも国連安保理決議を経ないで行われた米国の軍事侵攻後に米軍の占領下で設立された法廷については正統性を疑問視する声が根強く、国連や主要な国際人権団体は支援を差し控えた。そのため、イラク高等法廷は国際社会の総意としての支持を欠く例外的な「国際的な」刑事裁判といえよう。

これに対してグアテマラの裁判を支援する国際委員会(CICIG)は先述したように国連とグアテマラ政府の合意によって設立されたものであり、これまでに数百件に及ぶ刑事事件を支援してきた。CICIGはあくまでグアテマラが行う裁判を支援するという位置付けであるため、グアテマラ検察庁と裁判所はCICIGが独自に行う捜査や審理に関する提案を退ける自由を有している。しかし、これまでのところグアテマラ検察当局はCICIGと協働して同国の治安を脅かしてきた犯罪グループを摘発し、現職大統領を含む政府高官の汚職問題に切り込むなど成果をあげており、分権的な国際刑事司法の新たな形態として注目されている。[92]

普遍的管轄権裁判

対象国の同意なしに管轄権が行使される国際的な刑事裁判の代表的な形態は、犯罪行為地や犯罪者の国籍にかかわらず第三国で裁判が行われる普遍的管轄権に基づくものである。これはスペインが発付した国際逮捕状に基づいてチリの元大統領ピノチェト(Augusto Pinochet)が一九九八年に英国で逮捕されたことで注目を集めた。強制の側面に着目するならば、犯罪行為地国の同意なしに裁判実施国の司法当局の判断によって裁判が開始される普遍的管轄権裁判は、国際的な刑事裁判のなかでは最も強制力が強い裁判といえるだろう。

しかし普遍的管轄権行使の形態や対象となる犯罪については国によってばらつきがあり、スペインと並んで普遍的管轄権の実行において先駆的な役割を果たしてきたベルギーでは、二〇〇三年に米国やイスラエルによる政治的圧力に屈する形で普遍的管轄権を認める法律が事実上、廃止された[93]。国際法学者の間でも普遍的管轄権を国際法上確立されたものとみなすことに慎重な傾向が強い。国際法学者の最上敏樹が指摘するように、管轄権の適用を普遍的に担保する中央集権的な制度を欠く国際社会では、普遍的管轄権の行使は分権的に行われ、「裁かれる者と裁かれぬ者とが偶然の事情で分かたれるという、法的な不均等の問題」をはらんでいるのが現状であり[94]、普遍的管轄権裁判の実施から国際社会が強制力の強い強力な刑事裁判制度を有しているとみなすことには無理があるだろう。

なお、二〇一二年にセネガル政府がアフリカ連合(AU)と共同で設立した特別法廷はしばしば混合法廷と称されるが、セネガルの裁判所に設置された同法廷が裁いたのは第三国チャドの元大統領ハブレ(Hissène Habré)であるため、厳密にいえば普遍的管轄権の行使と捉える方が正しいだろう。ただし、セネガルに亡命していたハブレに対して二〇一六年に人道に対する罪で有罪判決を下したこの法廷は、第二部でみるようにアフリカ諸国によるICCに対する反発が強まるなかで、アフリカの犯罪をアフリカ自身で裁く新たな刑事裁判の形態として注目される動きである。

二　正統性

以上、国際刑事裁判の歴史を概観して明らかになった通り、今日の国際刑事裁判は第二次大戦直後に行われたニュルンベルク・東京裁判と比すると、主権国家を拘束することで国際刑事法の執行を担保するという意味での強制力は弱いものとなっている。しかし、裁判に必要なのは強制力だけではない。ニュルンベルク・東京裁判は力を背景に短期間のうちに完結されたが、その正統性については疑念が付きまとってきた。両裁判については、戦勝国である連合国が敗戦国たるドイツと日本の戦争責任のみを追及し、米国による原爆投下やソ連による日ソ中立条約破棄など連合国側の行為は不問に付されたこと、また、裁判を担う裁判官と検察官がもっぱら連合国から任命されたといった点など様々な問題点が指摘されてきたが、とりわけ「平和に対する罪」と「人道に対する罪」が当時の国際法上の犯罪として確立されていたのか、さらにはこれらの犯罪について国家指導者個人の刑事責任を問うことが認められていたのかとの批判は、刑法の基本原則である事後法の禁止に抵触しかねない問題であり、裁判を否定的に捉える強力な論拠となってきた。

行われる裁判が後世に至るまで正統だと認知されるためには、公正な法に基づいている必要がある。しかし、「合意は拘束する」を原則とする国際社会では、法の内容が公正か否かについて判断を下す組織は存在しないため、「正統性」は曖昧な政治的概念となっている。

もちろん国際法においては普遍的な法の存在を自明視する自然法思想が衰退した後も、慣習法に普遍的妥当性を認める見解や、「いかなる逸脱も許されない」上位の規範を設定する強行規範（ユス・コーゲンス）など普遍的価値を生み出そうとする考えが出されてきた。しかし、問題となるのはその普遍的妥当性の根拠をどこに求めるかである。強行規範については「いかなる逸脱も許されない規範として……国により構成されている国際社会全体が受け入れ、かつ、認めた規範」(条約法条約第五三条)と定義されているが、「国際社会全体」の認識をどのように捉えるかについては論争の余地があり、武力行使やジェノサイドの禁止などごく少数を除いて具体的にどのような規範が該当するかについて一致した見解は形成されていない。慣習法についても、同様のことがいえる。国家による反復または継続した慣行と、その行為が法的義務の履行によるものだという法的信念が慣習法成立の要件とされるが、どのくらい多くの国によってこの要件が満たされれば一般的といえるのかについて明示的な基準はない。少数の大国間にそのような認識があればいいのか、あるいは中小国も含む世界の大多数の国であるべきなのか。

この普遍的に妥当可能な国際法を成立させる認識の問題は、国際政治学において国際正統性が、上述のような国際社会における行動を律する規制的規則の問題以前に、そもそも国際社会を構成するのは誰か(何か)という構成的規則として論じられてきたことと関係する。(95)国際社会の構成員をどう捉えるかによって、適用されるべき規制的規則の内容も変化するからである。ワイト(Martin Wight)は国際正統性について「国際社会の正統な構成員についての国際社会の集合的判断」という有名な定義を与えているが、その際に、この「国際社会の集合的判断」によって形成される構成的規則が「常に国家建設や既存国家の強化といった必要性」、すなわち大国の判断に従属されてきたことを付言するのも忘れなかったのである。(96)

このように正統性はそれを付与する側の認識に依拠した問題であり、国際社会における正統性はそもそもそれを判断する主体である国際社会の構成員をどのように捉えるかという問題を内包している。国際社会が欧州というキリスト教文明国で構成される均一かつ限られた地理的空間から、二〇世紀後半には植民地独立付与宣言に象徴されるようにアジア・アフリカの多数の新独立国を含む形で地球大に広がった今日、規範的正統性を判断する基準は大国のみならず中小国をも含む大多数の国にあるべきものであろう[97]。大沼保昭は慣習法について、その多くは「欧米主要国の国家慣行を欧米の主要国の学者や実務家が「一般的慣習」とみなして定式化してきた規範[98]」だと喝破したうえで、「慣習国際法と主張される国際法規範も、普遍的な多国間条約や国連総会決議などの認識根拠を通じて一般性が確認ないし強化されなければ、その規範は一般国際法として十分基礎づけられたことにはならない[99]」と述べている。この点において現代の国際刑事裁判を代表するＩＣＣが戦後の国際人権・人道法の発展を基に多国間条約で設立されたことは、その規範的正統性の高さを物語る。しかし、規範的正統性を獲得しただけでは国際刑事裁判は実現されえなかったのであり、規範が制度化されるに至った政治過程にも着目して分析する必要がある。

1　戦争犯罪概念の普遍化

国際刑事訴追の手続きがはじめて明文で規定されたのは、第一次大戦後の連合国とドイツの間の講和条約であるヴェルサイユ条約においてである。ヴェルサイユ条約は「国際道義と条約の神聖を傷つけた最高の犯罪について」ドイツ皇帝(カイザー)ヴィルヘルム二世を訴追し、「被告に対して弁護権に必要な保護を与える」と述べ、適正な法の手続きを確保すべく努めることを明記していた。しかし、無差別戦争観が支配的であり国家主権が重視されていた当時の国際政治状況にあって、その試みは、とりわけ当時戦争で疲弊した欧州諸国に代わって世界の大国としての地位を固めつつあった米国が、ヴィルヘルム二世の開戦責任を問うことは主権免除と事後法の禁止に抵触する前例のない試みだとして反対の立場を明確にしたことから、実現することはなかった[100]。

これに対してニュルンベルク・東京裁判は戦勝国、とりわけ米国のイニシアティブにより実現したものだが、先に述べたように、「平和に対する罪」と「人道に対する罪」について国家指導者の個人責任を追及することが当時の国際法上、確立されたものであったかについては否定的な見解が根強く、裁判の正統性には疑問が投げかけられている。国家指導者の個人責任の追及が国際法上確立されたものと広く認識されるには、第二次大戦終結以降の国際人権・人道法の発展を待たなくてはならなかったのである。

連合国が戦争目的に掲げた「人権と正義の維持[101]」は、戦後には国際社会が共同して取り組むべき多国間の課題として引き継がれ、人権保障は国際連合の主要目的の一つに掲げられた。ホロコーストの衝撃を受けた国際社会は、いち早く一九四八年の国連総会で「集団殺害罪の防止及び処罰に関する条約」(ジェノサイド禁止条約)案を採択し、さらに世界人権宣言(一九四八年)、国際人権規約(一九六六年)といった包括的人権文書の他、人身売買禁止(一九四九年)、奴隷制度の廃止(一九五六年)、強制労働撤廃(一九五七年)、人種差別撤廃(一九六五年)、アパルトヘイト禁止(一九七三年)、拷問等禁止(一九八四年)など個別イシューごとの条約も順次採択した。欧州や米州では地域レヴェルでの人権保障制度の整備も進められた。

また、第二次大戦後には大戦の惨禍を踏まえた武力紛争法の改訂作業が行われ、一九四九年に戦争犠牲者保護のためのジュネーブ四条約[102]が採択された。なかでも大戦中に非戦闘員の犠牲が急増した事実を踏まえ、それまでの武力紛争法の直接の対象ではなかった文民に保護の対象が拡大されたことが注目される。一九七七年には植民地解放闘争や内戦といった国家間武力紛争以外の新たな紛争形態を念頭に置いた追加議定書[103]も採択された。ジュネーブ諸条約は「重大な違反行為を行いまたは行うことを命じた者」を処罰するために各国が必要な国内法を整備することを締約国に義務付けている[104]。

さらに第一回国連総会(一九四六年)では、「ニュルンベルク裁判所条例によって認められた国際法の諸原則」(ニュルンベルク諸原則)を確認する決議[105]が全会一致で採択された。総会の指示を受けて一九五〇年にこれらの諸原則を定式化した国際法委員会は、「平和に対する罪」「戦争犯罪」「人道に対する罪」を国際法上の犯罪として処罰可能とする原則を提示した。

このように二つの大戦を機に新たに登場した戦争犯罪の概念は、戦後に国連総会決議や多国間条約という形をとって国際人権・人道法が発展していくなかで、単なる戦勝国が作り上げた概念からより普遍的な概念として定着するようになったのだった[106]。

2　規範と現実の乖離

しかし他方で、長く国内事項として扱われていた人権問題にどのくらい国際社会の関与を許すかについては、冷戦期には、米ソの大国間対立を中心とした現実の国際政治を前に、各国が主権の制限に抵抗したため、これらの国際法は概して強制力の弱い規範に留まっていた。例えば一九四八年に国連総会で採択されたジェノサイド禁止条約では、集団殺害犯罪を国際刑事裁判所が裁くとの明文規定があるにもかかわらず、そのような国際機関はその後半世紀以上も設立されなかった[107]。さらに時代が下った一九八四年に採択された拷問等禁止条約では、犯罪行為の取り締まりや刑事訴追は各国が国内法で対処するものと定めて外国や国際機関の関与をはじめから排除している。ジュネーブ諸条約が締約国に課している立法義務についても諸国の立法状況は芳しくなく[108]、そもそも違反者の処罰は各国に委ねられ、国際刑事裁判の設立を予定するものではなかった。ニュルンベルク諸原則についても、国際法委員会が作成した原則をその後、国連総会が正式に採択することはなかった。国際法委員会はさらに一九五四年に「人類の平和と安全に対する犯罪の法典案」を作成しているが、国連総会は侵略の罪の定義に問題があるとして同法典案の審議を見送った[109]。冷戦期にはブル（Hedley Bull）が指摘したように、国際社会が世界全体あるいは個人の正義を規定することは、主権国家で構成される国際秩序に変容を迫る革命的行為であり、正義を実現すべき主体は国家だとの見解が支配的だったのである。[110]

しかしこの時期においても、正義を実現すべき主体とされた国家が、国内の自国民に対して人権侵害行為を行っている例は無視できなくなっていた。国家の規範意識と現実の乖離の結果、欧米では様々な人権団体が設立され、権威主義体制下にある国々でも被害者の組織や被害者を支援するための団体が形成された。これらの組織や人権活動家が内政不干渉を原則とした冷戦期の消極的な国際人権保障体制においても、条約や宣言が掲げる人権規範の維持と進展に大きな役割を担った。

例えば国際的な人権NGOの先駆的団体であるアムネスティ・インターナショナル（Amnesty International）は、ポルトガル政府による自由の抑圧への対処として立ち上げられたものである。一九六〇年、英国人弁護士ベネンソン（Peter Benenson）は、当時、権威主義体制下にあったポルトガルで自由を求めて乾杯した学生二名が、七年の刑を言い渡されたとの報道記事に接した。衝撃を受けたベネンソンは、翌年五月二八日付の英国紙『オブザーバー』の一面に「忘れられた囚人（The Forgotten Prisoners）」と題した文章を寄稿した。そこで彼は、世界人権宣言に記された人権尊重の規範と現実の乖離から、世界各地で思想や良心、宗教、表現の自由を奪われて拘束されている「良心の囚人」がいることを指摘し、「良心の囚人」の解放と公正な裁判の実施等を求める国際世論を喚起するキャンペーンを展開することを呼び掛けたのだった。ベネンソンの寄稿文は多くの国で転載されて反響を呼び、国境を越えた人権活動家のネットワークが政府の行動に変革を迫る外圧型の人権運動の原型となった。[111] 一九七〇年代には南米のチリとウルグアイにおいても民主政権がクーデターで倒されたのを機にアムネスティの会員数は急増し、新たに多くの人権団体が設立された。[112] アムネスティは一九七二年には世界各地の拷問に反対する国際キャンペーンを開始し、各国における拷問の実態についての詳細な報告書の刊行や広範に及ぶ支持者のネットワークを通して同問題について国際的な関心を高め、後に拷問等禁止条約が締結される下地を形成した。[113]

アムネスティ・インターナショナルと並んで今日、主要な国際人権団体と位置付けられているヒューマン・ライツ・ウォッチ（Human Rights Watch：HRW）も冷戦期に誕生したものである。一九七五年七月から八月にかけてフィンランドのヘルシンキにおいて開催された全欧安全保障協力会議（Conference on Security and Cooperation in Europe：CSCE）は、ソ連側が主張する国境不可侵や主権尊重、内政不干渉の原則の承認と引き換えに西側が主張する人権問題規程をも盛り込んだ最終合意文書（ヘルシンキ宣言）を採択し、後に述べるように東欧各国に政府の人権状況の履行監視や人権擁護を掲げる市民団体を形成させた。そして米国においても、これらの社会主義圏における市民団体を支援するために、一九七八年に人権活動家であるネイヤー（Aryeh Neier）らによってヘルシンキ・ウォッチ（Helsinki Watch）が立ち上げられた。一九八〇年代にはさらにラテンアメリカ、アジア、アフリカ、中東の各地域に対しても同様の人権状況の監視を行う「ウォッチ委員会」が設立され、一九八八年にはこれらが正式に改称されてヒューマン・ライツ・ウォッチとなった。[114] ヒューマン・ライツ・ウォッチは米国政府へのロビー活動を活発に行い、米国の国際政治上の影響力を用いて人権侵害を行う政府の政策に影響を及ぼすアドヴォカシー運動を行う点を特徴とした。[115]

この時期には国際人権団体のほか、権威主義体制下にある各国内においても様々な人権団体が形成された。東欧ではヘルシンキ宣言を受けて、ソ連邦内やポーランドに政府の人権状況を監視する団体が順次立ち上げられたほか、チェコスロヴァキアの「憲章77（Charter 77）」、ポーランドの独立自主管理労働組合「連帯（Solidarity）」など後に民主化で主導的な役割を果たす団体もヘルシンキ宣言に刺激されて誕生した。ラテンアメリカでも政府による強制失踪の対象となった人々の母親の抗議運動をはじめ、各種の被害者団体や人権団体が形成された。これらの国内団体はアムネスティ・インターナショナルやヒューマン・ライツ・ウォッチ等の国際人権団体と連携することで各国政府に圧力をかけて政治犯の釈放など個別の対応を迫る素地を形成し、拘束力の弱い宣言や条約に留まっていた国際人権規範の浸透と進展に貢献した。

3　規範の制度化

このように、第二次大戦後には人権の保護が普遍的価値を有するようになったものの、これらの人権規範に違反した国家指導層を主権免除の壁を打ち破って訴追するという考えは依然として希薄であり、この点について国家を動かすまでには至っていなかった。こうした状況を変化させたのは、冷戦後の安全保障環境の変化だった。

冷戦終結に伴う米ソの二極対立構造の解消は、世界各地における国内対立の様式を変化させ、冷戦期の「長い平和」の陰で目立たずにいた内戦という紛争形態を顕在化させた(116)。そこで国際社会が直面したのは、政府が自国の領域と国民を統治するという主権国家の大前提に反して、繰り返される内戦を収めることができず、指導者の統治の正統性が争われている国家にいかに対処すべきかという問題だった。すでに植民地独立付与宣言(一九六〇年)が「政治的、経済的、社会的又は教育的な準備が不十分なことをもって、独立を遅延する口実としてはならない(117)」と述べているように、第二次大戦後の脱植民地化の過程で、実質的に国内を統治できているかという対内的主権は不問にされていたのではあるが、国際社会は冷戦後には自国を統治できない国家を「破綻国家」や「脆弱国家」と呼び、国際問題と捉えて次第に内政に介入する形で関与を強めていった。背景には映像技術の発達に伴って内戦の惨状が世界に伝えられるようになり、世論が人道的観点から各国政府に対応を迫ったこと(118)、また、欧米諸国の間でもとりわけ米国で起きた同時多発テロ事件を契機に、国内統治に問題を抱える国家を放置することが安全保障上の脅威になりかねないと認識されるようになったことがあげられる(119)。

諸外国の国内統治への関与は冷戦期には米国カーター政権の人権外交など個別国家の政策としては存在したが、多国間の取り組みとしてはまず、国際金融機関が援助供与の条件として「ガバナンス」の改善を求めるという間接的な形で現れた。「ガバナンス」という言葉は、世界銀行が一九八九年のアフリカ開発に関する報告書で取り上げたのがはじめである。[120] 国際通貨基金（International Monetary Fund：IMF）や世界銀行等の開発援助機関は、一九八〇年代に市場自由化を促す構造調整プログラムを試みてきたものの、政策実行能力を欠く低開発国の中にはかえって貧困を増大させる結果を招くものもあり、世界銀行は「民間部門のイニシアティブや市場メカニズムは重要だが、これらはよい統治（good governance）――効率的な公共サービス、信頼できる司法制度、透明性のある行政部門――とともに進められなくてはならない」との認識に至ったのだった。[121] その後、ガバナンスの概念はＤＡＣ（経済協力開発機構ＯＥＣＤの開発援助委員会）やＩＭＦ等の他の国際機関や各国の援助政策にも取り入れられてより精緻化され、具体的な指標を定めて相手国の統治状況と融資をリンクさせるという形をとった。[122]

国連においても旧ユーゴスラヴィアとルワンダの事態にみられたように、内戦や国際人権・人道法違反を含む形で安保理が「平和と安全に対する脅威」の認定を拡大し、[123] 現地での平和活動は、伝統的な平和維持活動に選挙支援や法の支配など国家の内政にまで踏み込んだ統治支援機能が加わることで、次第に多機能化した。[124] 人道的介入の議論が再燃し、「保護する責任」の概念が提起されたのも、自国民を虐殺する政府に対しては国際社会が軍事介入してでも当該国民を護るべきだという共通理解ができつつある証左である。このように国内統治の問題を国際平和と結び付けて考える冷戦後の国際安全保障環境において、国際刑事裁判は、人権侵害のなかでも特に重大な侵害――ジェノサイドと人道に対する罪、戦争犯罪――を犯した責任者について、国家に捜査と訴追を行う「意思と能力」がない場合に国際社会が介入し、司法という国家の統治機能の一部を肩代わりすることを担保する制度として誕生したと捉えることができるだろう。それはまた、高い正統性を有する国際人権規範が、安全保障環境の変化のなかで実現されていく過程でもあった。

三　小括

本章では国際刑事裁判の歴史を、「強制力」と「正統性」という二つの概念を中心に分析し、今日の国際刑事裁判の特徴を捉えることを試みた。同じ国際刑事裁判でも、第二次大戦直後に行われたニュルンベルク・東京裁判と九〇年代以降に行われるようになった国際刑事裁判では、裁判を取り巻く環境や裁判の性質は大きく異なっている。第一に、ニュルンベルク・東京裁判では「平和に対する罪」という枢軸国による侵略戦争の責任追及に訴追努力が傾注されたという点で国家間戦争を問題にしていたのに対し、今日の国際刑事裁判は主として国内で行われている国際犯罪、すなわち独裁政治とそれに付随する内戦に起因した犯罪を問題にしている。第二に、ニュルンベルク・東京裁判が、無条件降伏をした敗戦国を戦勝国が裁くという点でほぼ完全な強制力をもって行われたのに対し、今日の国際刑事裁判は「補完性の原則」を採用するＩＣＣに代表されるように、あくまで国家に訴追の「意思と能力」がない場合に国際社会が代わって訴追を行うことを原則としている点で強制力が弱い。第三に、戦後直後に行われた国際裁判については「平和に対する罪」が当時は国際犯罪として確立しておらず罪刑法定主義の観点から問題があるとの批判を受けてきたのに対し、今日の裁判は第二次大戦後に多国間条約として発展してきた国際人権・人道法に基づいている点で高い正統性を有している。すなわち第二次大戦直後に行われた二つの裁判に比すると、今日の裁判は、強制力は弱いが人権保護規範というより高い正統性を背景に、国際社会が国内統治に関与する形で行われているという性格が指摘できる。

このように、国家指導者といえども重大な人権侵害を犯した場合には処罰を免れえないという規範は国際社会で広く共有されながらも、実際に国家主権の「固い殻」[125]を打ち破って処罰を可能にするような十分な強制力を備えていないというのが、今日の国際刑事裁判の特徴であり、問題であろう。本書では国際刑事裁判が冷戦終結後に国際社会が国内統治に問題を抱える国々への関与を強めるなかで生じた対応策の一環であり、その特徴を「不完全な強制力」と「高い規範的正統性」にあるものと捉えて、次章以下において国際刑事裁判の意義と限界について考察する。

第二部　国際刑事裁判のディレンマ

第二章　国際刑事裁判のディレンマの政治構造

本章では、果たして国際社会における法的正義の追求が平和の実現を阻害しうるのか否かについて、理論的に考察する。その際に参照するのは、国際政治学において抑止について考察してきた外交交渉論である。国際刑事裁判という国際組織が個人を相手に行う司法行為を、通常は国家間の交渉として定義される「外交」として捉えることには異論があるかもしれない。しかし、警察組織を持たず国際刑事法の執行に各国の協力を要する国際刑事裁判は、訴追を行う裁判所と関係国の間に様々な交渉を必要とし、訴追対象者にも身柄の拘束に至るまでに様々な政治的取引を行わせる余地を残している。そこで本章では訴追者側と訴追対象者の間に生じる政治過程(すなわち外交)に着目することで、国際刑事裁判の政治的側面に光をあて、内在するディレンマの政治構造を明らかにすることを試みる。

一　国際刑事裁判の抑止論

国際刑事裁判の意義については、戦争犯罪や人道上の甚大な犯罪行為に対処することが道徳的、倫理的要請であるという主張(1)から、処罰が国際法上の義務となっているとの見解(2)、国家指導者といえども重大犯罪人には処罰がなされるべきだとの刑法の応報刑論に基づく考えまで様々な観点から議論がなされてきた。そのなかでも現在、理論と実践の双方において中心的な考えとなっているのは、「処罰の威嚇」が将来の犯罪を防止するという抑止の論理である。

背景には、国際刑事裁判が紛争継続中の事態を対象とするようになるにつれて国際刑事訴追に人権侵害行為のさらなる拡大を防ぐことが期待されるようになったという実践面での要請と、序章でみたように国際刑事訴追が平和的な体制移行と和平合意を阻害しているという国際刑事裁判に対する批判が出されるなかで、裁判を推進する論者の側で裁判の効果を説得的に提示する必要に迫られているという事情がある。現実の国際刑事裁判の展開に即してみれば、ニュルンベルクおよび東京裁判が法廷設置の目的を「主要戦争犯罪者の公正かつ迅速な審理及び処罰(3)」と規定していたように、国際刑事裁判は当初、主に応報刑論の考えを基に設立された。その後、一九九〇年代になって和平努力が功を奏さずに紛争が拡大する旧ユーゴスラヴィアの事態について、安保理が「国際法廷の設置と責任者の訴追が国際人道法違反の一掃と効果的な救済に貢献する(4)」ことを期待して暫定的な法廷を設置すると、国際刑事裁判にはすでに犯罪行為を行った者が事態をさらに悪化させる行動をとることを防ぐ「個別的抑止(specific deterrence)」の機能が追加されることとなった。そして二〇〇二年に設立されたICCでは、裁判所の管轄権が地理的に限定されず、また、犯罪行為が行われてから設置されるのではなく常設的機関として設置されていることから、個別的抑止のように特定の個人を対象とするのではなく、国際社会全般に向けた「一般抑止(general deterrence)」が企図されていると理解されている(5)。

しかし、国際的な刑事裁判の犯罪抑止機能については暗黙の前提とされ、それがどのように機能するのかについて議論がなされることはほとんどない。これはおそらく国際刑事裁判を推進する国際法学者にとって、裁判の抑止効果は、「処罰の威嚇」が人々に犯罪を思いとどまらせ国家社会の秩序が維持されるという国内刑法の一般抑止(予防)論の考えを類推適用する形で自明のことと捉えられているからだろう。そうしたなかで例外的に論理的な説明を試みているのが、旧ユーゴスラヴィアとルワンダの国際刑事裁判所（ＩＣＴＹとＩＣＴＲ）で法律顧問を務めた国際法学者のアカヴァン（Payam Akhavan）である。

アカヴァンは二〇〇一年に発表した論文「不処罰を超えて——国際刑事裁判は将来の虐殺を防ぐことができるか？（Beyond Impunity: Can International Criminal Justice Prevent Future Atrocities?）」(6)において、まず、民族的憎悪や暴力は自然発生的に起こるのではなく、体制エリートが権力を追求する結果として生じる計画的な犯罪であることを旧ユーゴスラヴィアとルワンダの事例を用いて確認している。こうして大量虐殺を行う国家指導者を合理的なアクターだと仮定したうえで、アカヴァンは、国際刑事裁判の処罰の威嚇が国際法に違反する政策をとるコスト（これには逮捕により権力の座から引きずり降ろされるコストと、起訴により国際的信用を喪失するコストを含む）を高め、国家指導者の側での合理的な利得計算に影響を及ぼすことで、民族的憎悪や暴力を醸成する政策決定を抑制させると論じている。(7)

1　主体の合理性

アカヴァンが国際刑事裁判の訴追対象者の合理性を強調しているのは、それに対する批判を意識しているためであろう。抑止は、それが刑事法学における刑罰論にしても、国際政治学における外交交渉論にしても、合理的選択の思考様式を前提とする。ジョージとスモーク（Alexander L. George and Richard Smoke）は、抑止の最も一般的な形式を「特定の行動をとるコストやリスクがその便益を上回ると相手に説得させること」だと捉えている。(8)抑止について古典的考察を加えたのは、功利主義者のベンサム（Jeremy Bentham）らだった。ベンサムは近代刑罰論の父と呼ばれるベッカリーア（Cesare B. Beccaria）の考えを引き継ぐ形で、時の為政者の恣意的な判断で刑罰が科されることに異議を唱え、個人に苦痛を与える刑罰という「害悪」を課すことが正当化されるのは、より大きな「害悪」である犯罪の発生を防いで社会の幸福を最大化させるためであり、この抑止が機能するためには刑罰は犯罪に見合った形で十分に重く、迅速かつ確実に行われなくてはならないと論じている。[9]

こうした犯罪者の合理性の仮定が、多くの市民を虐殺する人物に適用できるかについては疑問が呈されてきた。例えばドランブル(Mark A. Drumbl)は「油のきいた殺人マシーンの一部と化したジェノサイドを行う狂信者が、仕事を始める前に利得分析を行うだろうか。ある種のテロにおいて、自爆攻撃を行う者が捉えられた際の処罰を恐れて自制するだろうか[10]」と問い、そもそも重大な国際犯罪が通常の国内刑事手続きと同じ方法で対処できるのかを疑問視している。また、コスケニエミ(Martti Koskenniemi)も「人道に対する罪が、本当にカントが名づけた道具的合理性の限界を超えた「根元悪」から生じているのであれば、将来の処罰の可能性に関する計算が考察されることはなく、そもそもそうした計算自体がありえない[11]」と述べている。コスケニエミはさらに二〇世紀に生じた虐殺の多くはそもそも犯罪の意図を持って行われたのではなく、共産主義諸国の例に典型的なように、よりよい世界を作ろうとする犯罪者の側から見れば善意のイデオロギーから行われたのであり、そうした場合に抑止を語るのは的外れであると指摘している。[12]ルワンダと南アフリカ、モザンビークの和平プロセスを責任者の処罰と不処罰の観点から比較分析したコバン(Helena Cobban)も、「虐殺の多くが生じるのは社会が崩壊し、大量の政治的暴力が行われる環境だが、そうした環境で抑止戦略の成功に不可欠な合理的計算が確実に行われるとは想像しがたい」と述べている。[13]

これに対してアカヴァンは、二〇〇九年に出された論文「国際刑事裁判は平和の阻害要因か?(Are International Criminal Tribunals a Disincentive to Peace?)」で、「国内における刑罰の正当化根拠——それ自体あいまいで推論的である——を安易にそのまま大量虐殺の文脈に移植することはできない[14]」としつつも、たとえ残忍な戦闘員やジェノサイドを行う個人が人間の合理性を超える邪悪性を備えていたとしても、その組織的犯罪には計画性、すなわち合理性があることを再度主張している。この他にも内戦研究においては、民間人の大量虐殺が反政府勢力の支持基盤を揺るがすための政府による意図的な軍事戦略として行われていることを示す研究[15]などが出されており、国際刑事裁判の対象となる重大犯罪を行う指導者が合理的主体であるのか否かについては、結論が出ていないというのが現状だろう。

2　威嚇の信憑性

国内刑法の一般予防の議論を国際刑事裁判にそのまま適用することが困難なのは、主体の合理性の問題だけではない。国内法と国際法の違いを特徴付けるより根本的な問題は、前者が法の執行を担保する中央集権的な権力の存在を前提とするのに対して、後者にはそれがないことである。これは主体の合理性と並んで、抑止が機能するための前提条件である「威嚇の信憑性」、すなわち処罰の威嚇が確実に実行されると相手に伝わるのか否かに関わる問題である。たとえ主体が合理的であったとしても、ある特定の行為を行った結果下されるであろう処罰が、その行為を行うことで得られる利益を相殺するほどの不利益をもたらす脅威であると認識されなければ、抑止は成功しない。アカヴァンは「積極的な逮捕と訴追を通した信憑性のある処罰の威嚇は、政治的安定を阻害する要因を取り除き、建設的な政治行動をとるインセンティブをもたらす[16]」と述べているが、そもそも国際刑事裁判の処罰の威嚇には、十分な信憑性があるのだろうか。

刑事裁判において威嚇の信憑性を確保するとは、先の抑止に関する古典的考察に従えば、訴追が迅速かつ確実に行われ、言い渡される刑が十分に重いと訴追対象者に認識させることを意味する[17]。第一の訴追の確実性についていえば、確かに九〇年代に入ってから旧ユーゴスラヴィアとルワンダの事態について暫定的な裁判が行われ、さらに常設のICCが設立されたことで、それがなかった時代に比べれば、重大犯罪を起こした責任者が訴追される確率は高まった。しかし、前章でみたように、法の執行における国際刑事裁判の強制力は完全ではない。今日の国際刑事裁判は基本的には国際社会の分権的構造に基づいており、裁判所は各国が訴追の意思と能力を有しない場合にのみ管轄権を行使する。管轄権を行使する場合にも、警察組織を持たない国際刑事裁判所は捜査と被疑者の身柄拘束について各国の協力を必要とするため、起訴から逮捕に至るまでには通常、時間がかかる。被疑者がことに現職の国家指導者である場合には、当該国の協力を得ることは期待できないため、捜査と逮捕はさらに困難を極めることになる。

例えばリビアの事態では、安保理によってICCに付託されたことから、同国で反政府デモに参加する民間人の虐殺が始まってから比較的短期間のうちに起訴状が提出されたが、それでも犯罪事実の発生から四か月と国内刑事手続きに比べれば長い時間がかかっている。同じく安保理によって付託された事態でも、スーダンの場合にはダルフールにおける紛争の発端となったとされる武力衝突が発生してから、最初の起訴状が提出されるまでには四年近くを要している。起訴後の逮捕についてみれば、リビアの事態ではICCに起訴された政府関係者が軍事的に敗北したために、起訴状発付から五か月と短期間のうちに逮捕に至ったが（ただし当初起訴された三名のうち最も重要な被疑者であったカダフィ大佐は死亡により裁判にかけられることはなかった）、スーダンの事態では周辺国がICCの訴追対象がアフリカ諸国に偏っていることを不服としてICCへの協力を拒んでいることから、バシール大統領をはじめ被疑者の逮捕には至っていない。

また、少なくとも現状では、重大犯罪に限定したとしても、自国で裁く意思と能力がないすべての国の事態に介入することはICCのキャパシティを超えており、この点でも訴追が確実に行われると保証することは難しい[18]。例えば、クローニン・ファーマン（Kate Cronin-Furman）はICCは設立から一〇年間に二八件の起訴状を提出したが、この間にはウプサラ大学の紛争データベースによれば二〇〇件以上の民間人を攻撃の対象にした紛争が起きていると指摘している[19]。すべての紛争が人道に対する罪や戦争犯罪を引き起こすわけではないにしても、ICCがこれまでに発付した起訴状の件数は、訴追が確実に行われるというメッセージを発するには不十分と言わざるを得ないだろう。

威嚇の信憑性を確保する第二の要素である量刑については、国際刑事裁判が科す刑罰は国内裁判で同種の犯罪に対して科される刑罰と比べると、概して軽いものとなっている。ＩＣＣは人道的な観点から死刑を採用せず、有罪判決を受けた者に対しては最長三〇年を超えない年数の禁錮を科すことを基本としている。終身刑は「犯罪の極度の重大さ及び当該有罪の判決を受けた者の個別の事情によって正当化されるとき」にのみ適用される。[20] ＩＣＣはこれまでに三件の有罪判決を出しており、コンゴ民主共和国の事態では少年兵の徴用と戦闘での使用（戦争犯罪）で禁錮一四年、マリの事態では戦争犯罪による文化財破壊の罪で禁錮九年を言い渡している。[21] ＩＣＴＹとＩＣＴＲでも刑期の上限は設定されていないものの、刑罰は禁錮に限ると規定されている。[22] ＩＣＴＹはこれまでに起訴した一六一名のうち八九名に有罪判決を下しているが、そのうち終身刑は六件、終身刑を除いた刑期の平均は一六年となっている。[23] これらの量刑が「国際社会全体の関心事である最も重大な犯罪[24]」や「重大な国際人道法違反[25]」に見合っているか否かについては、議論の余地があるだろう。例えばコスケニエミは、ミロシェヴィッチ（判決を待たずに拘留中に死亡したが）を例に、彼が「刑務所に入るか否かは、二〇万人以上が命を落とし、さらに何百万人という人々に影響を与えた事実に対する「適切な」答えとは到底言えないだろう」と述べ、裁判の意義は処罰以外にあるとしている。[26]

国際刑事裁判の量刑を「処罰の威嚇」との観点で考察するうえで有益なのは、他の代替措置、とりわけ国内裁判で科される量刑との比較だろう。この点について、クとツェリベ（Julian Ku and Jide Nzelibe）は、今後、国際刑事裁判の訴追の対象となる確率が高いのは自国で訴追を行うことのできない脆弱な国におけるクーデター参加者だとしたうえで、過去一九五五年から二〇〇三年の間にアフリカのクーデターに参加した者を分析している。その結果、クーデターの参加者は国内において処刑されたり、（おそらく拷問や過酷な刑務所環境によって）拘留中に死亡するなどより深刻な制裁に直面していることから、国際刑事裁判が十分な抑止効果を持つことはのぞめないと結論付けている。[27] ルワンダが非常任理事国としてＩＣＴＲの設立に反対票を投じた理由の一つにも、重大犯罪者が国際法廷によって裁かれ死刑を免れるのに対して、国内で裁かれるより下位の犯罪者が死刑判決を受けるという矛盾を避けたいとの事情があった[28]。

以上のように抑止の論理によって国際刑事裁判の効果を証明する試みは、これまでのところ成功しているとは言い難い。国際刑事裁判の意義を論じる議論は、その批判に応えようとする過程で、本来立脚していた裁判の道義性を主張する観点から離れ、その効果を強調する議論に収斂してきたが[29]、アカヴァンにとってみれば、このこと自体が不本意な事態だった。彼は「平和と正義の議論を考察する際に、そもそもの疑問はなぜ立証責任が正義を擁護する側にあるのか……懐疑的な人々を満足させるために抑止を数学的正確さで量らなくてはならないのか？」と自らの抑止論に対する批判に不満をあらわにしたうえで、再度、国際刑事裁判の抑止効果を論じた二〇〇九年の論文の最後を次のように締めくくっている。「正義を正当化するために功利主義的な理論的説明を行わなくてはならない事実自体が、我々が陥った遺憾な精神的状況を反映している。おそらく今後、何年か何十年かして国際法廷が世界の良心に与える道徳的影響が明らかになれば、ジェノサイドを犯した者の不処罰を平和へのインセンティブとすることが暗い過去における信じがたい思い込みであったと嘲られるような新たな理解へと我々を導くことになるだろう[30]」。

二　強要の限界

ＩＣＣの設立を機に国連がジェノサイド、戦争犯罪、人道に対する罪というＩＣＣが管轄権を有する三つの犯罪について免責条項を含む和平案を禁じたことは、それまでの不処罰を交渉の切り札として容認することで和平合意や体制移行を促す宥和型の政策から、「処罰の威嚇」によって紛争の原因となる重大犯罪の発生を防ぐという強制型の政策に方針を転換したことを意味する。この宥和型から強制型の政策に転じようとする国際社会が直面している目下の課題は、実は抑止以上に困難な課題である。

今日の国際刑事裁判を特徴付けるのは、先に触れたように紛争が継続している最中に紛争の当事者である国家あるいは敵対する反政府勢力の指導者を起訴するケースである(巻末の資料2参照)。第一次大戦後、第二次大戦後に試みられてきた国際刑事訴追はいずれも戦闘が終了した後に行われたものだった。民主化の「第三の波」の国々においても、旧体制下で行われた人権侵害にいかに対処するかは主に体制移行後の問題であった。しかし、九〇年代後半以降に国際社会が内政に介入する形で裁判を行う例が増加するにつれ、体制移行を待たずに紛争継続中に紛争当事者を対象に裁判が行われる例が増えている。つまり国際刑事裁判は、自らが明示的に掲げる将来の犯罪の防止という「抑止」に加え、現に犯罪行為を行っている紛争当事者を訴追することで目下の人権侵害行為の停止を目指している。旧ユーゴスラヴィアとルワンダの暫定法廷を設立した安保理決議が、裁判に「国際人道法違反の一掃」を期待すると明記していることは、このことを端的に示している[31]。これは外交交渉論の用語に従えば、「強要」に近いものである[32]。

抑止も強要も、ともに威嚇によって自国が望む行動の選択を相手国に迫る強制外交の戦略である。だが、両者は前者が当該国にとって好ましくない行動を相手国に自制させるという不作為を迫るのに対し、後者が当該国にとって好ましい行動を相手国に実行させるという作為を迫るという点で異なる[33]。強要には、すでに行われている行動を停止させるものと、新たな行動を行わせる二つの類型があるが、紛争当事者の訴追の場合には、すでに国際人道法違反行為を行った国家指導者に対して違反行為の停止を求めるという点で、強要のなかでも前者に該当する[34]。

このように相手の作為によって現状の変更(原状の回復を含む)を求める強要は、一般的に、相手に行動を自制させることで現状の維持を図る抑止よりも実現が難しいと理解されている[35]。そのため強要においても抑止と同様に威嚇に信憑性があるか否かは重要な要素だが、強要を実現するためには、さらに相手に行動を促すための誘因を付加することが必要だと指摘されてきた[36]。抑止のための威嚇は「ある行動がとられれば、望ましくない結果が生じる」と脅しをかけることで何をしてはいけないかを規定するが、何をすべきかまでは明確に規定しない。相手を動かす強要のためには何らかの誘因、少なくとも威嚇行為が実行に移されないという確証が必要だと考えられてきたのである[37]。

相手(国)の恐怖や不安を緩和することによって紛争の回避を目指す安心供与(reassurance)外交は、論理上、威嚇による恐怖を背景に相手(国)に行動の自制あるいは変更を迫る強制外交と相対するものとして捉えられてきた[38]。しかし相手に作為を求める強要が成功するためには、安心供与と強制外交の双方の要素を組み合わせた「アメとムチ」戦略が有効だというのが、冷戦期に精緻化された米国における外交交渉論の知見だった。この分野の第一人者であるシェリング(Thomas C. Schelling)は、自らが欲するものを奪い取るための「むき出しの力(brute force)」と相手にそれを差し出させる「強制」は異なるとしたうえで、強要に効果的なのは、「要求に従わなかった場合に苦痛や損失がもたらされるという脅しだけでなく、それに付随する、要求に従えば苦痛や損失を避けられるという、おそらくは暗黙の確証である」と述べている[39]。

これを国際刑事裁判の文脈で解せば、訴追対象者に国際人権・人道法違反行為をやめさせるためには、やめなければ訴追するという信頼に足る威嚇とともに、やめた場合には訴追しないという信頼に足る確証を与えることが必要になる。しかし、起訴されても直ちに身柄の拘束と裁判に至るものではなく、他方でひとたび起訴されればそれが犯罪行為に起因するものであるために訴追の取り下げが容易ではないとすると、訴追対象者に要求に従わせるインセンティブを持たせることは容易ではない。人権侵害行為をやめたとしても、訴追を免れるものではないからである。

そもそも国際社会が国際刑事訴追によって達成しようとしているものは、強要のなかでもハードルの高いものである。ジョージ(Alexander L. George)は強制外交戦略においてどの程度の威嚇を適用し、また、威嚇だけでなく積極的な誘因を組み合わせるべきかは、相手に何を求め、相手がどのくらいその要求に従うことに乗り気でないかによるとしている。そして要求が自らの死活的利益を超えた野心的なものであったり、あるいは相手の死活的利益に係るものである場合には、その要求に応えまいとする相手の動機を強化するため、強要の成功は難しくなると述べている。[40]

国際社会が紛争継続下の刑事訴追によって要求するものは、国際人権・人道法違反行為の停止である。しかし、その要求が先に触れたように訴追の取り下げという可能性を伴わない威嚇によってのみ追求される場合、それは紛争当事者にとって死活的利益に係る問題となる。いかに本人が今後の政策変更を約束しようとも、訴追が取り下げられる選択肢がなく裁判が行われるのであれば、それは、ことに国家指導者にとっては逮捕によって物理的に政権の座から引きずり降ろされ、また裁判によって政治的正統性を否定されるという実質的な体制変換を意味する。

前章でみたように、国際刑事裁判は冷戦後に国際社会が国内統治に問題を抱える国々に関与を強めるなかで再び行われるようになった施策である。このように国内統治のあり方を国際問題として捉える視点は、ウォルツ(Kenneth N. Waltz)の指摘した国内体制のあり方を国際紛争の原因と捉える第二イメージ的国際政治観に基づいており、国内体制の変革によって国際平和を達成しようとする考えを内包している。[41] 事実、冷戦後には人権や民主主義に代表される特定の自由主義的価値観を重視し、これらの基準に沿わない非自由主義国を排除したり介入も辞さないとする見解が唱えられてきた。これには自由主義国家と非自由主義国家を峻別して自由主義国家間にのみ適用される国際法を構想したり、[42] 自由主義陣営や「国家の良識ある中核(decent cores of states)」を守るために武力介入をも辞さないとする見解などが含まれる。[43] こうした見解は、国連憲章に規定された主権平等を重視する多元主義的自由主義と対置する形で「自由主義的反多元主義(liberal anti-pluralism)」とも呼ばれた。[44]

紛争終結を待たずに紛争が継続しているさなかに訴追を行う傾向を強める国際刑事裁判は、国家指導者の訴追という事実上の体制転換をも迫る強要のなかでも困難な課題を追求するものだが、従来の強制外交論において相手方から譲歩を引き出すために必要とされた免責という「安心の確証」を与えることができない。石田淳が指摘するように、

「強要によって現状の変更を企てることの限界は、現状を力によって変革しようとする者の究極の目的について相手が抱く不安を払拭できないことにある」[45]。免責の確証を伴わない処罰の威嚇によって相手に政策の変更を促すことは困難を極めるが、国際刑事裁判においては威嚇(訴追)と安心供与(不処罰)が本来、両立不可能なのである。

三 正統性をめぐる争い

国際刑事訴追によって平和を実現するためには、国際刑事裁判の処罰の威嚇に十分な信憑性を与えるとともに、訴追対象者に人権侵害行為をやめさせる誘因(免責の確証)を与える必要がある。しかし、処罰による犯罪の抑止を謳う現代の国際刑事裁判に、政治的判断から被疑者を免責する選択肢はもはや存在しない。他方で国際刑事裁判の処罰の威嚇を完全なものとすることも、中央集権的な警察組織を持たず、人権規範が浸透する(従って極刑を科すことのできない)現状の国際社会では不可能である。

国際刑事裁判が直面するこのディレンマは、国際刑事裁判が有する高い規範的正統性と合わせて裁判が政治的争いに発展する余地を与える。刑事裁判の特徴である被疑者の有責性の判断は、体制移行を遂げた国においては新政権が統治の正統性を確立する手段としても機能してきた。古くはフランス革命後のルイ一六世の処刑から、第二次大戦後の同国におけるヴィシー政権関係者の粛清、東欧革命時のルーマニアにおけるチャウシェスク(Nicolae Ceausescu)裁判に至るまで、それが実際は報復であったとしても裁判という形式をとって新政権が前政権の残虐行為を糾弾することで前政権との違いを強調しようとした例は歴史に事欠かない。国際政治においても第二次大戦後に行われたニュルンベルク・東京裁判は、当時確立しつつあった戦争違法観を実現するという側面とともに、戦勝国である連合国側にファシズムの侵略を裁き、戦後の国際秩序形成の礎を築く正統性を与えるものでもあった。冷戦後に再び行われるようになった国際刑事裁判は、国際人権・人道法の発展を下地に法の適正手続きを強化することで「勝者の裁き」の咎を克服すべく努めてきたが、裁判がより普遍的な正義に近づくにつれて裁判がもたらす国際的正統性の規範の重要性も増し、皮肉にも国際刑事裁判が統治の正統性をめぐる政治的争いとなる傾向を強化することとなっている。

九〇年代以降に国際刑事訴追の対象となった重大犯罪は、すべて内戦（しかも旧ユーゴスラヴィアとジョージアを除き、すべてアフリカにおける内戦）に起因している。近年の重大な人権侵害が内戦の頻発と激化に起因していることは多くの論者が指摘するところであり、内戦の発生原因についても多くの研究が出されている。これらの研究は大きくは紛争原因としてエスニシティに着目する見解と、紛争の継続を可能にする条件を経済的合理性の観点から説明する見解に分けられるが、いずれにおいても政府の統治能力が低く、分断された社会において人権侵害を引き起こす紛争が発生しやすいことを示す点では共通している。[46] 他方で、補完性の原則を採用するＩＣＣに代表される今日の国際刑事裁判は、国家に訴追の意思と能力がない場合にのみ活動することで、政府の統治能力の不足を肩代わりする役割を果たしている。このような性質を持つ国際刑事裁判は、国内統治基盤が脆弱で内部に分裂を抱える国の指導者にとっては、欠如している能力の補塡を国際社会に求めることで自らの国内統治についても国際的な正統性を獲得できるという二重の恩恵を与えてくれる制度になりうる。政治裁判の本質が政敵の駆逐にあるならば、[47] 国際刑事裁判はそれが有している規範的正統性のゆえに国家指導者にとっては敵対政治勢力を駆逐して自らの統治者としての正統性を追求ないし維持するための手段として、より強い政治性を帯びうるのである。

このことは自国領域内の事態を締約国である当該国が自らＩＣＣに付託する場合に顕著である。現在ＩＣＣが捜査を行っている計一〇か国一一件の事態のうち五件（ウガンダ、コンゴ民主共和国、中央アフリカ二件、マリ）が、政府が反政府勢力の犯罪を問題にしてＩＣＣに付託したものである。ローマ規程の起草過程では犯罪行為地国が自ら主権の一部である刑事裁判権を放棄するということは考えられていなかったにもかかわらず、こうした自己付託が行われている背景には、内戦下で政府がＩＣＣを利用して敵対勢力の駆逐を図る意図がうかがえる。

他方で、自らの意思に反して国際刑事訴追の対象となった場合には、国内統治の正統性を国際的に否定されることを意味する。国際社会が国内統治への関与を強めるようになった今日、第五章で詳述するように、国家権力の正統性は国内の民主的正統性のみならず、国外からも法の支配に依拠した自由民主主義的規範に従うことが求められている。自らの意思に反する刑事訴追とは、ＩＣＣの管轄権行使主体から言えば、国連安保理による付託あるいはＩＣＣ検察官による捜査着手の場合である[48]。両者は国際社会が国家指導者を拘束し、処罰するという点で共通するが、前者の場合には裁判が国連憲章第七章下の強制措置として行われるがゆえに訴追対象者をより強く追い詰めることになるだろう。とりわけ訴追対象が現職の国家指導者や反政府武装勢力（紛争当事者）である場合には、すでに政権の座を降りた元指導者や武器を置いた反政府勢力に比して、訴追に抵抗するより大きな力とインセンティブを有することから、この傾向が顕著になるものと考えられる。

四　小括

国際刑事裁判の「抑止論」は、今日の国際刑事裁判が紛争が継続している最中に国家指導者や反政府指導者を訴追するという困難な課題に対処するなかで、理論と実践の双方の要請から生まれたものであり、伝統的な外交交渉論に即してみれば、強要に近い性質を有している。しかし、東京裁判やニュルンベルク裁判、さらにはＩＣＴＹ、ＩＣＴＲとも異なり、多国間条約に基づくＩＣＣはその設立の経緯から高い規範的正統性を備えながら法の執行に関わる強制力の面では不完全さを抱えており、抑止や強要といった強制型の政策が機能するための重要な与件の一つである「処罰の威嚇」の信憑性については疑問が付きまとう。他方で不完全ながら国際刑事裁判に備わる強制力と規範的正統性は、それが犯罪行為に起因するがゆえに、ひとたび発付された起訴状の効力の政治的理由による取り消しを事実上不可能にしているため、従来の外交交渉論では相手方から譲歩を引き出すためには強制外交においても必要とされた「安心の確証」も与えられないという問題を抱えている。これは国際刑事裁判においては威嚇(訴追)と安心供与(不処罰)が本来、両立不可能であるという問題に起因している。その結果、ことに紛争当事者の訴追は困難を極め、裁判が政治的争いに発展する余地を残しているのではないか。

以下の二つの章(第三章および第四章)では、本章で考察した国際刑事裁判の政治的帰結について、ＩＣＣの実際の訴追の事例をもとに検証する。

第三章　自己付託——政敵駆逐の政治裁判のゆくえ

第三章と第四章では、第二章で考察した国際刑事裁判が抱えるディレンマについて、ＩＣＣの実際の訴追の事例をもとに検証する。このうち本章では締約国が自国内の事態をＩＣＣに付託した、いわゆる自己付託の事例を検証する。取り上げるのはいずれも国内で内戦が継続していたウガンダ、コンゴ民主共和国、中央アフリカである(1)。

ＩＣＣローマ規程第一三条は管轄権行使主体として、締約国、国連安保理、ＩＣＣ検察官の三者を規定している。このうち締約国による管轄権行使としては、ローマ規程の起草段階では締約国が他国における犯罪の捜査をＩＣＣに付託することが想定されていたが、そのような行為は自国の死活的利益にかかわるものでない限り、訴え先の国との外交関係を損なう恐れがあるため最も可能性が低いものと考えられていた(2)。ましてや締約国である犯罪行為地国が自ら主権の一部である司法権を放棄して自国内の事態をＩＣＣに付託することは想定外だった。そのため、ＩＣＣが捜査を開始した最初の三つの事態が自己付託によるものであったことは驚きをもって迎えられた(3)。

この三か国による自己付託は、アフリカ諸国によるＩＣＣへの期待の表れとも受け止められた。アフリカは欧州、ラテンアメリカと並ぶＩＣＣ加盟率を誇り、ＩＣＣの設立当初は裁判所を熱心に支持していたのである。これはアフリカが紛争多発地域であること、すなわちそれだけ訴追対象となる可能性が高いことを考えると意外に思われるが、自己付託の背景には自国の刑事裁判権を補完する形で国家指導者が脆弱な国内統治基盤の強化をはかる意図がうかがえる。しかし、訴追は付託者の思惑を超えて展開してゆく。

一 ウガンダ――和平交渉の破綻

ウガンダ政府は二〇〇三年一二月に反政府組織「神の抵抗軍(Lord's Resistance Army：LRA)」に関する事態をICCに付託、これを受けてICCは捜査を開始し、二〇〇五年にはLRA幹部ら五名に対して人道に対する罪と戦争犯罪でICC初の逮捕状が発付された。他方、ウガンダ政府はLRAが活動する北部ウガンダの現地住民らの要請を受け入れる形で二〇〇〇年一月に恩赦法を成立させ、投降して武器を引き渡した者は訴追しない方針を打ち出していた。この恩赦法はICCが起訴した五名を含むLRA幹部をも対象とするもので、これにより二〇〇五年一月までに計一万四六九五名が自主的に投降していた[4]。政府が状況に応じて使い分ける「処罰の威嚇」と「不処罰の約束」の矛盾した関係は、後の和平交渉において中心的争点となり、交渉が破綻するきっかけとなった。

1 付託の背景

ウガンダ政府がLRAの行為をICCに付託したのは、その前年に政府軍が開始した大規模なLRA掃討作戦「鉄拳作戦(Operation Iron Fist)」の結果、却ってLRAがウガンダ国内で勢力を拡大していた時期だった。ウガンダは一九六二年に英国連邦から独立して以来、クーデターが相次ぐ不安定な状況にあったが、現在のムセベニ(Yoweri Museveni)大統領が一九八六年にクーデターによって政権を奪取して以降はアフリカのなかでは比較的、政治・経済的に安定した国と認識されていた。しかし、国内ではムセベニ政権誕生以降も反政府勢力との闘争が続き、特に北部で活動するＬＲＡとの紛争は長年の懸案となっていた。ＬＲＡは一九九〇年代には隣国のスーダン政府の支援を受けてスーダン南部に拠点を移していたが、二〇〇二年三月にウガンダがスーダン政府の合意を得てＬＲＡの拠点を攻撃すると、ＬＲＡは活動基盤を再びウガンダ国内に移し、北部や中東部で広範な住民の殺害や誘拐を行うようになっていた。政府側は北部の住民を国内キャンプに強制移住させて応戦したため、二〇〇二年初頭にすでに五〇万人と推定されていた国内避難民の数は、二〇〇二年末には八〇万人に膨れ上がったといわれる。(5)

こうした時期に行われたウガンダ政府による自己付託は、軍事作戦を処罰の威嚇で後押しし、ＬＲＡを軍事的に追い詰めることを企図したものだった。そもそも二〇〇〇年の恩赦法は地元住民や有力者の強い要望に譲歩する形で実現したもので、政府はとりわけＬＲＡ幹部を免責することに消極的で、恩赦法成立後も免責の対象からＬＲＡ幹部を除外するよう働きかけていた。ＩＣＣに事態を付託した際にも、ムセベニ大統領は、「恩赦法を改正してＬＲＡ幹部を対象から除外する」との意思をＩＣＣ検察官に表明している。(6)ウガンダ政府はこれまでにも度々大規模な軍事攻撃を行い、軍事的にＬＲＡを追い詰めながら和平交渉を行うという戦術をとってきたが、政府が紛争終結に真剣ではない点は繰り返し指摘されており、ＬＲＡにテロリストというレッテルを貼り続けることで自らの国内統治の正統性を維持してきたとみる方が正しいであろう。(7)このことはウガンダ政府がＩＣＣに事態を付託した際に、自らの犯罪行為を不問に付す形で行われたことからもうかがえる。確かにＬＲＡは一般市民に対する残虐行為で名高く、誘拐した少年兵を用いてゲリラ活動を展開し、政府に協力したとの理由で多数の地元住民を殺害したり身体の一部を切断するなどの行為を行ってきた。米国政府からも二〇〇一年一二月にテロリスト組織に指定された。しかし政府軍の側も反政府勢力掃討作戦の過程で戦争犯罪を行ってきたことが指摘されており、特にＬＲＡの活動基盤であった北部アチョリ地方の約八割に及ぶ多数の住民を十分な保護や支援のないままに強制移住させ、週に一〇〇〇人単位に上るともいわ

れる犠牲者を出してきたことが問題視されている。(8)

2　国際刑事訴追の影響

楽観論

ウガンダ政府による自己付託と二〇〇四年七月のICCによる捜査開始の発表という「処罰の威嚇」は、同年にアチョリ出身で北部ウガンダ担当大臣や国会議員を務めたビゴンベ(Betty Oyella Bigombe)の仲介で始まった和平交渉にLRAが参加する一因となったと指摘されている。(9) 確かにICCの捜査開始によって国際的に高まる自らの組織への非難、とりわけスーダンからの支援の削減が、LRAに交渉に参加するインセンティブを与えたと考えられなくはない。しかし、問題は政府がそれまでに進めてきた恩赦付与による和平との関係だった。すでに投降した兵士に与えられた恩赦の効力はどうなるのか。ビゴンベが交渉相手としてきたLRA幹部が訴追された場合に、この和平交渉はどうなるのか。ICCに初めて付託された事態であるウガンダでは、当時、ICCの活動に対する理解は不十分で、こうした基礎的な問いに対しても明確な答えが用意されていなかった。

例えばすでに国内で恩赦を付与されていたLRAの上級司令官のひとりは、ICCの捜査に対して次のように述べている。

(ICCに)起訴されることは恐れていない。私は政府が恩赦を付与するといった時に投降したのであり、政府はすでに世界に対して公言したことを撤回するという過ちは犯せない。……ウガンダは主権国家であり自らの法を有している。ウガンダ政府が恩赦を付与すると言ったなら、ICCはその決定を見過ごすことはできない。(10)

また、ムセベニ大統領もビゴンベによる和平交渉がうまくまとまれば、ICCに訴追の撤回を訴えると楽観的な見解を示していた[11]。

その一方で、和解を重視し恩赦付与による和平を求める声の根強いウガンダ北部[12]では、ICCの捜査が和平交渉に与える影響への懸念が高まっており、二〇〇五年三月および四月には地元の指導者らがオランダ・ハーグのICC本部を訪ね、オカンポ(Luis Moreno-Ocampo)検察官と面会までしている。そこで彼らはオカンポから、国際犯罪の被疑者を免責することはできないとしつつも「今回の被害者の主要な利益は人命」であるため「タイミング(の調整)は可能」であり、「暴力を終結する解決策があり、訴追が正義に資さないようであれば、捜査と訴追を停止することが私の義務である[13]」との柔軟な回答を得ている。オカンポのこの発言は、「正義の観点(interests of justice)」から適切ではないと判断する場合に、ICC検察官に捜査の開始を拒否する権限を与えるローマ規程第五三条二項に依拠したものである[14]。会談後には訪れたウガンダ北部指導者とオカンポの連名で、紛争終結に向けて「和平協議とICC、地元の伝統的な司法・和解のプロセスを統合していく[15]」との声明も発表された。

ビゴンベ自身は、恩赦付与を前提に和平交渉を仲介していたため、ICCの逮捕状が出されれば交渉の仲介役を降りると度々述べていた。そして実際にICCが二〇〇五年一〇月一三日にLRA指導者のコニー(Joseph Kony)やLRAを代表して交渉にあたっていた副司令官のオッティ(Vincent Otti)を含むLRA幹部五名に対して逮捕状を発付したことを公表すると[16]、「これまでのようにLRAと交渉することはもはやできなくなった……何らかの調整が必要なのは間違いないが、逮捕状によって状況は難しくなった」と述べ、交渉が失敗したことを認めた[17]。

現　実

ICCの処罰の威嚇と国内でとられてきた不処罰の約束がより顕著に衝突することになったのは、二〇〇六年七月に南部スーダン自治政府(当時)副大統領、マチャル(Riek Machar)の仲介で再開した和平交渉においてだった。停戦合意を繰り返しながら和平案が協議されたこの交渉において焦点となったのが、ＩＣＣ起訴状の効力だったからである。

ＬＲＡ側がＩＣＣ起訴状の無効が確認できなければ和平合意は締結できないと主張したため、ウガンダ政府は早い段階でＩＣＣに対してＬＲＡ幹部の訴追を停止することを求めた[18]。二〇〇七年六月に両者は、敵対行為の停止や武装解除等と並んで、これまでに双方が犯した犯罪についても国内司法システムと伝統的な和解の儀式の双方を採用して対処することで合意した。ＩＣＣが起訴した五名の扱いは残された懸案だったが、二〇〇八年二月にはこの問題についてもウガンダの高等裁判所に特別部署を設けて対処するとの合意がなされた[19]。ウガンダ政府はあくまでＬＲＡが包括的和平案に調印した後でローマ規程第一六条に従って安保理にＩＣＣの訴追延期を求める決議の採択を要求すると主張したが、そこには訴追が(一年あるいはさらに更新して)延期されればその間に国内司法制度を整備し、「補完性の原則」に従ってＩＣＣのＬＲＡ幹部に対する管轄権の無効を主張できるとの計算があった。しかし、ＬＲＡは和平案調印前にＩＣＣ起訴状が撤回されることに拘った。ウガンダ政府は合意後直ちに作業グループを立ち上げて国内裁判の検討に入ったが、具体的な犯罪や人的、時間的管轄は不明で、ＬＲＡ幹部には懸念が残っていたのである[20]。三月にはＬＲＡ代表団が訴追延期と起訴状撤回について確証を得るためにハーグにあるＩＣＣを訪問したが、「私には将来の犯罪を防止するために規程に従って犯罪の捜査と訴追を行う必要がある」と語るオカンポ検察官に面会を拒否された[21]。ＬＲＡはウガンダ政府に対しても国内で具体的にどのように責任追及と和解を行うのかについて明確化を求めていたが[22]、突如、交渉を打ち切り、ＬＲＡ指導者のコニーは四月に予定されていた和平案の署名の場には近くまで来ていたといわれながら姿を見せなかった。同じ頃ＬＲＡは南部スーダンへの攻撃や民間人の誘拐を開始し、コニーは和平へのコミットメントを表明はし続けたが、結局、その後も数度設定された和平合意調印のための場所に姿を現すことはなかった[23]。

ウガンダの事例は、内戦が継続している国においては国際刑事裁判が現政権によって国内の統治の正統性を確立する手段になりうる一方で、一旦発付された国際刑事裁判所による起訴状の効力が事実上取り消せないことから、訴追対象者に和平合意への調印を促す十分な安心の確証を与えることが困難になることを示している。「補完性の原則」に従えば、論理上は当該国が国内司法制度を整え、犯罪行為を国内で裁く意思を示せば、ICCの訴追を取り下げることができるはずである。しかし、今日人権侵害が深刻だといわれる内戦経験国では人材が不足しており、司法制度を短期間に整えることは難しい。仮に司法制度の整備に向けて努力をしたとしても、ICCによって起訴された被疑者を国内で免責するような制度は国際社会に許容されないであろう。さらにはウガンダのように自国で裁判を行う意思を放棄してICCに事態を付託した場合、「補完性の原則」を論拠に訴追の取り下げが認められるかどうかには、より慎重な判断が必要となるだろう。

訴追対象者に安心の確証を与えうるもう一つの可能性は、ローマ規程第一六条に基づく安保理による訴追の延期である。しかしウガンダの例では、和平案調印が先かあるいは安保理による訴追延期の決議が先かで政府側と反政府勢力の主張が平行線を辿り、両者の間に横たわる不信感の深さを露呈した。その背景には長年の紛争に加えて、不処罰と訴追を状況に応じて使い分ける政府側の意図に対する反政府勢力側の拭いがたい不信感が存在している。

その後

二〇〇八年一一月二九日に再度設けられた和平合意への調印の場に、コニーは現れなかった。これを見届ける形で、翌一二月にウガンダ政府軍は、近隣の南部スーダン自治政府およびコンゴ民主共和国と共同で大規模なLRA掃討作戦「閃光稲妻作戦(Operation Lightning Thunder)」を開始した。この軍事攻撃は米国の諜報および後方支援を受けて行われたとされるが、LRAを駆逐するには至らなかった(24)。ウガンダ政府はLRAの勢力はかなりの程度縮小したと公言しているが、LRA指導部と残党はウガンダ、南部スーダン、コンゴ、中央アフリカの国境付近に潜伏して民間人の虐殺と誘拐を繰り返している。

二　コンゴ民主共和国——反政府武装勢力の取り込みとその挫折

コンゴ民主共和国（以下、コンゴ）[25]のカビラ（Joseph Kabila）大統領は、ＩＣＣ検察官に促される形で二〇〇四年三月に、ＩＣＣローマ規程が発効した二〇〇二年七月一日以降の自国内の事態をＩＣＣに付託した。これを受けてＩＣＣは二〇〇四年六月、同裁判所初となる捜査の開始を発表し、その後二〇一八年九月現在までに六名の反政府武装勢力指導者に逮捕状を発付した。カビラ大統領は当初はＩＣＣの捜査に協力的だったが、国内で紛争が継続するなかで反政府勢力の指導者を免責して政府や軍のポストを与える懐柔策をとり続けた。ローマ規程発効以降に同国が発布した恩赦令には国際犯罪は対象外とするとの但し書きが付されているが、カビラ大統領はＩＣＣに起訴された人物をも事実上、免責することで政府軍への統合を図るなど、その態度は曖昧だった。国際社会から非難が高まると一転して逮捕の意思を表明したが、これは政府軍に統合されていた反政府勢力の離脱と新たな武装勢力の形成を招く一因となった。

1　付託の背景

二〇〇三年六月に初代ＩＣＣ検察官に就任したオカンポは、翌月に「コンゴの事態を注意深く見守る」と述べ、また、同年九月の締約国会議でも予備裁判部に捜査開始の許可を申請する旨の発言を行うなど、コンゴを捜査対象とすることに意欲を見せていた。しかし、その一方でコンゴ政府自身による事態の付託が訴追を容易にするだろうとも述べ、ＩＣＣ検察官による捜査の開始という一方的措置としてではなく、締約国自身による自己付託という協調的捜査のあり方を模索した[26]。カビラ大統領が事態をＩＣＣに付託したのは、翌年三月のことだった。

ＩＣＣ検察官に促される形での付託とはいえ、カビラ大統領に付託の要請を拒否する理由はなかった。カビラは、父であり前大統領のローラン・デジレ・カビラ（Laurent-Désiré Kabila：Ｌ・カビラ）の暗殺を受けて二〇〇一年に大統領に就任するまで表立った政治活動をしておらず、九〇年代以降、隣国を巻き込む形で続いてきた紛争への関与は少ないとされている。また、付託時には後述するように反政府勢力を含む権力分掌に基づく暫定政権が発足したばかりで、民主的な信任を得て大統領の地位に就いたわけではないカビラにとっては大統領選挙を控えて国内統治の正統性を確立したい時期でもあった。

コンゴでは冷戦終結とともに同国を「共産主義への砦」とみなす米国をはじめとした西側諸国の支援が減少して経済が破綻し、一九九〇年代以降は政情が不安定な状態にあった。そうしたなか隣国ルワンダで内戦が勃発すると、一五〇万人を超える難民とともにルワンダ虐殺（一九九四年）の首謀者がコンゴ東部に流入し、情勢は一気に緊迫した。一九九七年にはルワンダ政府が支援する反政府勢力「コンゴ・ザイール解放民主勢力連合（Alliance des Forces Démocratiques pour la Libération du Congo-Zaïre：ADFL）」が、約三〇年間にわたって独裁体制を維持してきたモブツ（Mobutu Sese Seko）大統領を打倒した。新大統領にはＡＤＦＬを率いていたＬ・カビラが就任した。しかし、Ｌ・カビラがルワンダ政府に反旗を翻してルワンダ軍にコンゴからの撤退を命じると、東部ではルワンダとウガンダが支援する新たな反政府勢力「コンゴ民主連合（Rassemblement Congolais pour la Démocratie：RCD）」が武装闘争を開始した。対するＬ・カビラ政権側にはジンバブエ、アンゴラ、ナミビアが派兵、コンゴの内戦は大規模なアフリカの地域紛争に発展した。一九九九年七月にはザンビアの首都ルサカで停戦協定が結ばれたが、Ｌ・カビラ政権は履行に協力的ではなく、武力衝突が継続した[27]。Ｌ・カビラは二〇〇一年に護衛兵に暗殺された。

L・カビラの跡を継いだ息子のジョセフ・カビラは、父とは対照的に近隣諸国や欧米との関係修復に取り組み、国民対話を推進させた。懸案だった外国軍の撤退も進み、二〇〇二年一二月には国内の主要勢力が南アフリカの首都プレトリアにおいて包括和平合意に調印し、同合意に基づいて二〇〇三年六月には権力分掌に基づいた暫定政権を発足させた。

しかし、ICCの時間的管轄の範囲に入る二〇〇二年七月以降もウガンダに隣接するイトゥリ地域とルワンダと国境を接する南北キヴ州を中心とする東部では紛争が継続し、ICCが捜査を開始した二〇〇四年時点でも数千人規模の民間人の虐殺や簡易処刑、レイプ、少年兵の徴用の事例が報告されていた[28]。当時におけるもっとも包括的な調査の一つとされる国際救援委員会(International Rescue Committee)による報告(二〇〇四年一二月に公表)は、一九九八年の紛争以降、三八〇万人が犠牲となり、毎月三万一〇〇〇人が引き続き死亡していると述べている[29]。

プレトリア和平合意にはICCの管轄対象となる国際犯罪は除外する形での恩赦の取り決めが盛り込まれており[30]、暫定政権では五つの主要な反政府勢力が武装兵をコンゴ国軍に統合するのと引き換えに、大臣や副大臣などの政治ポストが配分された[31]。これらの武装勢力の他、暫定政権には野党と市民社会の代表も参加しており、暫定政権の大統領は引き続きカビラが務め、その下に旧政権、二つの武装勢力(RCD主流派のRCDゴマ[RCD-Goma]とコンゴ解放運動[Mouvement pour la Libération du Congo: MLC])、野党を代表する四名の副大統領が置かれた。しかし暫定政権内では旧政権側と元武装勢力各派の間に不信感が残り、統合されたはずの国軍のなかでもそれぞれが旧来の指揮系統を維持しており、これが東部における紛争継続の原因となっていた[32]。移行期間は二年間と定められ、移行期の終わりには議会選挙と大統領選挙が予定された[33]。

選挙に向けて、また和平プロセスが崩壊した場合に備えて、各派が勢力の維持と拡大を狙うなかで要請されたICCへの事態の付託は、カビラにとって自らの統治の正統性を内外に示す機会であった。カビラ自身は当時、国際犯罪への関与がほとんどないとされる一方で、大統領選においてカビラの対抗馬となる有力候補者のうち二名の暫定政権副大統領――ＲＣＤゴマ率いるルベルワ(Azarias Rubertwa)とＭＬＣ議長のベンバ(Jean-Pierre Bemba)――は、イトゥリと南キヴにおける数々の犯罪に関与していることが指摘されており、ＩＣＣの訴追の対象となる可能性が高いと目されていたからである。[34]

2　国際刑事訴追の影響

ＩＣＣへの協力と恩赦の使い分け

議会選挙と大統領選挙は二〇〇六年一一月に行われ、カビラが信任された。しかし民主政治誕生の期待とは裏腹に、カビラについては選挙期間中から野党など自らの立場に反対する人々に対して残虐な弾圧を加えてきたことが人権団体から報告されている。ヒューマン・ライツ・ウォッチは、対立候補のベンバの支持者をはじめとする政敵と見なされた少なくとも五〇〇名が故意に殺害あるいは即決処刑されたと述べ、「民主的なコンゴ建設をめざす努力は、反乱軍ばかりではなくカビラ政権の弾圧によっても潰されている」と警告した。[35] ベンバは政府に反逆罪で起訴されることがほのめかされると、二〇〇七年四月に国外に逃亡した。そして翌年、次節でみるようにＩＣＣによって隣国中央アフリカの事態について起訴・逮捕されることになる。ヒューマン・ライツ・ウォッチは、諸外国が支援して行われた二〇〇六年の選挙後、国際社会はカビラ新政権と良好な関係を築くことを優先して政府による人権侵害に沈黙しており、政府側の犯罪についてとりまとめた国連の報告書は、意図的に握りつぶされたり公表を遅らされたりしたとも指摘している。[36]

コンゴ政府による付託を受けてＩＣＣは二〇〇四年六月、同裁判所初となる捜査の開始を発表した。その後二〇〇六年以降に起訴された六名はいずれも反政府武装勢力側の指導者である。[37] カビラはＩＣＣに協力し、イトゥリにおける少年兵の徴用と動員の容疑でコンゴにおけるＩＣＣ初の逮捕状が発付された際には、同国がすでに拘束していた被疑者であるルバンガ（Thomas Lubanga Dyilo）をＩＣＣに引き渡した。同様にイトゥリにおける犯罪で起訴された二名（カタンガ［Germain Katanga］とングジョロ［Mathieu Ngudjolo Chui］）の捜査にも協力した。

他方でカビラは、ＩＣＣへの事態の付託にもかかわらず、反政府勢力に対して武装組織を政府軍に統合する見返りに政府内の軍や政治のポストを与えるという懐柔策も併用した。プレトリア合意後も、二〇〇六年と二〇〇八年にそれぞれイトゥリとキヴ州の武装勢力との間で締結された停戦合意など同国の紛争に関する主要な和平合意には恩赦の規定が盛り込まれている。[38] 文言上、ＩＣＣが管轄する国際犯罪は除外されているが、国際人権団体から重大な人権侵害の責任者として名前があげられている人物に対して政府の要職が与えられる例が多く指摘されている。例えばＲＣＤゴマの幹部司令官だったアミシ（Gabriel Amisi）は、国連の推定で少なくとも一六三名の市民と兵士が処刑やレイプによって犠牲になったとされる二〇〇二年五月にキサンガニでおきた反乱鎮圧への関与が指摘されていたが、包括合意後には政府軍の将軍に昇級した。また、国連平和維持軍の支援を受けてコンゴ司法当局が行った調査で、イトゥリにおいて戦争犯罪に該当する処刑やレイプ、拷問を行ったと指摘されていたコンゴ人民武装勢力（Forces Armées du Peuple Congolais: FAPC）指揮官のカクワヴ（Jerome Kakwavu）にも同様に政府軍将軍のポストが与えられた。[39]

恩赦から訴追へ

恩赦付与によって国内の安定を図る方針とＩＣＣへの協力の間の矛盾が露呈したのが、ンタガンダ（Bosco Ntaganda）の件である。ンタガンダはＩＣＣによって二〇〇二年七月から二〇〇三年末にかけてのイトゥリにおける少年兵の徴集と使用について戦争犯罪で起訴されていたが、その後、コンゴ政府が二〇〇九年一月にルワンダ政府との間で行った政治取引を受けて人民防衛国民会議(Congrès National pour la Défense du Peuple: CNDP)の代表に就任した人物である。CNDPは二〇〇二年の包括合意後に政府軍への統合を拒んで反政府活動を続けたンクンダ(Laurent Nkunda)によって設立されたトゥチ族主体の武装組織だが、北キヴ州において独自の行政組織と課税システムを持つ「小国」(40)を築くまでに勢力を拡大し、コンゴ政府の手に負えなくなっていた。二〇〇八年一月に同組織を含むキヴ州の武装勢力と政府の間で停戦合意が成立した後も紛争は続き、ンクンダはカビラの大統領辞任を求めるようになっていた。そこでカビラは、CNDPを支援してきたルワンダ政府と交渉し、ルワンダ政府にンクンダを逮捕させる代わりに、ルワンダがコンゴ領内に兵士を送ってコンゴが支援してきたルワンダ政府の転覆を掲げるフツ族主体の武装勢力「ルワンダ解放民主軍(Forces Démocratiques de Libération du Rwanda: FDLR)」を掃討することを許可したのだった。その際にンクンダに代わってCNDPの参謀長に据えられたのがンクンダのもとで参謀長を務めていたンタガンダであり、二〇〇九年三月二三日のコンゴ政府とCNDP間の合意によってCNDP兵士には恩赦が付与されてコンゴ政府軍に統合され、CNDPは政党としてコンゴ政治に参加することとなった。合意文書には恩赦の対象からは国際犯罪は除外する旨の記載があるが、恩赦は事実上、ICCに起訴されているンタガンダにも付与され、ンタガンダはコンゴ政府軍内で将軍に昇級した(これに対して、ンクンダはルワンダのカバレベ[James Kabarebe]将軍の招きで訪問したルワンダ西部にあるコンゴとの国境沿いの町ギセニで二〇〇九年一月にルワンダ当局によって逮捕され、現在もこの町で軟禁状態に置かれている。コンゴ政府は同氏の引き渡しを求めているが、ルワンダは応じていない(41))。

この政治取引の後、カビラは「我々にはボスコ・ンタガンダを逮捕しない十分な理由がある。それは彼が貢献した和平プロセスを確実なものにするためだ(42)」と述べて、ICCの起訴に反してンタガンダを免責する姿勢を鮮明にした。カビラは、さらにンタガンダをキヴ州におけるFDLRを中心とした反政府武装勢力掃討作戦「Amani Leo (Peace Now)」(二〇一〇年一月一日〜二〇一二年四月一一日(43))の上級司令官に任命した。

しかし、同作戦は一時はＦＤＬＲ駆逐に成功したものの、その後ＦＤＬＲや他の武装組織が勢力を盛り返し、また新たな武装組織も誕生することで二年後には失敗に終わった。また、予定されていたＣＮＤＰのコンゴ政府軍への統合と政治参加も進まなかった。政府軍への統合後もＣＮＤＰはキヴ州で依然としてンタガンダのもとに指揮系統を維持しており、むしろ「政府軍がＣＮＤＰに統合された形」だったとも評された[44]。他方で、ＣＮＤＰの政治参加は州レヴェルに留まり中央政府への進出は阻まれた[45]。政府軍内ではンタガンダ率いる元ＣＮＤＰ派とアミシ率いる勢力の間で東部の豊富な資源をめぐる争いも続いた[46]。

このようにＣＮＤＰの取り込みが功を奏さないなかで、ンタガンダに実質的恩赦を付与していることが国際社会から非難されるようになると、ンタガンダに与えられていた不処罰の約束の信憑性は著しく低下した。カビラ大統領は二〇一一年一一月に行われた大統領選挙で再選されたが、この時には諸外国からも不正について非難され、国際圧力に敏感になっていた[47]。二〇一二年三月二七日にキンシャサを訪れたレインデルス（Didier Reynders）ベルギー外務大臣はコンゴ政府にンタガンダの逮捕を要求し、米国大使もこの要求を支持した[48]。それから五日後の四月二日にンタガンダはキヴ州マシシ（Masisi）にある自らの農地に逃走し、他の兵士たちも次第に政府軍から離脱するようになった。カビラ大統領は裁判はコンゴ国内で行うとしながらも、四月一一日にンタガンダを逮捕する意図を正式に表明した。

その後

政府軍から離反した兵士たちは、五月六日にンタガンダの側近であるマケンガ（Sultani Makenga）大佐を指導者として新たな反政府組織「三月二三日運動（March 23 Movement：M23）」の結成を公表した。M23は一一月には北キヴ州の州都であるゴマを制圧するほど勢力を拡大し、一二月初旬にはゴマから自主的に撤退したが、この間にM23と政府軍の双方がレイプ、簡易処刑、強制徴兵など数々の戦争犯罪を行ったと指摘されている[49]。二〇一二年一二月三一日に国連安保理はM23を渡航禁止と資産凍結の制裁リストに加えた(50)。M23はその後、同組織を支援していると指摘された隣国のルワンダを含む一〇か国とコンゴの間で調印された地域協定(51)と、これを受けて国連安保理によって国連PKOの「前例とはならない例外措置」として設立された平和強制を任務とする「介入旅団(Force Intervention Brigade：FIB)」の支援により、比較的短期間のうちに制圧されたが(52)、M23の降伏後もコンゴ東部では他の武装勢力が活動を継続し、民間人の犠牲が相次ぐ不安定な情勢が続いている(53)。また、カビラ大統領は二〇一六年一二月に任期満了を迎えたが、憲法が規定する二期の在任制限を超えて政権続投ができるよう法改正を画策して大統領選を先送りしてきた。二〇一八年四月にはとうとう年末に予定されている次期大統領選への不出馬を表明したものの、自身に忠実な人物を後継者に据えて退陣後も影響力を保持しようとしているのではないかとみられ、反発する野党との間に緊張が高まっている(54)。

なお、ンタガンダは二〇一三年二月末に始まったM23内の派閥抗争で敗北し、三月一八日にルワンダの首都キガリのアメリカ大使館に出頭して自らICCへの引き渡しを求めた。詳しい動機については明らかになっていないが、自国に自らの行く末を委ねるよりもICCでの裁きを選んだことは確かなようだ。ICCは二〇一二年七月にンタガンダに対し二〇〇二年から二〇〇三年にかけてイトゥリで起きた民間人の虐殺やレイプ、略奪等の戦争犯罪および人道に対する罪の容疑で二度目の逮捕状を発付しており、三月二二日に身柄はハーグに移送された(55)。裁判は二〇一五年に始まった。

三　中央アフリカ――処罰の不十分な威嚇

クーデターが相次ぎ、政府が自国を統治しきれない状態が続く中央アフリカでは、人権団体によって数々の重大な人権侵害とそれに責任を有する人物の名前があげられてきた。しかし、二〇〇四年一二月の政府による事態の付託後これまでにＩＣＣが起訴したのは、事実上、隣国コンゴの元副大統領で反武装勢力（ＭＬＣ）を率いていたベンバのみである。(56) そのベンバにも二〇一八年四月に控訴審で無罪が言い渡された。事態を付託したボジゼ大統領は、反政府勢力によるクーデターで失脚し、国外に逃亡した。

1　付託の背景

中央アフリカ政府は二〇〇四年一二月二二日に、ＩＣＣが管轄権を有する二〇〇二年七月一日以降の自国内の事態をＩＣＣに付託した。この時、中央アフリカは前年三月のクーデターで民主的に選出されたパタセ（Ange-Félix Patassé）大統領を追放したボジゼ（François Bozizé）元参謀長が、自らを大統領と宣言し、暫定政権を率いている時期だった。一九六〇年にフランスから独立して以来、反政府組織との紛争やクーデターが続き不安定な状態にあった中央アフリカは、一九九三年に複数政党制に基づく選挙を行いパタセを大統領に選出して民主化したが、このクーデターによって再び権威主義体制に戻った。ボジゼは国会を解散して暫定政権を発足させ、暫定憲法を制定したが、そのなかで二〇〇五年一月までに大統領選挙を行うと約束していた。

ボジゼにとって自国内の事態のＩＣＣへの付託は、旧パタセ政権側による人権侵害行為を国際的に明らかにし、クーデターによる政権奪取と非難された自らの政権の正統性を国内外にアピールするチャンスだった。というのも、パタセはクーデターの企てに対して、コンゴにおいてウガンダが支援する武装勢力「コンゴ解放運動（ＭＬＣ）」やチャドの傭兵に支援を依頼することで対処したが、人権団体によってこれらの武装勢力による深刻な犯罪が指摘されていたからである。国際人権連盟（Fédération Internationale des Ligues des Droits de l'Homme：FIDH）は二〇〇二年一一月二五日から一二月一日にかけて現地で調査を行い、政府軍とボジゼ側双方によって戦争犯罪が行われているが、なかでもMLCによる殺人や性的暴力、略奪、さらにチャド傭兵によって一〇月末に引き起こされた市場での市民虐殺の被害が深刻であるとして、MLC率いるベンバ、チャドの傭兵を指揮したミスキネ(Abdoulaye Miskine)、およびパタセ元大統領に国際犯罪の個人的責任があるとの報告書をICCに提出していた。[57] アムネスティ・インターナショナルも二〇〇三年九月に現地で行った聞き取り調査の結果、クーデター闘争の間に起きた組織的で広範にわたる性的暴力の大半がMLCによって行われ、パタセ政権が何の対策も取らなかったことを指摘している。[58]

なお、ボジゼ政権は政権掌握から五か月を経た二〇〇三年八月に、すでに、クーデター後にトーゴに亡命したパタセに対して汚職等の容疑で国際逮捕状を発付している。

2 国際刑事訴追の影響

「想定外」

予備調査を行ったICCは、国内司法では国際犯罪に対処することができないとの中央アフリカ最高裁判所の判断を待つ形で、二〇〇七年五月二二日、二〇〇二年から二〇〇三年にかけてのパタセ政権に対するクーデター時に起きた犯罪を中心に捜査を開始すると発表した。ICCの予備調査によると、政権転覆に至るわずか五か月の間に性的暴力によって少なくとも六〇〇人が犠牲になったとされるなど重大な犯罪が集中的に行われたという。[59] さらにICCは同国北部において二〇〇五年末以降に発生した暴力を含む「中央アフリカにおける現状についても引き続き監視する」[60]と述べたが、このことはボジゼ大統領の懸念材料となった。

ボジゼは当初は大統領選に出馬しないと公言していたが、予定より遅れて二〇〇五年三月と五月に行われた大統領選において、小政党や軍人、政治家の集まりである国民集合クワ・ナ・クワ（Convergence Nationale "Kwa Na Kwa"）の支持を得た無所属の候補として出馬し、大統領に選出された。この選挙は国際社会によって概ね公正に行われたとされている。しかし、大統領選挙後に北部で起きた反武装勢力の蜂起に対して、政府軍は報復として簡易処刑や殺害、村々の焼き払いを行い、人権団体から重大な人権侵害行為だと指摘されていた。ヒューマン・ライツ・ウォッチが二〇〇七年九月に出版した報告書は、反政府勢力も市民に対する略奪や強制課税、殺害、性的暴力に責任を有しているが「これらの犯罪は政府軍（Force Armée Centrafricaine：FACA）と大統領のエリート警護隊による犯罪に比すると見劣りがする」と述べている[61]。

二〇〇八年六月に送られてきたオカンポ検察官からの書簡で、ICC検察局が実際に中央アフリカ北部における暴力行為を監視し続ける意向であることを確認すると、ボジゼは八月一日付で潘基文国連事務総長宛に書簡を送り、これから中央アフリカで採択される「恩赦法が適用される時期に起きた事態については、中央アフリカの司法当局が管轄を有する」と述べて、安保理に訴追延期を働きかけてくれるよう求めた[62]。この恩赦法は政府と反政府勢力との間で締結された六月二一日の和平合意（第二条）に基づくもので、名目上は恩赦を通じて反政府勢力に武力闘争を放棄させ、政治勢力として国民対話にとりこむことで和解を推進することが企図されている。九月二九日に可決、一〇月一三日に公布された恩赦法では、すでにICCが活動していることを踏まえて同裁判所の管轄に入る国際犯罪は除外すると明記されてはいるが、ボジゼは国連事務総長に宛てた書簡のなかで「ICC検察官からの書簡に記載された内容がすべて実行され、紛争当事者が逮捕されれば、和平合意の存続は危機に瀕する」と警告した。さらに「二〇〇五年に関する事態については、中央アフリカ政府の司法当局が対処できないと公的に宣言しておらず」、軍事法廷で取り上げる予定であるとも述べ[63]、補完性の原則を援用することでICCの訴追が自らに及ぶことを阻止しようと図った。

恩赦法は、二〇〇三年三月一五日以降に行われた政府側と反政府側の双方による犯罪を免責する内容となっているが、反政府勢力に付与される恩赦には厳しい条件が付けられており、ボジゼ政権側において反政府勢力を政治勢力として取り込むことへの躊躇がうかがえる。同法は二〇〇三年のパタセ政権転覆後に「治安維持と領土護衛のための一環として政府軍と治安部隊のメンバー、および政府当局と軍部が行った犯罪」を免責すると規定し、ボジゼのクーデターを支援した政府軍と大統領護衛には無条件で恩赦を付与することを定める一方で、反政府勢力に対しては六〇日以内に闘争を放棄して速やかに無条件停戦に合意し、武装解除のために参集する手続きを行うことを求めている(第六条)。この条件は反武装勢力から非現実的な期日設定だと批判されている。さらに同法第八条には「恩赦付与を受けた者であっても、反政府組織と接触を持った者は一〇年間、すべての政治活動を禁止される」との規定があり、反政府組織のみならず、野党からも恩赦の効力を無効にする口実に利用されるのではないかとの懸念が出された。(64) すなわちこの恩赦法はボジゼが自らを国内で免責するために作られたものだった。

なお、恩赦法はパタセ元大統領と、彼のもとで防衛大臣を務め、その後北部で活動する反政府武装勢力「民主主義再建のための人民軍(Armée Populaire pour la Restauration de la Démocratie：APRD)」代表を務めるデマフス(Jean-Jacques Démafouth)、二〇〇三年のボジゼによるクーデター時にパタセ大統領のもとでチャドの傭兵を率い、その後、反武装勢力「中央アフリカ人民民主戦線(Front Démocratique du Peuple Centrafricain：FDPC)」の代表となったミスキネについても、恩赦の対象として名指ししているが、先に述べたようにパタセとミスキネについては、国際犯罪への関与が濃厚であると指摘されていた。

責任者なし

結局、ボジゼがＩＣＣに訴追されることはなかった。中央アフリカの事態でこれまでにＩＣＣに起訴されたのは、外国人であるコンゴ元副大統領兼ＭＬＣ議長のベンバのみである。ＩＣＣは二〇〇八年五月二三日に、人道に対する罪（強姦と虐殺）および戦争犯罪（強姦、虐殺、略奪）の容疑でベンバに対して極秘に逮捕状を発付、ベンバは翌日には滞在先のベルギー当局によって拘束された。人権団体などからは、なぜ対象がベンバに限られ、ベンバを招いたパタセ元大統領が起訴されないのか、また二〇〇五年以降の事態についても注視すると言いながら、なぜボジゼ政権側の犯罪が追及されないのか、さらには、なぜベンバは自国のコンゴで犯した犯罪ではなく中央アフリカにおける犯罪でのみ起訴されているのか、といった様々な疑問が呈されてきた。[65] ベンバは一審で禁錮一八年が言い渡されたが、二〇一八年六月の二審判決では刑事責任が否定され、逆転無罪となった。中央アフリカの事態で責任を問われた者は誰もいない。

ボジゼは二〇一一年一月に実施された大統領選挙で再選されたが、野党は選挙に不正があったと訴え、選挙後も反政府勢力の活動が続き、治安は安定しなかった。二〇一二年一二月には、イスラーム教徒主体の反政府勢力の連合体であるセレカ（Séléka）が首都に迫った。中部アフリカ諸国経済共同体（Economic Community of Central African States：ECCAS）の仲介によって、政府とセレカの間で権力分掌による政治合意が締結され挙国一致内閣が成立したが、ボジゼは権限の移譲に消極的であり、二〇一三年三月二四日には、セレカによるクーデターでボジゼは国外（カメルーン）に追放された。[66]

セレカによるクーデター後には、市民の間でもボジゼ政権下での虐殺や拷問等について公然と議論がされるようになり、二〇一三年五月には司法長官が首都バンギの高等裁判所に前政権下での犯罪について司法手続きを開始するよう指示した。五月二九日にはボジゼに対して、人道に対する罪とジェノサイド容疑を含む国際逮捕状が発付された。[67] 他方で、セレカによる略奪や虐殺は不問に付され、捜査対象となったのは、もっぱらボジゼ旧政権側に限られた。[68]

セレカ政権が隣国チャドで行われたＥＣＣＡＳの協議を受けて二〇一四年一月に退陣すると、暫定政府の大統領に就任した元バンギ市長のパンザ（Catherine Samba-Panza）は、ＩＣＣの主な調査対象期間より後の二〇〇四年一月以降に起きた犯罪について調査する特別組織を立ち上げた。しかし、セレカによるクーデター後、同国の司法制度と治安組織はほぼ完全に崩壊しており、国内での捜査は困難に直面した(69)。そのため同年五月、中央アフリカ政府は二〇一二年八月一日以降の自国内の混乱から生じた犯罪に関する事態をＩＣＣに付託した。ボジゼが行った二〇〇四年一二月の付託に続く、二度目の自己付託である。ＩＣＣは九月に捜査を開始したが、これまでのところ、まだ起訴された者はいない。

その後

中央アフリカではその後、二〇一四年に停戦が合意され、暫定政府の設立、反政府勢力との国民和解フォーラムを経て二〇一五年一二月から二〇一六年三月にかけて大統領選挙と国民議会選挙を順次実施し、民政復帰を果たした。なお、国民和解フォーラムでは重大犯罪を処罰するための特別法廷の設置も確認され、これに基づいて中央アフリカでは二〇一五年六月に特別刑事裁判所を設立する法律が公布された。首都バンギに設置された国内法廷だが、国連が任命する国際裁判官とともに活動する、いわゆる混合法廷である。二〇〇三年一月一日以降に中央アフリカ領域内で行われた重大犯罪を管轄しており、ボジゼ前大統領らＩＣＣの訴追を免れた者に捜査が及ぶのかどうか、注目される。

四　小　括

本章で検証した三つの事例は、中央アフリカ政府による二度目の付託を除き、いずれも国内の統治基盤が脆弱な政府が反政府組織の指導者を主な訴追対象としてＩＣＣに事態を付託したものであり、国際刑事裁判が政敵を駆逐して国内統治の正統性を確立する手段として利用されていることがうかがえる。しかし、いずれの国でも訴追と並行して、和平交渉や宥和政策を進めるために免責措置を講じて反政府勢力の取り込みを図る矛盾した対応がとられており、このことが「処罰の威嚇」と「不処罰の約束」の双方の信憑性を低下させ、紛争の解決を困難にさせる結果を招いている。

ウガンダではＩＣＣの訴追が和平交渉の障害になり、中央アフリカでは政権側の犯罪がＩＣＣの捜査対象となると、訴追の取り下げや延期を求めるあからさまな方針転換がはかられた。コンゴ民主共和国の場合は、ＩＣＣへの事態の付託と並行して、恩赦による反政府勢力の懐柔が行われたが、国際圧力に屈する形で政府がＩＣＣの逮捕に協力する姿勢に転じると、一度は国軍に統合された武装組織指導者の離反と新たな反政府組織Ｍ23の形成を招いた。

このように自らＩＣＣに事態を付託したにもかかわらず、これらの政府が処罰と免責の間で曖昧な態度をとり続けたのは、第一には、クーデターによる政権転覆の恐れや反政府勢力による治安上の懸念に悩まされる指導者が、政権維持と脆弱な国内の統治基盤の強化に資するものであれば何であれ採用するという、手段を選ばぬ態度をとっていることが指摘されよう。しかし国際刑事裁判を理論的に考察するうえでより重要なのは、第二に、これらの自己付託はＩＣＣの活動の初期に行われたために、事態を付託する政府の側で国際刑事裁判に対する理解が不足していたという点である。ウガンダのムセベニ大統領が「和平交渉がうまくまとまれば、ＩＣＣに訴追の撤回を訴える」と語ったことに典型的に表れているように、主権国家の意図を離れて訴追されることはないという楽観論、国際刑事裁判は国家がコントロールできるという旧来の国際政治観が存在していた。しかしＩＣＣはその活動を通して、たとえ強制力の面で不完全であろうとも刑事裁判である以上、一度発付された起訴状の効力を政治的理由で取り消すことはできないことを示した。自ら引き金を引いた国際刑事訴追をコントロールできず、後に反体制派との和平が妨げられたり、訴追の矛先が自身に向けられることは、彼らにとっては誤算であっただろう。

自己付託による国際刑事裁判で徐々に明らかになった、訴追は主権国家の意図を超えて行われるという認識は、次章でみるスーダン、リビア、ケニアの事態を通して強化され、アフリカ諸国の反発を招く一因となってゆく。

第四章　国際刑事訴追——「平和に対する脅威」か、「西欧列強による体制転換」か？

本章では国連安保理によってＩＣＣに付託された事態であるスーダンとリビアの事例、およびＩＣＣ検察官によって捜査が着手されたケニアの事態を検証する。前章で検証した締約国自身が自国の事態をＩＣＣに付託する自己付託と異なり、国家の指導者が自らの意図に反して国際社会から訴追されるという意味で、本来、想定されていた国際刑事訴追の姿により近いものといえよう。

前章で検討した自己付託による訴追では反政府勢力のみが対象となったのに対し、本章で取り上げる事態では、いずれも国家元首を含む政府高官が起訴された点を特徴とする。裁判では起訴された国家指導者がＩＣＣを欧米諸国による体制転換の企てだと糾弾し、アフリカ連合（ＡＵ）をも巻き込んで、地域レヴェルで国際刑事訴追と紛争の平和的解決、域内秩序の関係が問われることになる。

一　スーダン——アフリカ連合（ＡＵ）対ＩＣＣの起源[1]

二〇〇五年の国連安保理によるスーダンの事態のＩＣＣへの付託は、同国西部ダルフール地方における紛争解決のために国際社会がとっていた和平交渉の仲介や経済制裁、停戦監視団や平和維持部隊の派遣といった一連の対応の一環として行われ、現職国家元首(バシール大統領)に対する初の逮捕状発付につながった。安保理による付託後、スーダン政府は逮捕状の発付を阻止するためのあらゆる手立てを尽くしたが、それらが功を奏しないことが明らかになると、次第にICCの訴追を西欧列強による体制転換を企図したものと非難し、国際社会への反発を強めていった。ICCによるバシール大統領の訴追は、ダルフール和平の仲介を行っていたAUの反発も招き、大統領は、「ICCによる大統領逮捕に協力しない」とのAUの方針に護られて、隣国を自由に行き来している。ダルフール紛争に関してはいくつかの和平合意の締結に至ったが、主要勢力が参加していないために紛争の収束には至らず、人道的被害が継続している。

1 付託の背景

二〇〇三年二月に起きた反政府勢力の反乱に端を発したダルフール紛争は大量の国内避難民を発生させ、二〇〇五年までに約二〇〇万人がキャンプ生活を送っているとされた。(2) 紛争による犠牲者の数については論争があるが、少なくとも七万人、多いものでは四〇万人と推定されている。(3) 犠牲者数もさることながら、政府がジャンジャウィードと呼ばれるアラブ系の民兵を利用して、主に非アラブ系で構成される反政府勢力のほか一般住民をも対象に行った攻撃の残忍さは、国際社会の関心を集めた。(4) なかでもそれまで政府がICCに批判的だった米国内ではダルフール情勢をルワンダにおける虐殺になぞらえ、「ジェノサイド」を阻止するための人道的介入を求める大規模な「ダルフール救済(Save Darfur)」キャンペーンが展開された。米国議会も二〇〇四年七月二二日にスーダンで「ジェノサイド」が起きているとして、当時のブッシュ政権に対応を迫る決議を全会一致で採択した。そして同年九月九日にはパウエル

(Colin Powell)国務長官が上院外交委員会で「ダルフールでジェノサイドが行われ、また現在も行われている可能性がある」と述べ、米国政府もダルフールの事態がジェノサイド罪に該当するとの見解を示した。

特定の事態がジェノサイドに該当するかどうかについては、常に論争がある。ジェノサイド罪の構成要件である「国民的、民族的、人種的又は宗教的な集団の全部又は一部に対し、その集団自体を破壊する意図」[5]の立証が困難なことに加え、同罪が疑われれば国際刑事訴追の対象となるほか、国際社会は事実上、何らかの対応を迫られるからだ。[6]

二〇〇四年七月三〇日に事態を「国際の平和と安全に対する脅威」と認定していた国連安保理は、米国の強い働きかけによって同年九月一八日に現地に調査団を派遣することを決定した。[7] 著名な国際法学者であるカッセーゼ(Antonio Cassese)が団長を務めた調査団は翌年一月二五日に報告書を完成させ、スーダンの事態がジェノサイド罪に該当することは否定しながらも、政府とジャンジャウィードの側で人道に対する罪に該当する組織的かつ広範な犯罪と戦争犯罪が行われ、また、反政府勢力「スーダン解放軍(Sudan Liberation Army: SLA)」および「正義と平等運動(Justice and Equality Movement: JEM)」の側でも戦争犯罪に該当する行為が行われている恐れがあると述べた。そして、安保理に対して事態をＩＣＣに付託するよう強く求め、「スーダン政府役人、民兵組織、反政府勢力メンバー、個人の資格で参加している外国軍兵士」を含む五一名の被疑者リストを封印した形で国連事務総長に提出した。[8] この報告に基づいて、安保理は二〇〇五年三月に事態をＩＣＣに付託した。[9]

2　国際刑事訴追の影響

訴追回避キャンペーン

安保理による付託を受けて、スーダン政府は逮捕状発付を阻止するための活動を国内外で展開した。第一の戦略は

「補完性の原則」に従うもので、自国に裁判を行う意思と能力があることを示すことでＩＣＣの管轄を否定しようというものだった。

国連による調査に先立ち、米国国務省とアフリカ人権委員会もダルフールに調査団を派遣していたが[10]、こうした動きに対抗してスーダン政府も自ら調査委員会を立ち上げ、翌年一月に報告書を公表した[11]。国連の調査報告書が公表される直前に出されたこの報告書は、ジェノサイドの容疑は否定しながらも戦争犯罪に該当する行為が行われている恐れがあるとして、さらなる調査と必要な刑事手続きを開始するよう政府に提言した点で注目された。この提言に従って司法長官は二〇〇五年二月と四月にダルフールに新たな調査団を派遣し、この調査に基づいて約一六〇名が訴追の対象になりうると発表した。

二〇〇五年六月にＩＣＣ検察官が捜査の開始を公表した翌日には、ダルフールの案件を扱うための特別刑事裁判所（Special Criminal Courts for Events in Darfur: SCCED）が設置された。二〇〇八年八月にはダルフールの案件に特化した特別検察官も任命され、二〇〇八年一一月には、人道に対する罪や戦争犯罪などの国際犯罪を管轄対象に含むよう、国内刑法の改正も行われた[12]。

しかし、捜査は遅々として進まなかった。二〇〇九年一〇月までに特別刑事裁判所に持ち込まれた案件はたったの一三件にすぎず、しかもこれらはほとんどすべてが、窃盗や個人レヴェルでの殺害に関するものだった。戦争犯罪や人道に対する罪に該当しうる、民間人に対する大規模な攻撃の容疑で起訴されたものも一件あったが、結局、攻撃後に起きた窃盗について有罪判決が出されたにとどまった。ローマ規程が定める重大犯罪に関与したとされる政府高官や軍人は皆、免責されている[13]。

約二年間の捜査を経てＩＣＣが二〇〇七年四月にスーダンの人道問題国務大臣（元内務大臣）ハルン（Ahmed Harun）[14]と政府が支援する民兵組織「ジャンジャウィード」の指揮者クシャイブ（Ali Kushayb）[15]の二名に対して逮捕状を発付す

ると、スーダンはＩＣＣの決定を西欧諸国による体制転換を企図したイスラーム攻撃だと反発するようになる。翌年七月にＩＣＣ検察官がバシール（Omar al-Bashir）大統領の逮捕状発付を要求すると、スーダン政府は英国の国際法律事務所を雇い、ＩＣＣに対抗する主張を小冊子にまとめて発行した。そのなかでスーダンは自らがＩＣＣ締約国でないことや国内の司法制度が機能していると主張することでＩＣＣの管轄権を否定するとともに、ＩＣＣによる訴追は中央政府を弱体化させるもので、「体制転換のみならず、スーダンの崩壊を招く」[16]ものだと強く非難している。ハルンはＩＣＣによる起訴後も二〇〇九年五月まで人道問題国務大臣を務め、クシャイブもスーダン政府に一時拘束されたものの、二〇〇七年一〇月に裁判にかけられることなく釈放された[17]。

逮捕状発付を阻止するための第二の戦略は、ローマ規程第一六条に従って安保理に訴追の延期を求める外交努力である。二〇〇八年七月一四日にＩＣＣ検察官がバシール大統領に対する逮捕状発付を請求すると、その一週間後にスーダン政府はＡＵを通してバシール大統領に対する訴追の延期を安保理に要求した[18]。さらに一〇月には特使を派遣して英仏両国に安保理における訴追延期のための決議採択に協力してくれるよう説得も試みている。安保理常任理事国のなかではロシアと中国がＩＣＣによる訴追が平和を損ないかねないとしてバシール大統領の起訴には反対していたが、訴追延期の決議が採択されるためには他の常任理事国の協力も必要だった。英仏は訴追延期の可能性は否定しないものの、そのためにはスーダン政府が「明確な政策変更」を行うことが必要であり、これには少なくともスーダン政府が「ＩＣＣにより協力的になる」必要があるとの立場だった。しかし、ＩＣＣへの協力の具体的な内容は明示されないままで、結局、両国ともバシール大統領の訴追延期を安保理に働きかけることを最終的には拒んでいる[19]。

スーダン政府は訴追の延期あるいは停止を引き出すために、和平プロセスに譲歩する姿勢も見せた。スーダンでは二〇〇五年一月に二〇年以上続いていた南北間の内戦が終結し、ダルフール地域は除外されていたもののスーダン全土で民主的かつ公正な国家の枠組みを模索する包括的なプロセスが始まっていた。権力分掌と富の公正分配を盛り込んだ「包括的枠組み合意(Comprehensive Peace Agreement: CPA)」は、二〇〇九年に総選挙(実際に実施されたのは二〇一〇年)を予定し、二〇一一年には六年間の暫定自治統治を経て南部で独立の是非を問う住民投票を行うことになっていた。選挙の準備は進まず、豊富な石油埋蔵量を有するアビエイの境界画定については双方が主張を譲らない状態だったが、バシール大統領は二〇〇八年七月一四日、ICCが自らに対する逮捕状を請求した日の晩にようやく選挙法案の成立に署名した。翌月には遅れていたアビエイ行政機関の任命も行った。[20]

ダルフール紛争については二〇〇四年三月にチャドとAUの仲介で政府と反政府勢力の間で和平交渉が始まり、二〇〇六年五月五日に和平合意が成立したが、この合意は主な反政府勢力のうちの一派であるスーダン解放軍ミンニ・ミナウィ派(SLA-Minni Minnawi)が署名しただけでその成果は限定的であり、他の勢力をいかに取り込むかが課題となっていた。[21]政府は再交渉を拒んでいたが、二〇〇八年九月にカタールが仲介の意思を表明し、安保理の訴追延期の条件についても話し合いが持たれると、スーダン政府はアル・マフムード外務担当国務大臣のもとで活発なシャトル外交を展開し、翌年二月にスーダン西部最大の反政府勢力の一つである「正義と平等運動(JEM)」と交渉を再開した。二月一七日には捕虜の交換や国内避難民に対する攻撃の禁止等を含む「ダルフール問題解決に向けた善意及び信頼醸成に関する合意」が成立し、包括的和平合意に向けて交渉を継続することにも合意した。[22]

反発

これらの試みにもかかわらず、和平交渉が再開した翌月の二〇〇九年三月に戦争犯罪と人道に対する罪の容疑でバシール大統領に対して逮捕状が発付されると、スーダン政府は協調的な姿勢を放棄し、「新帝国主義に対する闘争」[23]と称する国際社会への反発をさらに強化した。逮捕状発付の数日後にはICCに情報を提供したとして国内で人道支援を行っていた国際NGO一三団体を追放し、地元NGO三団体に対しても解散を命じた。さらに、他の国際NGO

も一年以内に段階的に活動を終えるよう要請し、公務を外れた場合には外交官の国外追放も辞さないと表明した。また、国内に展開する国連とAUによる合同の平和維持部隊に攻撃を加えたり、国内のICC支持者を取り締まるなどの措置も講じた。NGOはダルフールで生じた国内避難民の救援の大半を担っていたため、スーダン政府の措置は人道問題を深刻化させた。二〇一四年一月現在、反政府勢力の支配下にあるダルフールの中心地ジェベル・マラには常駐する人道支援団体がないと報告されている。(24) バシール大統領に対しては、二〇一〇年七月に新たにジェノサイド罪容疑で逮捕状が発付された。(25)

その後

バシール大統領に対するICCの逮捕状発付は、スーダン政府のみならずAUの反発をも招いた。二〇〇九年二月にカタールのドーハで再開した和平交渉では、AUはバソレ(Djibril Bassolé)元ブルキナファソ外相を国連との合同首席調停官に任命し、またムベキ(Thabo Mvuyelwa Mbeki)元南アフリカ大統領を長とするダルフール問題に関するハイレヴェル・パネル(AU High-Level Panel on Darfur: AUPD)を設置して仲介のイニシアティブをとっていた。AUはバシール大統領に対する逮捕状が、ようやく再開したダルフールの和平交渉や和平合意の履行に与える影響を懸念し、ローマ規程第一六条に基づく訴追の延期を度々安保理に求めた。(26) それにもかかわらずICCが逮捕状の発付に踏み切ると、AUはバシール大統領の訴追が「スーダンで行われている難しい和平交渉に不適切な結果をもたらし、ダルフール紛争の早期解決に向けた取り組みを台無しにし続ける」(27) と述べて、二〇〇九年七月にリビアで開かれた首脳会議でICCによる大統領の逮捕に協力しないとの決議を採択した。(28) ハイレヴェル・パネルは二〇〇九年一〇月に(ダルフール住民を含むすべての当事者が参加する)交渉による解決を原則とするダルフール問題への対処の提言を取りまとめ、正義の問題についてはスーダンの国内司法を強化するとともに、重大犯罪については国際裁判官を含む混合裁判所を設立して対処するよう提言した[29]。

ドーハで行われた和平交渉は、南部スーダンが分離独立した五日後の二〇一一年七月一四日に、スーダン政府と反政府諸勢力の連合体である「自由・正義運動(Liberation and Justice Movement: LJM)」の間で「ダルフール和平に関するドーハ文書(Doha Document for peace in Darfur: DDPD)」の調印に至った。和平合意というよりは和平のための今後の道筋を示したロードマップの形態に近いと評される同文書は、権力分掌や被害者への賠償、武装解除などを定め、ダルフールに暫定統治機構を設立し、同地域の行政的地位を決定するための住民投票を予定している。しかし当初交渉に参加していたJEMやダルフール地域の主要部族であるフール族を主体とする「スーダン解放軍アブドゥル・ワーヒド派(SLA-Abdul Wahid)」などの主要な諸勢力は署名しておらず、ドーハ文書の締結後も紛争は継続した。なかでも二〇一三年に政府が反政府勢力掃討のために武装させたアラブ系民兵の部族間で起きた衝突は、新たに四五万人の国内避難民を生じさせた[30]。住民投票は二〇一六年四月になってようやく実施され、現状維持が確認された。ドーハ文書の履行が進まない原因はICCの訴追にのみ帰せられるものではないが、JEMは「善意及び信頼醸成に関する合意」に署名した翌月にバシール大統領への逮捕状が発付されると、この合意の履行を拒み、バソレAU国連合同調停官の仲介で何とか交渉が再開した経緯がある[31]。国際危機グループ(International Crisis Group: ICG)は、包括的問題解決のためにはバシール大統領に交渉にコミットさせるインセンティブが必要だとして、必要な条件を満たした場合には訴追を延期すべきだと提言した[32]。

国連加盟国であるスーダンは安保理決議には拘束されるが、ICC締約国ではないためICCの活動に対して協力する義務は負っていない[33]。従って逮捕は大統領が締約国となっている近隣諸国を訪れた際などに限られるだろう。しかし、大統領は、ICCによる大統領の逮捕に協力しないとのAUの方針に護られ、これまでにICC加盟国であるチャド、ケニア、ジブチ、南アフリカなどのアフリカ諸国を自由に移動してきた。AUのほか同じくスーダンが加盟するアラブ連盟も、バシール大統領を外交的に支持することを表明している。二〇一六年一〇月には南アフリカ政府が、前年にバシール大統領がサミット出席のため同国を訪問した際に大統領を逮捕しなかったことを非難されたことに抗議して、ＩＣＣからの脱退を表明した。南アフリカは「体制転換」につながるＩＣＣ逮捕状の執行はしたくないと語っている[34]。南アフリカ政府はその後、同国の最高裁判所がＩＣＣからの脱退は違憲で無効と判断したことを受けて脱退表明を撤回したが、政府内には引き続き脱退を模索する動きがあり先行きは不明である[35]。

二　リビア――体制転換と紛争の平和的解決

民主化要求から内戦に発展し、反政府勢力と国際社会が明示的にリビアの最高指導者カダフィ（Muammar Mohammed Abu Minyar Gaddafi）の退陣を求めるなかで行われたＩＣＣの訴追は、スーダンに続いて現職の国家元首を対象に含むものであり、リビア政府からＩＣＣが「第三世界の指導者を訴追するための西欧政界の道具」であるとの反発を招いた。リビア問題の交渉による解決を基本方針としたＡＵも、ＩＣＣによるカダフィらの起訴が和平交渉を阻害するものとして、加盟国にＩＣＣの逮捕に協力しないことを求める決議を採択した。結局、リビアではＮＡＴＯ軍による軍事攻撃というより強力な国際介入によって体制転換が引き起こされ、政権崩壊時に殺害されたカダフィは裁判にかけられることはなかった[36]。リビアでは体制転換後も政情が安定せず、特に二〇一四年以降はトブルクを拠点とする世俗派政府と首都トリポリを掌握したイスラーム系勢力の間で内戦状態が続き、数々の人権侵害が報告されている。

1　付託の背景

二〇一〇年末にチュニジアの野菜売りの青年が焼身自殺を図った事件はアラブ諸国における大規模な反政府抗議運動につながり、同国のベン＝アリー（Zine El Abidine Ben Ali）政権、エジプトのムバラク（Muhammad Husnī Mubārak）政権といった長期独裁政権の崩壊につながった。ムバラク政権が崩壊した四日後の二〇一一年二月一五日にはリビアでも伝統的に反体制色の強い東部の都市ベンガジで抗議デモが発生して複数の都市に広がり、二二日には最高指導者カダフィの権力基盤である首都トリポリに到達した。デモ発生後、比較的短期間で国外に亡命したベン＝アリーや辞任したムバラクとは対照的に、カダフィは断固として反体制派と戦い権力を維持する姿勢を明確にし、治安部隊や軍、傭兵を動員してデモに参加する市民に容赦ない攻撃を加えた。オカンポICC検察官は二月だけでデモに参加した五〇〇〜七〇〇〇名が銃撃の犠牲になったとの信頼に足る情報があると述べている[37]。

国際社会はリビアの事態に迅速に対応した。国連安保理は二月二六日に武器禁輸、渡航禁止、資産凍結等とあわせて二月一五日以降の事態をICCに付託することを全会一致で決定した[38]。ただし、ICCへの付託が将来の和平交渉の障害となることを懸念する一部の国に配慮して、「いかなる捜査または訴追についても、安全保障理事会がこれらを開始せず、また続行しないことを要請した後一二か月の間、国際刑事裁判所により開始または続行することができないというローマ規程第一六条を想起し」との一文も挿入された[39]。ICCは三月三日に捜査の開始を決定し、六月二七日にはカダフィとカダフィの次男であるセイフ・イスラム、情報機関トップのサヌーシ（Abdullah Al-Senussi）に対して、人道に対する罪の容疑で逮捕状を発付した。

さらに国連安保理は三月一七日に飛行禁止区域を設定するとともに、「国際連合憲章第七章にもとづいて……リビア当局が、国際人道法、人権及び難民法を含む国際法のもとでのその義務を遵守すること、また、文民を保護しまた彼らの基本的必要性を満たすためおよび人道支援の即時且つ支障のない通過を確保するためあらゆる措置を講じることを求める」との決議を採択し、国連史上初めて「保護する責任」に基づく武力行使を容認した(40)。これを受けて三月一九日には英米仏軍による空爆が開始された(41)。

2　国際刑事訴追の影響

国際協調路線の放棄

リビアで民主化運動が勃発する直前のカダフィは、従来の反欧米主義的政策を転換させ、国際協調路線に転換していたことで国際的に注目されていた。一九六九年に二七歳の若さでクーデターによって王政を打倒し政権の座に就いたカダフィは、資本主義でも共産主義でもない独自の政治思想を掲げ、国内では直接民主制と称する独自の政治体制を導入し、対外的には自らを反帝国主義とアラブナショナリズムの旗手として描き出そうとした。国内統治は実際にはカダフィ一族を中心とした親族支配の形態をとり、対外政策は強硬な反欧米路線として表れ、パン・アメリカン航空機をスコットランドのロッカビー上空で爆破・墜落させる(一九八八年)など数々のテロ事件を首謀したとされる。しかし、国連や米国、欧州連合(EU)による様々な制裁により経済状況が悪化して国内での不満が高まると、それまで頑なに拒んでいたロッカビー事件の被疑者の引き渡しに応じ(一九九九年)、核開発の放棄を宣言して国際原子力機関(IAEA)の査察を受け入れる(二〇〇三〜二〇〇四年)など、九〇年代末からは一転して欧米諸国と協調する姿勢を取るようになっていた。こうした対応により英国(一九九九年)、米国(二〇〇三年)とそれぞれ国交を回復させた。

しかし、アラブにおける民主化運動のうねりのなかで自国内でも反政府デモが広がり、その対応をめぐって国際社会から制裁を受けると、カダフィは体制の存続をかけて欧米諸国との協調路線を放棄し、旧来の「帝国主義勢力」に挑むというレトリックを復活させた。

国連安保理の付託を受けてICC検察官が捜査を開始し、五月一六日にカダフィら三名に対する逮捕状を請求すると、リビア政府はデモに参加する民間人を殺害しているとの容疑を否定し、逮捕状を無視すると述べた。スーダンと同様にリビアは国連加盟国であるため、安保理決議には拘束されるが、ICCには加盟しておらず、政府は国連人権委員会の査察は受け入れたもののICCの捜査には協力してこなかった。カダフィ政権は戦争犯罪を犯しているのはNATO軍の側だと主張し、空爆によって文民が犠牲になっていることを指摘するとともに、ICCが逮捕状請求を公表した直後にはNATO軍による空爆で電話や放送通信施設に一二五億ドルの被害が出たとの報道ブリーフィングを行った[42]。そして六月二七日にICC予備審査部がカダフィを含むリビア政府の幹部三名に対する逮捕状発付を公表すると、政府は直ちに会見でカダフィが正式な公職名を持たないことを引き合いに出して容疑を否定するとともに[43]、ICCを「第三世界の指導者を訴追するための西欧世界の道具[44]」だと非難した。

この時期には戦況は反体制派に有利に展開しており[45]、リビア政府はICCが逮捕状請求を公表した前日にトリポリで行った国連のハティーブ(Abdel-Elah Al-Khatib)事務総長特別特使との会談で、国民暫定評議会を通さず、また政権を維持したうえで、政府と反政府側双方の部族の代表が国民和解の対話を行うための停戦と恩赦を提案していた[46]。この提案はあくまでカダフィ政権の退陣を求める評議会側によって退けられたが、以下にみるように、このタイミングでの逮捕状請求はカダフィと反体制派の双方にとって、交渉による解決を追求するインセンティブを失わせるものであったとの見解が根強くある。

体制転換をめぐる見解の相違

ICCの訴追とNATO軍による攻撃はそれぞれ人道に対する罪を裁き、文民を保護するという人道的目的に基づくものだが、欧米の関係者の間では体制転換を伴わない限りこの目的が達せられないことが公然と語られていた。例えばNATO広報官のルンゲスク(Oana Lungescu)は、カダフィらに逮捕状が発付された日の記者へのブリーフィングで、「逮捕状は「あなたの居場所は裁判であってトリポリの権力の座ではない」というカダフィ政権に対する国際社会からのさらなるシグナルだ」と述べている(47)。他方で、カダフィの退陣を要求する反体制派はICCによるカダフィ政権幹部訴追の動きを「士気を大いに高めるもの」だと歓迎しており(48)、国家元首を対象とした国際訴追は否応なく体制転換と結びつくものとして捉えられていた。

ICCによる訴追はカダフィ政権だけでなく、他のアフリカ諸国の反発も招いた。当時の安保理非常任理事国のアフリカ三か国(ナイジェリア、南アフリカ、ガボン)はリビアの事態をICCに付託した決議一九七〇とリビアに対する軍事攻撃を容認した決議一九七三の双方に賛成票を投じていた。しかし、決議一九七三への投票については、後に南アの外務大臣が、安保理決議が明示する文民保護と人道支援の確保を目的としたものであり、「決して体制転換を意図するものではなかった」からだと語っている(49)。

アフリカ諸国の指導者たちの間でもカダフィの政治姿勢はしばしば独善的で強引だと捉えられており、一連の「アラブの春」の動きのなかで早晩カダフィが退陣せざるを得ないであろうとの見方が強かったが、彼らが恐れたのは他のアフリカ諸国で起きたように、外国による強制的な介入によって生じる政治的空白が武装勢力が割拠する内戦に発展し、隣国に波及することだった(50)。そのためAUは当初からリビア人の間での交渉による問題解決を主張し、国連のハティーブ特使とともにカダフィ政権と反体制派の間の仲介の努力を続けた。この点については安保理決議一九七三の第二パラグラフで「平和的かつ持続可能な解決に必要な政治改革につながる対話を促進する目的」で国連とAUが行う取り組みに留意すると言及されている。しかし、交渉による平和的紛争解決と軍事力による解決は矛盾し、また、交渉による解決とICCの訴追はしばしば軋轢を生じさせる。

AUの和平交渉

NATO軍による軍事攻撃が進められるなかでも、AUはハティーブ国連特使とともに交渉による解決を模索し続けた。国民暫定評議会がカダフィが政権の座を降りない限り交渉に応じられないと主張したのに対し、リビア政府側はカダフィの退陣を示唆する交渉には応じられず、また交渉開始の条件としてNATO軍による軍事攻撃の停止を求めており、いかに両者の立場を調整するかが政治的解決の課題だった。

リビア問題についてのAUの方針は、二〇一一年三月一〇日にアディスアベバで開かれた首脳級会合で決定された。この会議でアフリカの首脳は、即時停戦と人道支援の確保、政治改革を呼びかけ、カダフィ政権と暫定評議会の対話を促すために南アフリカ、モーリタニア、コンゴ共和国、マリ、ウガンダの五か国の首脳で構成されるハイレヴェル委員会を設置することを決定した。[51] 通称ロードマップと呼ばれるこの基本方針を採択した後には、AUはカダフィ退陣後を見越してカダフィの亡命受け入れ先をアフリカ諸国と協議し、複数の国から積極的な回答を得ていたという。リビア国内でもカダフィが誕生した都市であるスルトや少年時代を過ごしたセブハに引退し、AUが小規模の護衛軍を提供するという案が浮上していた。[52]

ハイレヴェル委員会の最初の会合は三月一九日にモーリタニアの首都ヌアクショットで開かれた。当初、会合後にはハイレヴェル委員会のメンバーがリビアを訪問する予定だったが、三月一九日は英米仏軍が空爆を開始した日と重なり、モーリタニアのアジズ(Mohamed Ould Abdel Aziz)大統領は米国と国連からリビアへの飛行を敢行すれば安全は保障できないとの通告を受け、リビア訪問を見送った。[53] なお、三月二九日には国連、アラブ連盟、EU、NATOの代表らがロンドンに集まり、リビア・コンタクト・グループが形成されたが、あからさまにカダフィの退陣を要求し、国民暫定評議会を支持するこのグループにＡＵは参加しなかった。

ハイレヴェル委員会は四月九日に再び会合を開き、翌一〇日にアジズ大統領、コンゴ共和国のサスヌゲソ（Denis Sassou-Nguesso）大統領、南アフリカ共和国のズマ（Jacob Gedleyihlekisa Zuma）大統領、マリのトゥーレ（Amadou Toumani Touré）大統領がリビアに向かい、カダフィと面会した。当初、カダフィは、反体制派はアルカイダと関係するテロリストや犯罪者であり自らが被害者であるとして主張してＡＵのロードマップに不満を表明した。だが、国際社会の圧力に抵抗する力がリビア政府には残されておらず、国民暫定評議会と交渉するしか現実的な選択肢がないことを説得されると、反体制派と停戦し対話を開始するというロードマップを基本的に受け入れた。さらに翌日にはズマ大統領を除く三名がベンガジに向かい、国民暫定評議会議長のアブドルジャリル（Mustafa Abdul Jalil）らと交渉したが、暫定評議会側はカダフィの即時退陣が明記されていないとしてロードマップを退けた(54)。

五月二五日にアディスアベバで開かれたＡＵの臨時首脳会議は、ＮＡＴＯ軍による空爆をＡＵの交渉による平和的解決の試みを阻害するものとして強く非難した。会議の議論の土台となったＡＵ委員長による報告書は、「軍事作戦は文民保護という安保理決議一九七〇と一九七三（二〇一一年）が採択された目的をないがしろにするだけでなく、民主的制度への移行を難しくし、アフリカ諸国が安全とテロについて直面する脅威と、移住労働者の帰還から生じる社会経済的負担を増大させる。このことは軍事攻撃が当初容認された目的を超えて著しく拡大していることから喫緊の問題であり、現在とられている行動と追求されている政策の合法性と正統性について問題を提起する」と述べていた(55)。そして臨時首脳会議が出した最終声明は「政治的解決のみがリビアにおける持続可能な平和の促進を可能にする」ことを強調し、決議一九七三にＡＵによる平和的解決が明記されているにもかかわらず「リビア危機への対処において（アフリカ）大陸を軽んじる試み」があることに「アフリカの驚きと失望を表明」し、安保理決議一九七〇と一九七三の精神の遵守を求めるという間接的な形でＮＡＴＯ軍による軍事攻撃を非難した(56)。

このAU臨時首脳会議に出席した潘基文国連事務総長は、リビアのオベイディ（Abdulati Al-Obeidi）外相を含むカダフィの側近らと会談し、国連も特使を通じてカダフィ政権と反体制派の間の交渉を仲介する用意があることを伝えた。オベイディ外相は国連の仲介に応じる意思があることを伝え、NATO軍による空爆の停止と、選挙実施への支援を求めた。さらにオベイディ外相は、カダフィは選挙で示されるリビア人の意思を尊重するとも述べた[57]。

AU臨時首脳会議の五日後には南アフリカのズマ大統領がトリポリに向かい、カダフィと会談した。この段階ではカダフィは体制移行に関する協議に関与しないことは約束したものの、リビアを離れる意思はないことを伝えていた[58]。しかし先にも述べたように六月には戦況は反体制派に有利に展開し、カダフィはついにNATO軍の攻撃を主導するフランスや反体制派と「前提条件なしに」交渉することについて探りを入れはじめた[59]。

こうした状況を踏まえてAUのハイレヴェル委員会は六月二六日にプレトリアで開かれた会合で、ロードマップをより具体化した和平案（枠組み合意）を作成した。これはカダフィが体制移行に関する協議に関与しないことを条件にカダフィ政権と反体制派に敵対行為の停止を呼びかけ、停戦合意後にAUと国連が支援する暫定政権を設立し、国民和解や民主体制移行を含む対話を始めるというもので、国民和解では真実和解委員会の設立も検討された[60]。同案は七月一日に赤道ギニアのマラボで開かれた首脳会議の場でAU案として採択され、カダフィ政権と国民暫定評議会の双方に提示された[61]。

ICCの訴追とAUの反発

ICCによるカダフィらに対する逮捕状が発付されたのは、ハイレヴェル委員会で和平案が作成された翌日、首脳会議の場で関係者に提示される直前の六月二七日だった。AUはこれをアフリカによる平和的紛争解決の試みを阻害するものとして強く非難した。首脳会議で採択された決議は、「ICC検察官が決議一九七〇（二〇一一年）を通して国連安保理がＩＣＣに付託したリビアの事態を扱うやり方に深い懸念」を表明し、「カダフィ大佐に関する（ＩＣＣ）予審部が発付した逮捕状は、不処罰と和解という相互に強化しあう問題にも言及する、リビア危機の交渉による政治的解決を見出す試みを著しく困難にする」と述べ、加盟国にＩＣＣによるカダフィら逮捕に協力しないよう求めた。さらに、国連安保理にもローマ規程第一六条に沿って「正義の利益とリビアの平和」の観点からＩＣＣの訴追延期を求める決議を採択するよう呼びかけた[62]。

「我々は不処罰との戦いを支持しており、不処罰を支持しているのではなく、刑事裁判所に反対しているのでもない」。ＡＵのジャン・ピン（Jean Ping）委員長は、首脳会議後にこのように述べた。「我々は正義が行われるやり方に反対している……というのもＩＣＣはまるでアフリカの人々を裁くことにのみ関心があるようにみえるからだ[63]」。

その後

リビアでＡＵの和平案が実施されることはなかった。二〇一一年八月には各地から参集した武装勢力がトリポリを制圧し、四二年間続いたカダフィ政権は崩壊した。カダフィは一〇月二〇日にスルト周辺で捉えられ、死亡した[64]。翌年七月にはカダフィ政権崩壊後初の全国規模の選挙が実施され、八月八日には国民暫定評議会から制憲議会に権限が移譲され、リビアは民主化の道を歩み始めるはずだった。しかし、その後も政情は安定せず、二〇一四年六月には国民議会選挙で圧勝した世俗派が、結果を不服とするイスラーム系勢力に首都トリポリを追われ、以後、トブルクを拠点とする世俗派政府と首都トリポリを掌握したイスラーム系勢力の間に内戦状態が続いている[65]。権力の空白をついてイスラーム国やアルカイダ系の過激派組織も入り込み、深刻な人権侵害が報告されている[66]。

三　ケニア――反ＩＣＣ連合の勝利

二〇〇七年末に行われたケニア大統領選挙の後に起きた暴力的衝突に関して、ケニア政府は当初、ＡＵの調停に従い、自ら特別法廷を設置すべく努めたが、議会の反対などにより頓挫した。これを受けてＩＣＣ検察官は初めて管轄権を行使し、自ら捜査に着手した。[67]ＩＣＣが捜査を開始すると、ケニア政府は、ＩＣＣの訴追がケニア国内の安定を損なう「平和と安全に対する脅威」にあたると訴えて国連安保理に訴追の延期や停止を求めた。国内ではＩＣＣに起訴された二名（ケニヤッタ［Uhuru Muigai Kenyatta］とルト［William Samoei Ruto］）が二〇〇七年の大統領選では敵対していたにもかかわらず連合を組み、「ＩＣＣがケニアの主権を侵害する」とナショナリズムに訴えて、大統領選に勝利した。ＡＵもケニア政府によるＩＣＣの訴追延期の要求を全面的に支援し、アフリカの現職の国家指導者に対して訴追が続くことに反対する姿勢を鮮明にした。ケニアの現職大統領および副大統領に対して続けられたＩＣＣの訴追は、結局、ケニア政府の非協力により証拠不十分でいずれも終了することとなった。

1　捜査着手の背景

二〇〇七年一二月二七日に行われた大統領選挙において、選挙委員会は国家統一党（Party of National Unity：PNU）の現職大統領、キバキ（Mwai Kibaki）の再選を伝えた。これに対して対立候補のオディンガ（Raila Odinga）率いるオレンジ民主運動（Orange Democratic Movement：ODM）は、選挙に不正があったとして抗議した。選挙結果をめぐる与野党の対立は各地で部族間の暴力的衝突に発展し、翌年二月末までに一一〇〇名以上の死者を出すケニア独立（一九六三年）以来最悪の惨事となった(68)。

アフリカのなかでは比較的、政治的安定を維持してきたケニアの混乱は、すぐに諸外国の関与を招いた。一月に入ると南アフリカのツツ（Desmond Tutu）元大主教や米国のフレーザー（Jendayi Frazer）アフリカ担当国務次官補が相次いでケニアを訪れた。同月八日から一〇日にかけては当時AU議長を務めていたガーナのクフォー（John Kufuor）大統領がケニアを訪問した。PNUとODMはアナン（Kofi Annan）前国連事務総長率いるAUのアフリカ賢人委員会（Panel of Eminent African Personalities）の調停を受け入れ、二月二八日には新たに首相ポストを設けてキバキを大統領、オディンガを首相とする連立政権を発足させることが合意された(69)。両派はさらに選挙後の混乱を調査するために「選挙後暴力調査委員会（Commission of Inquiry into Post-Election Violence：CIPEV）」を立ち上げ、また、より長期的な問題に対処するために、独立から選挙後の混乱が収束する二〇〇八年二月までの期間を調査の対象とする真実委員会と憲法を見直すための委員会をそれぞれ設置することについても合意した(70)。こうしたケニア国内の展開を受けて、すでに二月五日に予備調査の開始を発表していたICC検察官は、ケニア自身による責任追及の行方を見守ることにした。

調査委員会は控訴裁判所裁判官のワキ（Philip Waki）を委員長に活動を開始し、同年一〇月一五日に五二九頁にわたる報告書をキバキ大統領に提出した。報告書は、選挙後の暴力が部族や政治的傾向に基づいて政治家や財界人によって組織的に行われた傾向があり、警察も暴力や重大な人権侵害に加担したと述べ、ケニアにおいてエリート層が享受してきた不処罰が問題の中心にあると指摘した。そして選挙後に起きた重大犯罪、とりわけ人道に対する罪の責任者を裁くために外国人裁判官を交えた特別法廷を設置するよう提言した。裁きを確実なものにするために、被疑者を記載したリストが封印された形でアナンに提出され、特別法廷が設置されなければ、アナンからこの被疑者リストがICCに提出されるよう手筈も整えられた。より具体的には、（一）両派が六〇日以内に（すなわち二〇〇八年一二月一七日までに）特別法廷設置に合意する、（二）合意後、四五日以内に特別法廷設置のための法案を可決する、（三）法案可決後三〇日以内に大統領が首相と協議の上、特別法廷の開催日を決定することを求め、いずれかの期日を過ぎた場合には、アナン氏率いるアフリカ賢人委員会から被疑者リストが証拠とともにＩＣＣ検察局に送付されるよう定められた。

第一の期限は何とか守られた。各党内での意見調整は難航したが、政府は一月二七日にワキ報告書の提案を実施すべくキバキ大統領とオディンガ首相を長とする委員会を立ち上げ、期日を翌日に控えた一二月一六日にキバキとオディンガが特別法廷設立に関する政党間合意文書に署名した。同じく一二月には議会でＩＣＣローマ規程を国内に適用するための国際犯罪法も可決された。ただし、同法は効力が発した二〇一一年一月以降の犯罪に適用されるため、それ以前に行われた二〇〇七年の選挙後の犯罪には適用されない。

特別法廷設置の試みは第二のステップで頓挫した。議会は通常より早い二〇〇九年一月二〇日に開会し、同月二七日にはワキ委員会の報告書を採択して報告書の提案に従うことを確認した。一月二九日には政府が特別法廷設置法案と同法廷設立に必要となる憲法改正法案を議会に提出した[71]。しかし憲法改正案は二月五日、一〇日と二度にわたって出席議員数不足のために採決が見送られた後、二月一二日に採決にかけられ、否決された[72]。

キバキ大統領とオディンガ首相は引き続き議会を説得して特別法廷の設置を目指すと述べたが、進展はなかった。七月三日にはケニア政府代表団がハーグでオカンポＩＣＣ検察官と面会し、もう少し時間をくれるよう要請した。これに対してオカンポは九月末までに進捗状況を報告し、あわせて向こう一年間に国内で行う捜査や訴追のスケジュールを提出すること、また、議会での合意が得られない場合には政府が事態をＩＣＣに付託することなどを求め、ケニア政府も了承した[73]。

この会談後の七月九日に、アナンはワキ委員会が作成した被疑者リストと証拠書類の入った封筒をＩＣＣに提出した。アフリカ賢人委員会の法律顧問を務めたコレル（Hans Corell）はこれについて、ケニア政府がＩＣＣの補完性の原則に照らして国内で十分な訴追を行っているか否かをＩＣＣが判断する際に、この被疑者リストと証拠が重要な役割を果たすだろうと判断したためだと述べている。[74]

被疑者リストがＩＣＣに送付されると、ケニア政府は緊急会議を開いて特別法廷設置に向けた法案を再度検討したが、合意には至らなかった。そして七月三〇日にはすべての大臣が同席した記者会見においてキバキ大統領が、まずは司法改革と警察改革を行い、責任追及はその後に通常の国内法廷で行う旨を発表した。[75]ワキ委員会が提言した特別法廷方式を事実上、放棄することを宣言したこの会見では、「正義の追求において不処罰を支持するものではないが、この国は癒しと和解も追求すべきである」との判断から真実委員会に強力な権限を与える方針も伝えられた。[76]上述の通り、真実委員会はワキ委員会と並んで設置が決まっていたものだが、この発言は政府高官らの責任追及を曖昧にするものと受け止められた。実際にその後に作成された真実委員会(正式名称は真実・正義・和解委員会［Truth, Justice and Reconciliation Commission］)設置法案には、国際犯罪について免責を認める条項が盛り込まれた。[77]

なお、二〇〇九年一一月には議員のイマニャラ(Gitobu Imanyara)が特別法廷設置に関する法案を提出したが、この議員立法は他の議員のボイコットにあい議会で議論されることはなかった。[78]

ケニア国内での訴追に向けた動きが頓挫するのを見届ける形で、ＩＣＣのオカンポ検察官は一一月五日にキバキ大統領とオディンガ首相にナイロビで面会し、ＩＣＣが捜査に着手することを伝えた。ＩＣＣ検察官は同月二六日に予審裁判部に捜査に係る許可を請求し、二〇一〇年三月に「人道に対する犯罪」について捜査する合理的基礎があるとして捜査の開始が許可された。

2 国際刑事訴追の影響

二分される国内政治

約九か月間の捜査を経た二〇一〇年一二月一五日に、オカンポ検察官は人道に対する罪の容疑で六名に対する召喚状の発付を予審裁判部に請求した。これにはケニヤッタ副首相兼財務大臣、ムタウラ(Francis Kirimi Muthaura)大統領府次官、ルト高等教育大臣(停職中)ら政府高官が含まれていた。[79] ワキ委員会が作成した被疑者リストは非公開であり、地元紙がリストには現職官僚らが含まれると報じてはいたものの、被疑者の名前が明らかにされたのはこれが初めてだった。[80] なかでもケニヤッタとルトが次期大統領選挙への出馬に意欲を示していたことから、ICCの訴追はケニアの国内政治の主要な対立軸となり、政界再編を促すこととなった。

ODM指導部はICCによる起訴をめぐって二分された。主要幹部がICCの訴追を支持したのに対し、起訴の対象となったルトらの支持者は反対した。キバキ大統領率いるPNUはICCの訴追に反対の立場だった。ICCの訴追をめぐっては、様々な思惑が交錯した。当初、ケニヤッタとルトはICCのみが責任追及をできるとして特別法廷設立法案に反対していたが、これにはICCによる訴追と裁判は時間がかかるため、次期大統領選への影響は少ないとの読みがあったとみられている。[81] 先に述べたように特別法案設置に関する憲法改正案が否決されたのも、自身や関係者が訴追の対象になることを危惧するものの他、国内司法への不信感から特別法廷ではなくICCによる訴追を求めるものや、ルトやケニヤッタのようにICCの能力を過小評価するがゆえに特別法廷ではなくICCでの訴追を支持するものなど、様々な思惑が融合した結果だった。[82]

被疑者名が公表された一週間後の二〇一〇年一二月二二日には、ケニア議会が「ローマ規程から離脱するために適切な行動をとること」を政府に求める動機を採択した。しかし、ルトと同じカレンジン族の国会議員が提出したこの動議は拘束力のあるものではなく、政府はあくまで表向きは締約国としてＩＣＣの捜査に協力する姿勢を貫き、動議を無視して国際法に則って対応することを選択した。[83]

矛盾した訴追回避戦略

ケニア政府がとった第一の戦略は、スーダンと同様、ローマ規程第一六条に着目して訴追の延期を安保理に求めるというものだった。ケニア政府はムショカ(Stephen Kalonzo Musyoka)副大統領を中心にＡＵや各国に働きかけ、三月四日にはＩＣＣの訴追がアフリカの「平和と安全を脅かしかねない」と訴え、訴追延期を求める書簡を安保理議長宛に送付した。しかし、政府は一枚岩ではなかった。訴追延期を求める書簡が安保理に送られてから一〇日もたたないうちに、この訴追延期の要請を考慮しないよう求める書簡が連立政権を構成するＯＤＭの幹事長、ニョンゴ(Peter Anyang' Nyong'o)から安保理議長と安保理理事国に送付された。ニョンゴは先の訴追延期の要請は連立政権のうちキバキ大統領率いるＰＮＵ側が行ったものであり、オディンガ首相率いるＯＤＭはこの立場を支持していないこと、国内司法が不完全なために国内裁判で責任追及が行われる見込みが薄いこと、従ってＩＣＣの訴追が国際の平和と安全の脅威になるのではなく、訴追が行われないことのほうがケニア国内の平和と安全にとって深刻な脅威となると訴えた。[84]ところが、それから数日後の三月一六日に、今度はＯＤＭの副幹事長らを含む他のＯＤＭ幹部数名の連名で、ニョンゴが送付した書簡は必ずしもＯＤＭの立場を反映していないと記した書簡が安保理に届けられた。[85]

ケニアから相反する書簡を相次いで受け取った安保理は、三月一八日にケニア代表団と非公開の協議を行った。その結果、ＩＣＣの訴追が「平和と安全の脅威になる」との議論は説得的ではないと判断され、また、政府内に深刻な意見対立があることも安保理が第一六条下の訴追延期を正式な議題として取り上げない理由にあげられた。[86]ケニア政府は政権内の意見調整をしたうえで三月二九日に再度、安保理に訴追延期を要求する書簡を送付したが、安保理は四月八日にこの問題について協議した後、ケニアの訴えを退けた(87)。

第二の戦略は、こちらもスーダンと同様、ＩＣＣの補完性の原則に従い、国内で裁く意思と能力があることを示してＩＣＣの管轄権を争うものだった。ケニア警察当局は三月一八日に選挙後の混乱に関して約六〇〇〇名に及ぶ捜査を行っている旨を発表した。それから約二週間後、ＩＣＣに起訴された六名の召喚が四月七、八日に迫るなか、ケニア政府は三月三一日、政府が雇った二名の英国人弁護士を通じて、ローマ規程第一九条に基づいてＩＣＣの受理許容性について異議申し立てを行った。ケニア政府は、二〇一〇年八月に国民投票によって司法改革を含む新憲法草案が可決されたことを引き合いに出し、この新憲法下での改革によって「(これまで度々否決されてきた)特別法廷設立のための法案を必要とすることなく、国内裁判所がＩＣＣが扱っている案件を含む選挙後暴力に起因する犯罪を裁くことが可能になる」と主張した(88)。

新憲法の制定は、選挙後の混乱がもたらした大きな成果の一つであり、土地制度改革や選挙制度改革、治安部門の改編などを通して、長年にわたるケニアの政治・社会問題の抜本的な解決を図る内容となっている。司法についても、その独立性を高めるために裁判官の任命に関する大統領の権限を弱め、独自の財源を確保するなど広範な改革が盛り込まれている。司法長官に著名な法学者であり改革派の人権活動家であるムツンガ(Willy Mutunga)が起用されたことも、改革に希望をつなげるものだった。しかし新憲法は改革の見取り図を示したたけで、改革そのものを約束するものではなかった。具体策の多くはさらなる立法措置を必要としたが、ＩＣＣの管轄権に関する異議申し立ては、当該事件が当該国によって捜査または訴追されているかを申請の時点で判断されるものである(89)。ＩＣＣ第二予審部は、ＩＣＣが起訴した六名について現に捜査が行われている具体的証拠が提示されていないとして、五月三〇日にケニア政府による異議申し立てを却下し、八月三〇日には控訴審もケニアの上告を退けた(90)。

国内キャンペーン

上記の外交戦略と並行して、ＩＣＣに召喚された六名は、国内ではＩＣＣの訴追が次期大統領選への出馬を妨害する政治的策略だとメディアに訴えるキャンペーンを展開した。これは主要な被疑者であるケニヤッタとルトがメディアに大きな影響力を有していたため、かなりの効果を上げた(91)。なかでも先の大統領選では対立したケニヤッタとルトが揃って公の場に頻繁に姿を現し、ＩＣＣの訴追がケニアの主権を脅かすものであり、オディンガ首相による策略だと訴えたことが注目された(92)。

ケニヤッタとルトの協力関係は安保理に訴追延期を求める外交活動でより強化され、この活動で中心的役割を担った副大統領のムショカを加えた新たな政治連合の形成につながった。それぞれが属する部族のキクユ(Kikuyu)、カレンジン(Kalenjin)およびカンバ(Kamba)の頭文字をとって当初「ＫＫＫ連合」と称されたこの連合は、反オディンガの旗印のもとにさらに拡大され、「Ｇ７」と呼ばれる連合に発展した。関係者によると「Ｇ７」には、ケニアの全八州のうちオディンガの出身であるニャンザ州以外のすべてという意味が込められているという(93)。大統領選を間近に控えた二〇一二年一二月には、ケニヤッタとルトを中心とする勢力が「ジュビリー連合」を形成し、オディンガ率いる「改革と民主のための連合(Coalition for Reforms and Democracy：CORD)」と対峙した(94)。

選挙後にＩＣＣでの審理開始を控えていたケニヤッタとルトにとって、大統領選での勝利は死活問題だった。二人は選挙戦でＩＣＣを「西欧帝国主義の道具(95)」でありケニアの主権を侵害するものだと糾弾し、ナショナリズムに訴える戦術をとった。二〇一三年三月に実施された大統領選は接戦となったが、ケニヤッタはオディンガに対して得票率五〇・〇七％対四三・二八％の僅差で勝利した(96)。オディンガは集計に不備があったとして選挙結果を不服としたが、法に則って最高裁判所に異議申し立てを行い、司法判断に従って敗北を受け入れた。一部の地域で抗議行動がみられたものの、前回の大統領選のように暴力に発展することはなかった。ただし、票の集計については後にケニヤッタ側に有利に働く水増しが行われたとする国際選挙監視団の報告書や研究結果が出されており、オディンガ側の不満が解消することはなかった(97)。

新たな訴追回避キャンペーン――AUの後ろ盾

ケニヤッタは当選後「国際的な義務を受け入れ、今後も全ての国家と国際機関と協力していく(98)」と述べ、締約国としてICCに協力する前政権の方針を維持する姿勢を示したが、実際に行われたのはICCの訴追をかわすためのさらなる外交活動の強化だった。新政権がまず行ったのは、訴追「終了」の要求だった。ケニア政府は二〇一三年五月二日付の安保理宛書簡で、ケニヤッタとルトが先の選挙が平和裏に行われるうえで重要な役割を果たしたこと、ICCの訴追には公正と独立性の観点から問題があるなどと訴えて、訴追の「終了」を求めた。しかし、安保理に訴追を「終了」させる権限はなく、安保理はこの件で五月二三日にケニア政府代表と面会はしたが、訴えを取り上げることはしなかった(99)。

訴追の「終了」に失敗したケニア政府は、再び訴追の「延期」を求める外交活動を展開した。これはAUの全面的な後ろ盾のもとで進められた。AUはすでに二〇一一年一月末にエチオピアの首都アディスアベバで開かれた首脳会議で、安保理による訴追延期を求めるケニアの動きを支持する決定を下していたが、ICCの訴追対象がアフリカに集中していることがますます明らかになるなかで、ICCの正統性に疑問を呈する声がさらに強まっていた。

二〇一三年一〇月一二日にはアディスアベバで「アフリカとICCの関係」と題する臨時首脳会議が開催された。この会議は開催前からAUがアフリカ諸国にICCからの離脱を求めるのではないかと注目されていた。結局、離脱を求めるところまではいかなかったが、会議では「ICCによるアフリカ指導者の起訴が政治化し、乱用されていることを憂慮」し、ＡＵの現職の国家指導者に対する国際訴追には反対することが決定された。より具体的には、ケニヤッタとルトの裁判は彼らが公職に就いている間は停止されるべきこと、ケニア政府がローマ規程第一六条に基づいて訴追の延期を求める書簡を安保理に送付すべきことも決定された。会議で採択された決議は、「正義の追求は持続的な平和の促進に向けた取り組みの障害や妨げとならないように行われるべき」であり、「テロとの戦いの最前線の国家」であるケニアの正副大統領に対するＩＣＣの訴追は「大統領と副大統領が国家及び地域の安全保障を含む憲法上の責任を遂行する妨げとなる」と述べている。(100)

このＡＵの決議に基づいて、ケニア政府はさっそく一〇月二二日に再度、安保理に訴追延期の決定を求める書簡を送付した。これにはＡＵ加盟四五か国の署名が入った「説明書(self-explanatory letter)」も同封された。この説明書は二〇一三年九月にナイロビのショッピングモールで起きたテロ事件を引き合いに出して、先のＡＵ臨時会議で採択された決議と同様、ケニアがアフリカさらには国際的にもテロとの戦いの最前線の国家であること、またケニヤッタとルトが国内の和解プロセスで主導的な役割を果たしてきており、ＩＣＣの訴追がこの動きを阻害してケニアの平和と安定を脅かしかねないことを強調している。(101)一一月一五日には当時、安保理の非常任理事国を務めていたアフリカ三か月のモロッコ、ルワンダ、トーゴの共同提案でこの件に関する決議案が安保理の採決にかけられたが、賛成七か国、棄権八か国で否決された。(102)

その後

ルトの裁判は二〇一三年九月に開廷されたが、二〇一四年二月五日に予定されていたケニヤッタの裁判は、証人が出廷を拒んだり、鍵となる証人が偽証を認めたために延期された。二人は求めに応じて自発的に出廷してきたが、ＩＣＣ検察局は、ケニア政府が証拠書類の提出や証言者へのアクセスに協力的ではないと訴えていた。ＩＣＣ裁判部から訴追の遅れが指摘され、二〇一四年一二月三日に「一週間以内に本件を取り下げるか、裁判の進行を正当化する程度の証拠の改善がみられる」かを決定するよう迫られると、検察局は二日後の一二月五日に、証拠不十分を理由にケニヤッタに対する起訴を取り下げる旨を通知した[103]。ルトに対する裁判も同様に、二〇一六年四月、証拠不十分により終了することとなった[104]。人権団体からは、ケニア国内で証人に対する脅しや介入が頻繁に行われているとの指摘がなされており、本件は、現職の国家元首等の権力者に対する訴追にＩＣＣの捜査が抱える問題と限界を露呈する形となった[105]。なお、ＩＣＣ検察官は、ケニア政府の非協力により十分な証拠が得られないとして、ムタウラに対する公訴も二〇一三年三月に取り下げている[106]。

四　小　括

本章で検証した三つの事例は、いずれも現職の国家元首を含む政府高官が訴追の対象となっているが、これまでのところ国家元首の逮捕に至った事態はない。スーダンではダルフール紛争の平和的解決を主張するＡＵがバシール大統領の逮捕に協力しない方針を打ち出しているため、大統領の所在が明確でありながら身柄の拘束が行われないという事態が生じている。リビアではＮＡＴＯ軍の空爆により体制転換が行われ、指導者カダフィはＩＣＣの裁きを待たずに殺害された。ＩＣＣ検察官によって捜査が着手された初の事態であるケニアでは、ケニア政府が捜査への協力を拒んだため十分な証拠が得られず、ケニヤッタ大統領およびルト副大統領に対する訴追は終了を余儀なくされた。安保理によって付託されたスーダンとリビアの事態と比しても、ＩＣＣが捜査権限を十分に行使できなかった点が浮かび上がる。

訴追を困難にしている要因に、国際刑事裁判の強制力の不足があることは言うまでもない。ＩＣＣは訴追を拒む被疑者を拘束するための物理的組織も能力も持ち合わせておらず、被疑者、ことに権力を握っている国家指導者は、主権国家の殻に守られている。

しかし、訴追が失敗に終わったり困難に直面したりしているのは、国際刑事裁判が国家の行動を拘束する力を欠いているためだけではない。ＡＵが危惧したように、国家指導者に対する国際刑事訴追は実質的には外部からの強制的な体制変革を意味するものであり、交渉の余地なく訴追を続けるＩＣＣは訴追対象者の不安を掻き立て、断固たる反発を招く。

この点に関して、アフリカ問題に詳しいジャーナリストのフリントと研究者のデ・ワール(Julie Flint and Alex de Waal)は、スーダンの事態について次のように述べている。

スーダン政府が圧力に屈すると主張する者は、決定的な間違いを犯している。圧力は、圧力にさらされている当事者が最終的な帰結について合意できうる際にうまく機能するものだが、それが終身刑であるならば、圧力は反発を生じさせるだけである。スーダン政府にとってモレノ・オカンポ(ＩＣＣ検察官)の最後通牒は交渉の余地のないものであり、死ぬまで闘い続けるしかないのである。[107]

また、国際紛争の分析を行うシンクタンク、国際危機グループはリビアの事態について、カダフィに「国外退去と国際刑事裁判での裁判の双方を要求することは、事実上、彼に死ぬまでリビアに留まり戦い続けることを求めるに等しい」と警鐘を鳴らしていた。[108]

アフリカ自身による交渉を通した紛争の解決を基本方針とするＡＵにとっては、ＩＣＣの国家元首に対する訴追こそが国内統治の基盤を揺るがし、地域の「平和と安定に対する脅威」となるものだった。アフリカ諸国のＩＣＣに対する反発は、アフリカ自身による域内の国際刑事システム設立構想につながってゆく。ＡＵは二〇一四年六月、赤道ギニアのマラボで開催された首脳会議で既存の司法制度を改編し、新たに国際刑事管轄権も行使できるアフリカ版国際刑事裁判所を設立する議定書を採択した。新裁判所の設立には一五か国の批准が必要であり、まだ実現はしていないが、この新たな国際刑事裁判所では現職のAUの国家元首や政府高官に対しては訴追を行うことができないことが明文で定められている。[109] 二〇一七年一月のAU首脳会議で採択されたICC「脱退戦略文書」は、AU加盟国によるマラボ議定書の批准が「補完性の原則を高めてICCの関与を減らし、アフリカの問題のアフリカによる解決を強化する」と述べている。[110]

国際刑事裁判であれ軍事的介入であれ、国際社会による強力な介入によって独裁者を取り除くことが平和につながるのか、あるいはアフリカの紛争はアフリカ自身の手による交渉で解決が図られるべきなのか。アフリカの国家指導者に対する国際刑事訴追は、アフリカ諸国と欧米諸国の間で生じてきた紛争解決に対する考えの違いを反映しているが、このアフリカ諸国が主張する交渉による平和、すなわち宥和型の紛争解決は、国連や米国、さらにはアフリカ以外の世界各国でもつい最近まで用いられてきた標準的な手法だった。

第三部　人権裁判の意義と限界

第五章　移行期の正義の追求

第二部では、今日の国際刑事裁判を特徴付ける紛争継続下での刑事訴追が目下の人権侵害行為の停止という目的を達成するにあたって抱えるディレンマの構造的要因を考察し、訴追が国内統治の正統性をめぐる政治的争いに発展する余地を残していることを確認した。それでは刑事訴追は平和の阻害要因でしかないのか。

権力や武力を保持する紛争当事者の訴追が困難な一方で、国際刑事裁判は権力や武力を手放した者（政権の座を降りた元国家指導者や武器を置いた武装勢力）を逮捕し、裁く力を有している。このことはＩＣＣがこれまでに下した有罪判決（わずかに三件ではあるが）やＩＣＣに先立つＩＣＴＹとＩＣＴＲの活動が示している。[1]さらに注目されるのは、ちょうど国際刑事裁判が行われるようになった一九九〇年代以降に、自国の裁判所で人権侵害の責任追及を行う国が増えていることである（図１）。

ＩＣＣが採用する「補完性の原則」は、国際社会が中央集権的な国際刑事システムの構築を図っているのではなく、第一義的には各主権国家に刑事裁判の実施を期待していることを示している。人的・財政的制約を抱えるＩＣＣにとって、各国政府が国際犯罪を自ら訴追する体制を整えることは、「マンデート（任務）を履行し期待に応えるための、最も有効、かつ、おそらく唯一の方法」とすら言えるのかもしれない。[2]国際刑事裁判の意義と役割を正しく評価するためには、被疑者の逮捕と裁判という狭義の刑事手続きの成否だけではなく、国際法廷の設置が各国に与える影響も

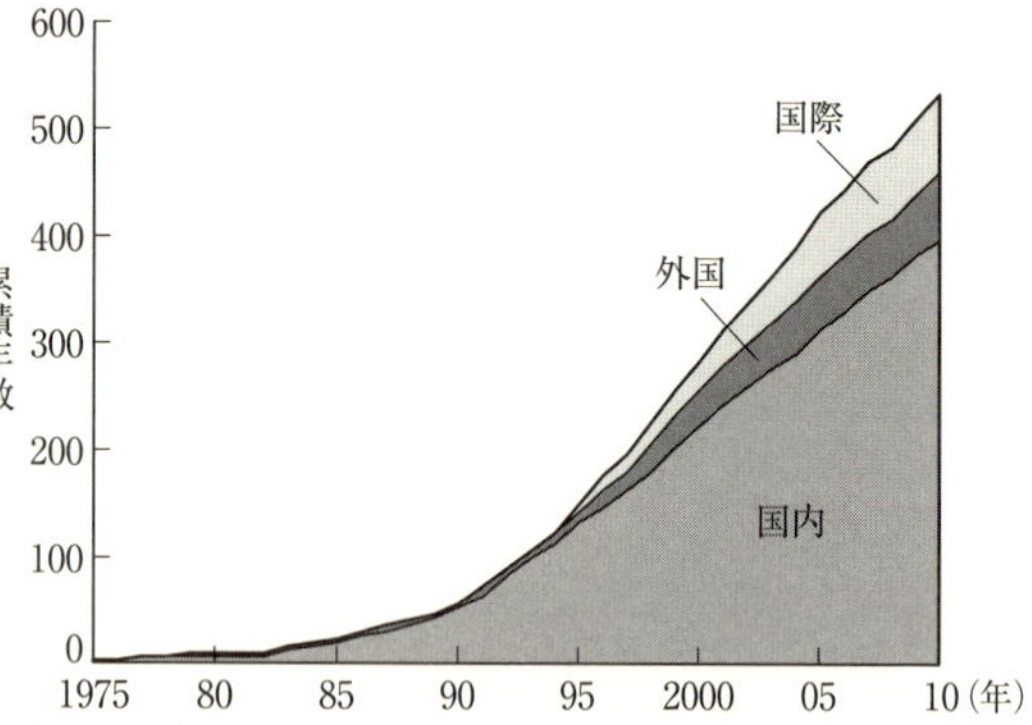

出典：巻末の資料1，3，4を基に作成(資料4に記載していない外国，国際裁判はTJRCに依拠).
注：人権裁判(人権侵害行為を行った国家関係者を対象とした刑事手続き)を実施した国を年ごとにカウントしたその累積数.

図1　増加する人権裁判

みる必要がある[3]。

本章では、世界的に増大する加害者訴追の動きを分析することで、移行期の刑事訴追の意義がいかに変容したかを考察する。

一　体制移行期の難題

民主化研究の知見

強制失踪や拷問など前政権下で行われた政治的迫害にどのように対処するかという問題は、そもそも各国の国内政治を研究対象とする比較政治学において論じられてきた問題だった。そこでは主に旧政権と新政権の力関係に着目して論じられ、誕生したばかりの民主主義の安定を重視する立場から旧体制下での人権侵害の責任追及に慎重な見解が目立つ。代表的な論者としては、「正義は政治権力の関数である[4]」と捉えたハンティントン(Samuel P. Huntington)があげられる。

一九七四年にポルトガルにはじまり、ラテンアメリカ、アジア、アフリカ、東欧に及んだ民主化の「第三の波」を分析するなかで、ハンティントンは責任者の訴追は新政権が完全に権力を掌握した場合にのみ限るべきであり、その場合も、対象は前政権の指導層に限定し、速やかに行うべきだと警告した。ハンティントンは自ら分類した体制移行の三類型——前政権エリート集団が自発的に権力を移譲した「体制改革(transformation)」、改革派が前政権を打倒して権力を掌握した「体制変革（replacement）」、前政権エリート集団と改革派の力関係が拮抗し、交渉の結果、新政権が誕生した「体制転換（transplacement）」――のうち、前政権エリート集団が影響力を保持する体制改革と体制転換の場合に加害者の刑事訴追を行う「政治的コストは、いかなる道徳的利益をも上回る」と述べ、訴追を行うべきではないと主張している。[(5)] ハンティントンは、民主主義は常に権力者間の妥協を伴うのであり、免責を認めなければ「第三の波」の半数の国では民主化が起きなかっただろうとすら述べている。[(6)] そして、前政権が完全に力を失った体制変革の場合には「道徳的に、また、政治的に望ましいと考えるならば」訴追を行ってもよいが、その際も「新政権発足後、一年以内」に迅速に行い、指導層以外の中・下級の旧政権関係者は対象としないことを明言すべきだとしている。[(7)] 正義の追求に必要な大衆の支持と怒りは時間の経過とともに低下し、その間に旧政権側は勢力を回復しかねない。ハンティントンによれば、「新たに誕生した民主政権では、正義は迅速に行われるか、まったく行われないかのいずれか」なのである。[(8)]

このように加害者の刑事訴追の可否を軍部も含めた新旧両政権の力関係から判断する論理、すなわち体制移行期の人権問題の追及は政治的安定によって制約されると解する考え方は、一九七〇〜九〇年代初頭にかけて比較政治学における民主化研究のなかで繰り返し提示されてきたものである。例えば、民主体制の崩壊についての古典的研究において、リンス（Juan J. Linz）は民主主義――特に体制転換直後の脆弱な民主主義――は、一定の反対派にも重要な権力の一端を担わせる「包摂の過程（process of incorporation）」[(9)]が必要であると述べて、旧政権の関係者を排除しすぎることが新政権の安定を脅かす危険性を指摘している。[(10)] 同様にプシェヴォルスキ（Adam Przeworski）も民主化についての論考において、人権問題の責任追及は軍部が権力を手放す可能性を低くし、民政移管は軍部によるクーデターの可能性を低くするかもしれないが、クーデターが起きた場合にはそれが抑圧的なものになる可能性を高めるため、新政権は道徳的な怒りや民主的理想を抑えて軍部が影響力を保持することを受け入れるだろうと述べている。[(11)] また、今日、移行期正義と呼ばれている問題を「恩赦・忘却するか、あるいは訴追・粛清するか」[12]と捉えて比較政治学における一課題として提起したハーツ(John H. Herz)は、第二次大戦後に民主化したドイツ、日本、イタリア、フランス、オーストリアおよび一九七〇年代に民主化したスペイン、ポルトガル、ギリシャの南欧の事例を比較研究した編著において、民主主義はそもそも様々なグループ間の妥協に立脚しているため、新たに誕生した民主政権が旧政権を信奉する人たちの支持を獲得しようとしたり、新政権内で意見対立が生じたりする結果、過去の清算が不十分になると述べている。[13]南欧とラテンアメリカ諸国の事例を比較研究した民主化研究の古典的プロジェクトを実施したオドネルとシュミッター(Guillermo O'Donnell and Philippe C. Schmitter)も、人権侵害がより深刻かつ直近に起きたもので軍の関与が強いものであるほど、過去の清算が軍部のクーデターを引き起こし、体制移行を脅かす恐れが高まると指摘し、体制移行期の正義の追求は「最も困難な倫理的、政治的選択」であると述べている。[14]

移行期正義は新政権が社会の安定を損なわない範囲において実現するものだという比較政治学の知見[15]は、真実究明委員会の設置を訴追の代替と捉える議論や[16]、裁判の実施は民主体制が安定してから実現すべきだとする「順序付け(sequencing)」の議論[17]、さらには序章の先行研究で触れた国際刑事裁判の試みを批判する現実主義者の主張など、近年の移行期正義研究者の多くにも踏襲されているとみることができるだろう。

世界各地での実践

確かに比較政治学者が指摘してきたように、誕生したばかりの民主政権の安定を損なう危険は、新政権が体制移行期に過去の人権侵害に対処することを制約する最大の要因であった。民主化「第三の波」の先駆けとなった南欧三か国(ギリシャ、スペイン、ポルトガル)のうち、旧体制下で起きた拷問や多数の死傷者を出したデモ鎮圧等の人権侵害行為をめぐって軍部や政治警察の責任を問う裁判を行ったのは、ギリシャとポルトガルだった。[18]両国の民主化はハンティントンが「体制変革」と呼ぶ、旧政権と新政権の間にほぼ完全な人的断絶がある体制移行である。ギリシャでは軍部が支援したキプロスでのクーデターが失敗に終わったことを契機に軍事独裁政権が崩壊し、民政に移管した。ポルトガルでは反乱将校が主導した革命によって四〇年以上に及んだ独裁体制が終結し、民主化に道を開いた。他方で四〇年近く独裁者として君臨したフランコ（Francisco Franco y Bahamonde）の死去後に後継者に指名されたカルロス国王（Juan Carlos I）のもとで左派や軍部など様々な勢力の妥協によって民主化が実現したスペインでは、一九七八年の民政移管直後には裁判を含む何らかの移行期正義も行われなかった。同国では共産主義から国を守ったとしてフランコを支持する勢力が依然として根強く残っていた[19]。

ラテンアメリカでは、フォークランド戦争の敗北を契機に軍事政権が崩壊し一九八三年に民政に移行したアルゼンチンで、アルフォンシン（Raúl Alfonsín）新大統領のイニシアティブのもとに旧体制下での人権侵害の責任を問う裁判が行われ注目された。しかし、訴追の対象が広範に及ぶと中堅将校らが反乱を起こし、反乱は鎮圧されたものの、免責法の制定を余儀なくされている。これに対して、アルゼンチンから二年遅れて民主化した隣国ウルグアイでは、体制移行時に民主化勢力と軍部の間で軍部の刑事責任を不問にする約束を含む取り決めがなされたとされている。民政移管後の一九八六年には、旧政権下で行われた人権侵害について軍人と警察官の責任を問わないことを定めた免責法（ウルグアイでは「失効法」と呼ばれる）を成立させた。チリでも一九八九年の選挙で軍事独裁体制を敷くピノチェト（Augusto Pinochet）大統領から政権の座を奪い民主化を実現させたエイルウィン（Patricio Aylwin）新大統領が、当初から軍の責任を問わずに代わりに真実和解委員会を設置して調査を行う選択をした[20]。

冷戦の開始から終結までの約半世紀にわたって共産主義一党独裁体制下に置かれた中東欧諸国でも、民主化後には移行期正義が問題となった。しかしその焦点は、長い間、裁判ではなく、国家が管理していた秘密ファイルの開示と、それに付随する関係者の公職追放（東欧では「lustration（浄化）」という特別の用語が使われた）だった。裁判はその性質上、個人の行為を裁くものだが、共産主義の抑圧行為は特定の個人というよりは「体制」によって低強度かつ持続的に行われたものであり、加えて多くの行為は、人民を保護するためのものとして当時の法に照らして合法的だったため、共産主義の過去を法的に裁くことは困難だったのである。[21] さらに東側が西側に「吸収」されたという特殊な事情を有するドイツや、平和的に共産党政権が打倒されたチェコを除き、多くの国では民主化後も旧共産党員が勢力を維持したことが、過去の人権問題の追及を困難にした。[22]

変　化

しかし、このように体制移行直後には裁判という形で過去の清算に正面から向き合わなかった国々でも、一九九〇年代後半から旧体制下での人権侵害行為の責任者を訴追する動きが出てきている。

例えばスペインでは、二〇〇〇年になってからフランコ独裁体制下で犠牲になった身元不明の遺体の捜索や資料の開示を求める運動が起こり、二〇〇七年にはフランコの独裁体制を非難し、犠牲者の名誉回復等を盛り込んだ通称「歴史の記憶法」(正式名は「内乱と独裁期に迫害と暴力を受けた人々のための権利承認と措置を定めた法」)が議会で可決され、同法に基づいて集団墓地の発掘やフランコを含む責任者の刑事訴追が行われるようになった。[23] アルゼンチンでも二〇〇三年にようやく国会で免責法が廃止され、その後、最高裁でも免責法が無効であるとの判決が出されて訴追件数が増加している。ウルグアイでは一九八九年に続き二〇〇九年にも免責法の廃止が国民投票で否決されたが、最高裁がすぐに同法が違憲であるとの判決を出した。二〇一一年三月に米州人権裁判所がウルグアイの免責法を無効とする判決を出すと、政府も免責法の効力を認めた過去の行政措置を撤回し、訴追が行われるようになった。[24] チリでも免責法は廃止されてはいないが、九〇年代半ばから人権侵害事件について軍部の人権侵害の責任を問う裁判が始まり、有罪判決が出されるようになっている。[25]

共産主義時代の過去に裁判という形で向き合うことの少なかった中東欧地域でも、二〇〇〇年代に入ってからポーランドの元首相ヤルゼルスキ（Wojciech Jaruzelski）が民主化運動の弾圧に関して起訴されたり、[26] 一九六八年の「プラハの春」の弾圧事件に関して、当時の通信局長に有罪判決が下されるなどの動きがみられる。[27] この他、東ティモールやインドネシア、カンボジア、シエラレオネなど紛争を経た国々では、紛争終結直後に紛争下で起きた人権侵害の責任追及が行われている。

データの制約上考察の対象が二〇一〇年までに限られるが、一九七四年以降に民主化した九七か国のうち、何らかの人権侵害行為を行った国家関係者を対象に九〇年代以降に刑事手続きを開始した国（人権裁判実施国）は五八か国と六割近くに上る（図2および巻末の資料3参照[28]）。民主化研究の知見に反する形で、これらの国々が体制移行期の難題に取り組み始めたのはなぜだろうか。

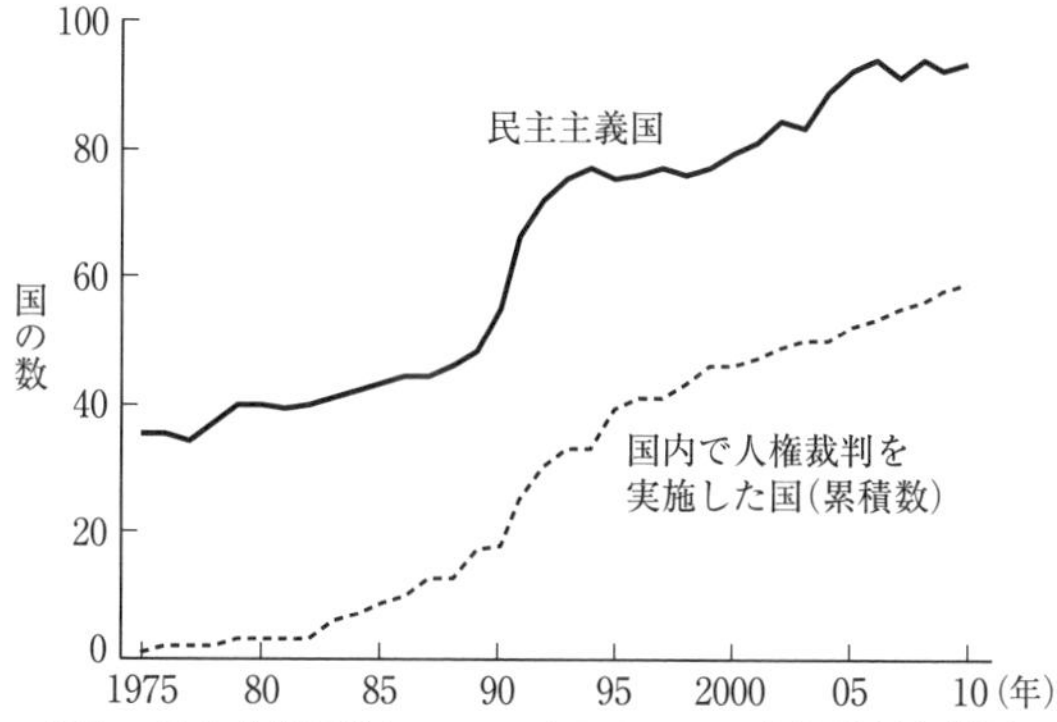

出典：民主主義国数についてはPolity IV，人権裁判実施国数については巻末の資料3から作成.

図2　民主主義国と人権裁判実施国の数

二　国家権力の正統性

移行期正義研究では、裁判の実施に影響を及ぼす要因として、体制移行の類型の他、過去の抑圧期間の長さや抑圧の程度、民主主義の経験の有無など様々な仮説が提示されてきた。[29] しかし、抑圧の度合いについては、少なくともその期間や犠牲者数をみる限り「赦し忘却する（forgive and forget）」モデルの典型と言われるスペインのフランコ独裁下の被害の方が、体制移行直後に裁判を行ったギリシャとポルトガルをはるかに凌いでいる。(30) また、民主主義の経験の有無に関しても、ラテンアメリカに限ってみても長く民主主義国としての歴史を有していたウルグアイが軍政下での加害者の訴追を行ったのは体制移行直後ではなく、体制移行から二〇年近くを経てからだった。

後述するように、どのように体制移行がなされ、旧政権側が新体制においてどの程度の影響力を保持しているのかは依然として移行期正義の有無や形態を左右する大きな要因ではある。それでも、なぜ九〇年代になってから世界各地において刑事訴追という形で過去の人権問題への取り組みが始められたのかという問いに答えるためには、国際環境の変化を考慮する必要があるだろう。第一章でみたように国際社会が国内統治に関与する形で介入する傾向が強まるにつれて、過去の人権侵害への対処は、国内の安定を脅かさないよう関係勢力間の力関係に配慮してのみ決定されるものではなくなってきているからだ。

そもそも社会の安定と秩序の維持に必要なのは、政治エリートの間での利害の一致だけではない。ウェーバー(Max Weber)が「慣習とか利害状況だけでは、支配の確実な基礎をなしえないに違いない」(31) と述べているように、力にのみ依拠した支配から被治者による自発的な服従は生まれず、政権は常に抵抗と転覆の危険に晒される。安定した統治には、「ほかにもうひとつの要素、つまり正当性の信念」(傍点は原著者)(32) が社会の大多数の構成員に共有される必要がある。(33) この社会の構成員に政治エリートのみならず一般大衆も含まれることは、人民主権の考えがアメリカ独立革命とフランス革命を経て確立されてゆく歴史が示している通りである。

二〇世紀後半に世界各地で起きた民主化の過程は、民主的に選ばれた政権が少なくとも「統治の形態としては最も害のないものだと考えられる点で正統(34)」だとの価値観を広める契機となった。民主主義の定義については、国民の代表を選挙で選ぶという最小限のものから、選挙の内容が公正であることに加えて表現や結社の自由等の市民的自由をも含んだ広範なものまで幅があり、定義によって世界における民主主義国の数も変化する。(35) そのなかでも、①最高行政官の選任方法、②最高行政官の権限の規制度合い、③市民の政治参加の形態の三点を中心に、最も長期にわたって継続して各国の民主主義度を計測してきたポリティ・プロジェクト(Polity IV)のデータベースは、民主主義国の数が一九八〇年代末から急激に増加していることを示している(図2)。また、ポリティより狭い定義を採用するフリーダムハウスのデータベースも、国家元首と議員が公正な選挙で選ばれることを中核とする「選挙民主主義国」が、この項目についてデータを取り始めた一九八九年から一九九〇年代半ばにかけて著しく増加していることを示している(図3)。フリーダムハウスによると、「選挙民主主義国」の数は一九九二年には世界の独立国の五三%にあたる九九か国となって過半数を超え、その後、世界の独立国の約六割前後で推移している。[36] この民主化の波は東欧に及んで冷戦の終結に貢献しただけでなく、共産主義政権の崩壊によって一党支配体制の正統性が失墜するとアフリカ諸国でも複数政党制が導入され、世界的に民主化がさらに推し進められることになった。すでに丸山眞男が一九五〇年代初頭に指摘していたように、「現代の主要な政治思想は悉く民主主義的正統性に帰一した」のだった。[37]

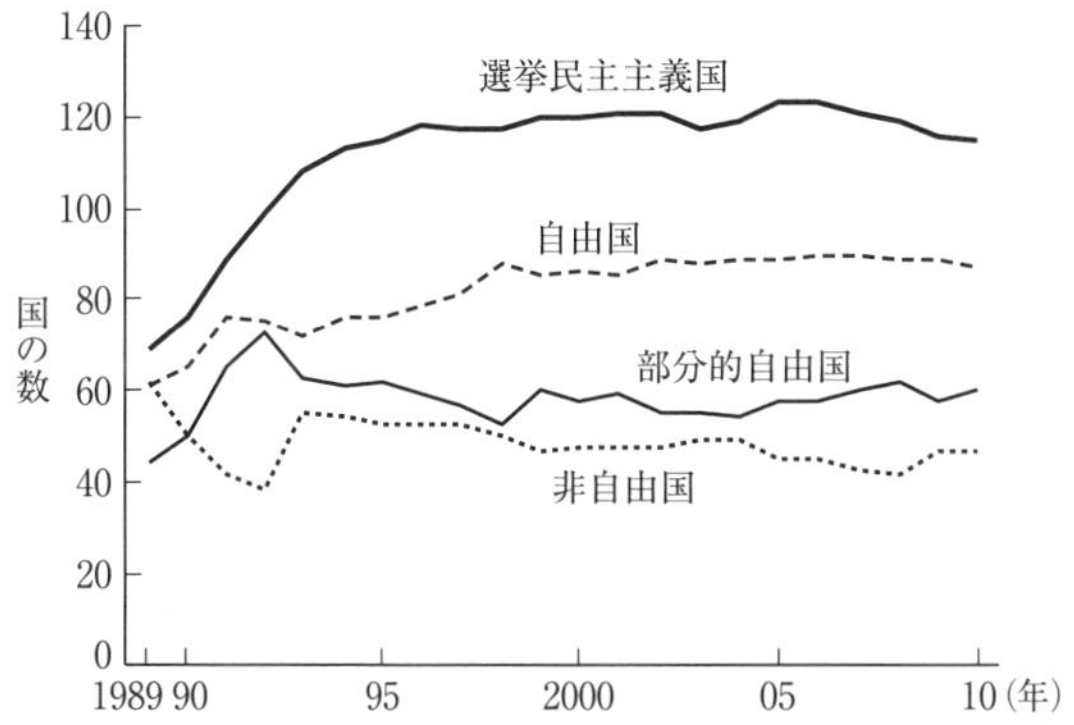

出典:Freedom House, "Freedom in the World 2012."

図3　選挙民主主義国の数と政治的自由

しかし現代の国際社会においては、国家権力の正統性の源泉は、国内だけではなく国外にも求められるようになっている。国際社会は、冷戦が終結した一九九〇年代以降、体制移行や紛争を経た国々に対して民主的選挙の導入を監視し、支援してきた。だが、民主主義は市民の政治参加を可能にする平等の原理であり、必ずしも社会の安定を保障するものではない。「多数派による専制」を抑制するためには、民主政治が法の支配に基づいていること、すなわち立憲体制である必要があるというのがロックやモンテスキューといった政治哲学者や米国憲法の起草者（フェデラリスト）の知見だった[38]。この近代立憲主義の考えは、同じく一九九〇年代以降、法の支配や人権保護など自由主義的価値の実現にまで踏み込んだ支援を積極的に行うという形で国際社会に類推適用されてきた[39]。

国内統治に問題を抱える国において内戦が頻発していると認識した冷戦後の国際社会は、一国の代表が民主的選挙で選ばれ、かつその代表の統治が個人の自由を尊重する法の支配に基づいてなされることを、正統な国内統治の基準として重視してきた。これはすなわち、国際社会を構成する主権国家が自由民主主義国であることを国際平和の土台とみなす考えである。この国内統治に関する暗黙裡の基準は、植民地独立付与宣言（一九六〇年）が「政治的、経済的、社会的又は教育的な準備が不十分なことをもって、独立を遅延する口実としてはならない」と述べていることに端的に表れていた、脱植民地化の過程で内政を不問としてきた国際社会の方針からの大きな転換である。このような国内統治に関する国際規範の変化は、各国における過去の人権侵害への対処にいかなる変化をもたらしたのだろうか。

三　国際規範と国内政治

1　国内諸集団の発言力の増大

国際的な人権ネットワーク

この点についてすでに指摘されてきたのは、国際的な人権ネットワークの役割である。

いかに重大な人権侵害を経験した国においても、加害者の刑事訴追を求める勢力は国内において必ずしも多数派ではなかった。多くの場合、絶対数において被害者は少数派であり、直接の被害を経験しなかった国民の多くは過去の人権問題の追及がようやく実現した民主化を脅かすことを懸念したり、あるいは人権問題の追及に無関心だった。大串が指摘するように、「一般大衆は移行期正義の原動力ではなかった。原動力はほとんどの場合、犠牲者とその支援者たちであった」[40]のである。

このことは体制移行後の国々の多くでは、民主化直後に議会や国民投票など誕生したばかりの民主主義の制度的枠組みのなかで、旧体制下での加害者を免責する選択がなされたことに如実に表れている。例えば、先に触れた三九年間にわたって独裁体制を敷いたフランコ将軍が死去して一九七八年に民主化が実現したスペインでは、新政権が議会多数派の支持を得て免責法を成立させている[41]。ウルグアイでも体制移行(一九八五年)の交渉の際に民主化勢力と軍部の間で交わされたとされる免責の約束を新政権が法律化した際に国内で反対運動が起きたが、結局、国民投票の結果、免責法が存続することとなった。チリでもエイルウィン大統領が民主化から三年を経た一九九三年に人権裁判に関する法案を議会に提出したが、否決された[42]。

それにもかかわらず、民主化後に一定の時間を経てから旧政権下で起きた人権侵害行為の責任追及が行われるようになった要因の一つに、国際的に高まる人権意識を背景に少数派にとどまっていた被害者や支援団体が海外の国際人権団体と連携を深め、発言力を強めてきたことがあげられる。欧米のNGOや財団、国際機関、各国政府等が、これらの被害者や支援団体に対して寄付を増大したことも、この動きを後押しした[43]。

ケックとシッキンク(Margaret E. Keck and Kathryn Sikkink)は共通の価値を共有し、その価値観に基づいて政府に政策変更を促すNGOの国際的な連携を「トランスナショナル・アドヴォカシー・ネットワーク(Transnational Advocacy Network: TAN)」と呼び、国内のNGOがなかなか対策をとらない自国政府を飛び越えてTANと連携し、国外から当該政府に圧力をかけるメカニズムに着目した[44]。この「ブーメラン効果」は特に、国内で被害者や人権団体の活動が活発だったラテンアメリカの国々で顕著にみられる。被害者らは人権侵害の責任者に対して、米国の弁護士と連携して同国の裁判所を通じて損害賠償請求を行ったり、チリの独裁的指導者ピノチェトの裁判でよく知られるようになった「普遍的管轄権」を行使するスペインなど欧州の裁判所に、欧州の法律家らの協力を得て刑事告発を行ったりした(45)。

この他、東欧でも一九七五年に全欧安全保障協力会議(CSCE)で採択された最終合意文書(ヘルシンキ宣言)が人権尊重を欧州の国際関係の原則として規定して以来、ソ連やチェコスロヴァキアに人権擁護の市民団体が設立され、東欧圏内において国境を越えた人権NGOのネットワークが形成され、のちの民主化の下地となった(46)。アフリカではアフリカ人権憲章(正式名称は「人及び人民の権利に関するアフリカ憲章」)によってアフリカ統一機構(Organization of African Unity: OAU[現アフリカ連合(AU)])に設置された「人及び人民の権利に関するアフリカ委員会(通称、アフリカ人権委員会)」がアフリカ各地のNGOがオブザーバーとして参集する場を提供し、一九九八年に「人及び人民の権利に関するアフリカ裁判所(アフリカ人権裁判所)規程」が採択される原動力となった(47)。

さらにICCローマ規程起草段階の一九九五年には、国際的なNGOのネットワークである「国際刑事裁判所を求める連合(Coalition for the International Criminal Court: CICC)」が立ち上げられ、創設される国際刑事裁判所が独立・公正なものであるように監視し、提言活動を行った。当初二五団体の参加で始まったCICCは、今日、世界一五〇か国の二五〇〇団体が加盟する大規模なネットワークになり、ローマ規程採択後には地域および国家ごとに形成される連合支部を通して各国家の署名・批准を促すとともに、ローマ規程履行のための国内法整備を促すキャンペーンを行うことで各国における人権裁判の実施とICCへの協力を推進している(48)。

地域・国際組織の役割

このように国内の被害者や人権団体と国際ＮＧＯの連携の動きは、国際組織や人権条約の創造と発展を促し、それによってさらに国際的な人権ネットワークの活動が強化されるという相互関係を有しているが、地域や国際的な組織の役割としては、さらに以下の点が強調されるべきだろう。

第一に、これらの人権条約や制度は、その内容が地域あるいは国際社会の多くの国々に支持されたものであるという点で、国内少数派の主張を正統化してきたことである。被害者や人権団体の多くが行っている政府の人権条約への批准状況や履行状況の監視、違反する政府を「名指しして批判する(naming and shaming)」戦略が注目されるのは、そうした正統性を背景にしたものだからである。

第二に、これらの人権保障制度は、裁定や判決を出して具体的な救済措置を政府に命じることで、各国で行き詰まった人権問題の進展に突破口を開いてきた。これも特にラテンアメリカに顕著な特徴である。米州人権委員会は米州機構(Organization of American States: OAS)加盟国の他、ＮＧＯや個人による請願を受け付けて、政府に人権状況の改善を促す勧告や要請を行っているが、それでも解決しない場合には、同委員会には米州人権裁判所に事件を付託する権限が与えられている。そのため国内の免責法によって旧体制下の人権侵害の責任追及が阻まれていた時期にも、被害者や人権団体が人権委員会に働きかけて事態の改善を図っていた。

例えばペルーでは、二〇〇一年には米州人権裁判所が同国の免責法(一九九五年)が米州人権条約に違反していて無効だとの判決を出し、政府に問題となっていた秘密部隊による民間人殺害事件について調査し、責任者を処罰するよう命じると、直ちに調査が開始された。米州人権裁判所は、チリとウルグアイについても同様に国内免責法を無効とする判決を出している(49)。訴追が広範に及んだために軍部の反乱を招き免責措置が取られたアルゼンチンでも、国内人権団体が刑事責任は問えなくとも強制失踪者の行方についての捜査を求める「真実裁判」の開催を求めて一九九八年に米州人権委員会に提訴し、委員会が同国に真実裁判の実施を促す裁定を下した結果、各地で捜査が行われることになった。[50] アルゼンチンではその後、二〇〇三年に国会が免責法を無効と宣言し、二〇〇五年には連邦最高裁が違憲かつ無効とする判決を下しており、これまでに軍事政権の幹部を含む三〇〇〇人近くが起訴され、六〇〇人以上に有罪判決が出されている。[51]

二〇〇六年に設立されたアフリカ人権裁判所も、米州人権裁判所と同様に拘束力のある判決と具体的な救済策を命じる権限を有している。しかしアフリカ人権裁判所はNGOと個人による提訴を当該国が同意した場合に限定しており、これまでのところ実効性に乏しい。二〇一八年九月現在、三〇の締約国のうちNGOと個人による提訴を認めているのは八か国にすぎない。[52] なお、アフリカ人権裁判所はAU制定法に設置が定められながら実現していないアフリカ司法裁判所と統合され、新たに刑事裁判管轄権を付与されることが二〇一四年のAU首脳会議で決まっている（第四章第四節「小括」参照）。設立に一五か国の批准を要する新制度が本当に実現するかどうかは未知数だが、ICCへの反発姿勢を強め、人権問題に関する裁きはアフリカ自身が行うと明言するAUの今後の動きが注目される。

2　政権の動機の変化

しかし、国内外の人権団体や国際機関からの圧力が増大したにしても、なぜ政府はわざわざ過去の人権問題の処理に取り組むのだろうか。というのも、人権裁判を行った国々には民主的選挙は導入して名目上民主化したものの、政治的・市民的自由の保障において権威主義的傾向を残し、必ずしも国内の人権保障に積極的であるとは考えられないような国も多く含まれているからである。一九九〇年代以降に人権裁判を実施した五八か国計六一件の体制移行についてみれば、毎年、各国の政治的自由度を指標化して公表している米国のフリーダムハウスの指標によると、その内訳は自由国が二〇件、部分的自由国が三〇件、非自由国が一一件となっている（巻末の資料3）。

民主化「第三の波」を経た一九九〇年代以降には、民主体制と権威主義体制の間に位置する体制が比較政治学者の間で注目を集め、「混合体制(hybrid regimes)」[53]、「非自由主義的民主主義(illiberal democracy)」[54]、「疑似民主主義(pseudodemocracy)」[55]、「選挙民主主義(electoral democracy)」[56]、「半民主主義(semi-democracy)」[57]、「半権威主義体制(semi-authoritarianism)」[58]、「選挙権威主義体制(electoral authoritarianism)」[59]、「競争的権威主義体制(competitive authoritarianism)」[60]など様々な名称で呼ばれてきた。そこに分類される国については、代表を選ぶ手続きとしての民主的選挙は導入されたものの、実質面では言論や結社の自由等の市民的自由権が制限されていたり、さらには複数政党制に基づく民主的選挙が定期的に実施されていても投票結果の改竄が行われたり選挙資金やメディアへのアクセスの面で現職に有利な条件が温存されているなど、実質的には権威主義体制に近いことが指摘されている(図3の選挙民主主義国の内訳も参照)。

なぜ政治的・市民的自由の保障に問題を抱える国でも人権裁判が行われているのかを考えるうえで参考となるのは、リッセら(Thomas Risse, Stephen C. Ropp, and Kathryn Sikkink)が行った政府による人権問題の対処に関する理論的考察である。リッセらは国内のNGOが海外の団体と連携を深めて政府の行動に変更を迫る「ブーメラン効果」を、人権分野に特化してさらに精緻化したモデルを作成している。それによると抑圧政策をとる国家は人権問題の改善を図るTANの訴えに対してまずは否定の立場を取るが、国際機関や西欧諸国をも巻き込んだ諸外国からの圧力が高まると政治犯を釈放したり、国内の反対運動の規制を緩和するなどの戦術的な譲歩を行うようになる。さらには実際にその価値を信奉しているかどうかは別として、国際的批判をかわすために条約を批准したり憲法に国際規範を取り入れるなど人権規範にコミットすることを明言するようになり、ゆくゆくは国際人権規範を内面化して規範に沿った行動をとるように社会化されることになる。[61]

リッセらはその後、様々な批判に応える形でこの「スパイラル・モデル」の明確化と修正を図り、人権規範の遵守に積極的ではない政府が人権規範を遵守するに至るには、外部の圧力による「強制」、制裁と報酬を用いた「動機付け」、規範の社会化による「説得」という三つの作用があり、これに対して人権規範を遵守したいが必要な能力を欠く政府に対しては人権規範の遵守を助ける「能力強化」という手段があると整理している。[62] 前者の政府の動機に働きかける三つの作用は、一般的に政治学で用いられる権力の類型化と同じである。

規範の社会化

人権裁判の実施をこの「スパイラル・モデル」に照らして考えた場合、最終段階である人権規範を内面化した社会化の過程(「説得」の作用)では、少なくとも旧政権関係者の影響力が減退している必要があるだろう。人権侵害を行った当事者が自らの首を絞める政策を選択することは考えにくく、また、いかに政権担当者が過去の人権侵害の追及を行うインセンティブを有していようと、旧政権関係者が勢力を維持している場合に裁判を行うリスクは依然として高いからだ。これまでの研究でも、一定の期間を経て過去の加害者の訴追が始まった背景には、最大の制約要因だった軍部や共産党などの旧政権指導層の影響力が減退したことが指摘されている。[63] 旧政権がどれだけの影響力を保持しているかは、移行期正義の選択を左右する大きな要因であり続けている。

この規範の社会化の前提条件を満たすのは、体制移行時にハンティントンが「体制変革」と呼んだ権力の完全移譲が行われるか、交渉による体制移行の場合には、その後かなりの時間を経て旧政権関係者が影響力を失っている場合であろう。八〇年代という比較的早い段階で民主化したラテンアメリカ諸国については、この条件が比較的当てはまる。民政移管後のアルゼンチン、パナマ、パラグアイ、さらにはフジモリ失脚後のペルー、軍事クーデターで国外に退避していたアリスティッド大統領が復帰したハイチでは、権力の完全移譲後一年以内に元大統領ら国家指導層を訴追対象に含む人権裁判が実施された。これに対して、交渉による体制移行を経たウルグアイとグアテマラでは、責任者の責任追及が国家指導層を含む形で本格化するまでに一〇年以上の期間を要している。

他方でラテンアメリカ以外の地域に目を転じると、民主化後、一九九〇年代になってから人権裁判を実施した三八か国計三九件の体制移行のうち半数を上回る二〇件が（旧政権側が権力を保持している可能性の高い）交渉による体制移行を経た国であるが、このうちコンゴ共和国、ブルンジ、ジンバブエの三件を除く一七件では体制移行後五年以内と比較的短期間のうちに裁判が実施されている。この他、旧ソ連邦や旧ユーゴスラヴィア連邦から分離独立して誕生した新生国や東ティモール、シエラレオネといった紛争を経た国々の大半も、体制移行や紛争終結後、短期間のうちに過去の人権問題に裁判という形で対処している。このように旧体制の影響が残る権威主義的傾向を有する国においても体制移行や紛争終結後、早期のうちに裁判が行われるようになっていることは、規範が社会化される前の段階でも人権裁判が実施されている可能性を示唆する。

戦略的利益

そこで考えられるのは、第一に、規範が内面化される以前に戦略的利益（リッセらの研究の用語を用いれば、報酬を用いた「動機付け」の作用）に基づいて人権裁判が行われる場合である。これには国際的要因によるものと国内的要因によるものが考えられる。

国際的な要因としては、人権問題が援助や国際機関への加盟とリンケージされるようになったことが重要な契機としてあげられる。人権分野の国際法については、中央集権的政府を欠く国際社会において自発的遵守を促すメカニズムがあてはまりにくく、遵守を確保することが難しいとされてきた。通商分野と異なり、人権分野では遵守が互恵関係をもたらすか否かは明確ではなく、また、違反したとしても制裁が科される蓋然性は低いからである。

しかし、世界銀行や国際通貨基金（ＩＭＦ）などの国際金融機関が、一九八〇年代後半以降、市民的権利の保障を含

む ガバナンスの改善を援助供与の条件にし、欧州連合(ＥＵ)や北大西洋条約機構(ＮＡＴＯ)、米州機構(ＯＡＳ)などの地域機構も加盟の際に一定の人権基準を満たすことを申請国に要求するようになると、人権裁判の実施を含む人権問題への対処は、援助の獲得や地域機構を通した政治・軍事・経済的相互関係の強化という利益享受につながる契機へと変化した。

このことは、まったく新たな政治経済システムへの移行という課題を抱え、ＥＵやＮＡＴＯへの加盟が問題となった旧共産圏の国々に特に顕著である。中東欧諸国では一九九〇年代後半以降に人権裁判を行った一二か国はコソヴォを除きすべてＥＵ加盟国であるか、将来の加盟を目指して加盟候補国の地位を付与された国(セルビア、アルバニア)である。[64] このうち旧ユーゴスラヴィア連邦構成国(クロアチア、マケドニア、セルビア、ボスニア・ヘルツェゴヴィナ、モンテネグロ)[65]については、ＩＣＴＹが国際法廷の終了にあたって各国に自国で裁判を行うことを促したが、ＩＣＴＹへの協力はＥＵ加盟の主要条件の一つであり、また、欧米主要諸国の援助供与の条件でもあった。

ＥＵやＮＡＴＯは、共産主義体制下の抑圧に対処する政策をとることを明示的に加盟の条件にしたわけではない。しかし、交渉の過程でしばしば言及される過去の負の遺産への対応の遅れと、加盟条件の一つとして掲げられた民主主義と法の支配の確立は、移行期正義を推進させる原動力となった。例えば二〇〇〇年代半ばに中東欧では数少ない真実委員会と旧体制下の犯罪調査を行う政府機関をそれぞれ設置したルーマニアでは、二〇〇七年一月のＥＵ加盟にあわせる形で真実委員会の報告書が早急に仕上げられた経緯がある。[66] この他、欧州人権裁判所を擁する欧州評議会は、二〇〇四年二月七日に人道に対する罪に関与した共産党の機関や個人がＥＵ組織で公的地位に就くことを禁じる決議[67]を、二〇〇六年一月には共産主義政権が行った犯罪を非難する決議[68]を採択するなど、移行期正義の実施が国際的な潮流になるなかで、加盟国に共産主義の過去への対処を求める具体的対応を迫ってきた。また、ワルシャワに本部を置く欧州安全保障協力機構(ＯＳＣＥ)民主制度・人権事務所(Office for Democratic Institutions and Human Rights: ODIHR)

は、加盟国の人権基準の履行を監視し、専門家を派遣して憲法や選挙法などの起草や行政機構の再編などを支援することで、こうした動きを後押しした[69]。ソ連・東欧の人権問題から研究を出発した国際政治学者の吉川元は、旧共産圏の国々がまったく異質な自由・民主主義的な価値と規範を受け入れ、それに基づいた政治、社会、経済制度の建設を図った背景には「国際安全保障の要となるＮＡＴＯへの加盟動機、あるいは政治経済発展の要となるＥＵへの加盟動機が作用して」おり、「国際機構への加盟動機が移行期の国を繋ぎ止める役目を果たしたのである」と述べている[70]。

国内的要因の典型としては、伝統的な政治裁判があげられる。第二章第三節で言及したように、体制移行期に新政権が旧政権関係者を処罰することで統治の正統性を確立しようとした例は歴史上、数多くみられる。こうした政治的動機は今日でも、シーア派主導のイラク新政府がフセイン(Saddam Hussein)元大統領を含む旧バアス党政権幹部を裁いたイラク高等法廷や、フトゥ主体の旧ハビャリマナ(Juvénal Habyarimana)政権側が行った犯罪のみを審理対象とし、内戦後に政権を担ったトゥチ系難民を中核とするＲＰＦ側の犯罪行為を不問にしたルワンダのガチャチャなど強権体制下で行われた裁判に見出せるが、名目的とはいえ民主化した後の国々の間ではあからさまな政治裁判の例はそれほど多くはない(民主化を経ない国々における裁判については巻末の資料4に掲載している)。

旧政権関係者や政敵の排除が主たる目的とみられるものは、巻末の資料3にあげた民主化した国々のなかでは、ルーマニアのチャウシェスク(Nicolae Ceaușescu)裁判[71]、タイで二〇一〇年に起きた政治的暴力事件後にみられた訴追の動き[72]、バングラデシュで行われている独立戦争時に生じた虐殺についての責任追及などであろう[73]。ただし、裁判の実施に至る政権の動機は必ずしも一つに特定できるものではなく、後述するように事実上の国際圧力が主たる要因とみられるものでも、国内の混乱を収めるために国際社会に裁判の実施について協力を要請したシエラレオネやレバノンのように、国内の政治的要因がその契機の一部となっている場合があることにも留意したい。

国際圧力

必ずしも人権規範を内面化していないにもかかわらず人権裁判が行われる理由としては、第二に、事実上、国際圧力に屈する形が考えられる(リッセらの研究の用語を用いれば、「制裁」を用いた動機付けの作用)。加害者の個人責任の追及が国際規範として確立されるに従い、紛争解決や平和構築に国連や欧米諸国が関与する際には過去の人権侵害への対処が支援計画に組み込まれるようになった。一九九九年七月に締結されたシエラレオネのロメ和平合意は、重大犯罪者の処罰に関する国際規範が免責から処罰へと移行する過渡期にあったため、和平合意に盛り込まれていた包括的恩赦が後に撤回されるという異例の事態に至った(詳細については次章参照)。国連はその後、重大犯罪者を免責する和平案を支持しないだけでなく、何らかの移行期正義措置を和平合意や国家の再建計画に取り入れるよう支援国に促している。なかでも当該国政府に裁判を行う能力がないと判断された場合には国連の専門家委員会などから国際法廷の設置が勧告される場合が増えており、裁判の実施は国際社会への復帰の事実上の試金石となっている。

インドネシアとカンボジアは、それぞれ独立前の東ティモールにおける軍部の人権侵害行為とクメール・ルージュ政権下での自国民虐殺について国際裁判の実施が議論されるなかで、自らが主体となって裁判を行うことを選択した。独立直後の東ティモールとコソヴォでも、司法能力が不十分であるにもかかわらず、国連の暫定統治下でなるべく現地の資源を活用した形での裁判を実施することが決定された。レバノンでも、国内のテロ事件が契機となっている点で国際社会が仲介した他の紛争経験国とは性質が異なるが、元首相の暗殺事件について国際捜査を行うべきだという国連の現地調査団の提言に応じる形で、刑事裁判が行われるようになった。

国際社会が支援する形で行われたこれらの混合法廷は、実施が国際社会から求められたものではあるが、国際刑事裁判のように国際社会が一方的に裁く「強制」の形をとるのではなく、当該国のイニシアティブが尊重されている点を特徴とする。

構成的規則としての国際正統性

上述した人権裁判に取り組む三つの動機——規範の社会化、戦略的利益、国際圧力——のうち、規範の社会化による裁判は、国内諸団体の要請に応え、国際規範を遵守するという意味で、国内正統性と国際正統性の双方を満たす理想的な形といえる。これに対して残りの二つの動機に基づいた裁判は、国内の政治的要因は排除できないにしても、国際社会の要請に配慮したものであり、国際正統性の確保を優先させたものと捉えることができるだろう。

国内統治のあり方を国際平和と結びつける発想のもとで行われる今日の国際援助政策や安全保障政策においては、民主的選挙の実施や法の支配確立のために積極的な支援が行われ、選挙の実施や法の支配の確立が援助供与の条件となっている。さらに、場合によっては自国民に対して重大な人権侵害を犯す指導者は刑事訴追の対象となり、「保護する責任」の概念に従って軍事攻撃の対象ともなりうる。権威主義的傾向を残す国々や民主化を経たばかりの指導者にとって、国際社会の構成的規則としての国際正統性の確保は、かつての「文明国基準」のように国際社会の一員になるための名誉の問題から必須の条件へ、また場合によっては政権維持をかけた死活的利益へと変化している。

四　移行期の正義の追求の限界

上記の考察は、必ずしもすべての国が国際人権規範を内面化して過去の人権問題に対処しているわけではないことを示唆する。国内統治に問題を抱える国の中には、国際正統性を確保することで政権維持をはかろうと戦略的利害や国際圧力に応える形で人権裁判を実施する場合がみられ、過去の犯罪に真摯に向き合っているわけではないとの指摘もある。スボティッチ(Jelena Subotic)は、過去の人権侵害への対処が国際的に求められるようになるにつれ、国内で移行期正義の実施を求める要求が低くとも、政府が国際刑事裁判に協力する場合があるとし、これを「国際正義遵守のパラドックス」と呼んでいる。[74] 具体的には、諸外国や国際機関が課すコンディショナリティに応える形で裁判を行う場合(「強制的圧力」)と正統な国際社会のメンバーとして認められるために裁判に協力する場合(「象徴的圧力」)の二類型を提示し、セルビアとクロアチアによるICTYへの協力を事例に、いずれも外圧が契機となっているために、過去の犯罪に真摯に向き合うという移行期正義の真の目的は達せられないと結論付けている。

さらに人権裁判を実施しているのは、その大半が民主化した後の国々であり、訴追対象は高位に及ぶ場合でも現職ではなく旧体制の指導者に留まっている点にも注意が必要である。これまでのところ、現に体制移行や紛争終結が問題となっている目下の移行期において、現職の国家指導者が訴追された例は極めて限られている。ICCの事態を除いては、犯罪行為地国の国内裁判と国際裁判の双方の側面を有する、いわゆる混合裁判に分類されるシエラレオネ特別法廷(Special Court for Sierra Leone: SCSL)におけるリベリアのテイラー大統領の起訴と、レバノン特別法廷におけるヒズボラ幹部の起訴が該当するのみである(巻末の資料1および資料3参照。なお資料3は対象期間が二〇一〇年までであるため、二〇一一年に行われたヒズボラ幹部の起訴については記載されていない)。すなわち、国際社会の支援を受けずに行われた純粋な国内裁判において、過去の人権問題への対処を特徴付ける現職の国家指導者が訴追された例はない。

民主化を経ずに人権裁判を行っている国もあるが、その大半は刑務所における抑留者の不当な扱いについて現場の警察官が処分されるなど下級の国家関係者を対象にしたものであり、高位の責任追及が行われているとは言い難い。ボスニア・ヘルツェゴヴィナとルワンダでは、それぞれICTYとICTRに促されて国内でも多数の戦争犯罪が裁かれたが、そもそも重大事件の責任者は国際法廷で裁かれることとなっていた(巻末の資料4参照)。[75]

また、近年では和平合意時に移行期正義の施策が盛り込まれることが常態化している。しかし、これは東ティモールやコソヴォなど国連が暫定機構を担い旧政権の影響が少ない場合には実施されるが、それ以外の場合には問題を抱えている。例えば、アフガニスタンでは人権侵害者の公職追放や責任追及のメカニズム創設に関する行動計画が採択されると、議会が紛争に関与したすべての者を免責する包括的恩赦法を可決したため、結局、裁判は行われていない(76)。ネパールでも、真実委員会が二〇一五年二月になってようやく設立されたが、この間、被害者や遺族によって提起された紛争下での人権侵害に関する訴訟は、ほとんどが形式的な補償金を支払うなどの形で取り下げられた。例外的に軍事法廷で審理されたケースもあったが、被告不在のまま欠席裁判でわずかに数か月間の刑期が言い渡されただけで、責任者が拘束されることはなかった(77)。和平合意交渉のただなかにおいて人権侵害行為を行った紛争当事者をどのように扱うかは、依然として残された課題となっているのが現状だといえるだろう。

五　小　括

民主化「第三の波」の多くの国々では、当初、誕生したばかりの民主主義を擁護する立場から、議会や国民投票といった民主的枠組み内で旧政権下での加害者を免責する選択がなされた。しかし、一九九〇年代以降、国際社会から国内統治の基準として人権保護が求められるようになると、それまで国内少数派の問題であった人権問題が政府にとって無視できない争点となり、過去の責任追及が行われるようになっている。国内統治の基準を、それまで主権免除の恩恵を享受してきた国家指導者といえども重大な人権侵害を犯した場合には処罰を免れないところにまで高めた国際刑事裁判は、加害者の責任追及を求める国内諸団体の発言力を強化させ、人権裁判を行う政府のインセンティブを高めることで、各国における移行期正義の実現を促す。過去の人権問題への対処は各国政府にとって、かつてのように民主主義の安定を脅かしかねないマイナスの要因から、国家権力を対外的に正当化する手段となり、国際正統性を確保することで政権の安定に資するプラスの要因に変化したといえるだろう。

ただし、すべての国が人権規範を内面化して過去の人権問題に対処しているわけではない。戦略的利益や国際圧力に応える形で裁判を実施する国においては、必ずしも過去の犯罪に真摯に向き合っているとは捉えられない例がみられる。さらに人権裁判を実施しているのはそのほとんどが民主化後の政権であり、訴追対象は高位に及ぶ場合でも、現職ではなく旧政権の関係者に限られているのが現状である。次章ではそのなかでも例外的に現職の国家指導者を訴追したシエラレオネ特別法廷とレバノン特別法廷についてより詳細に分析することで、改めて刑事訴追と紛争の解決、刑事訴追と国内秩序の維持の関係について検討する。

第六章　混合裁判——国際規範の転換と裁判のゆくえ

国際社会の支援を受けて実施された混合裁判は、国際規範の変化を象徴する。

カンボジアでは一九八〇年代から九〇年代にかけて、ポル・ポト政権崩壊後に樹立された親ベトナムのヘン・サムリン政権が、ポル・ポト政権下での虐殺についてクメール・ルージュ(カンボジア共産党)の責任を問う人権裁判の実施を求めていた。これは国連においてカンボジアの代表権がクメール・ルージュに与えられ続けたことに対抗し、自らの政権の正統性を対外的にアピールする多分に政治的動機によるものではあったが[1]、法廷開催の訴えが国際社会から注目されることはなく、内戦はクメール・ルージュをも当事者として取り込む権力分掌型の和平合意(一九九一年一〇月)によって終結した。シエラレオネでも、反政府組織の過去の戦争犯罪を不問にすることを条件に和平交渉が進められ、反政府組織指導者の政権参加を認める形で停戦の合意(一九九九年七月)に至った。いずれも国際社会の仲介によって実現した和平合意である。

それにもかかわらず二〇〇〇年以降、両国では事実上、国連をはじめとした国際社会の求めに応じる形で、一時は免責された者に対して法的裁きが行われている。この他、東ティモールとコソヴォでも国連暫定統治下で内戦時の人権侵害の責任を問う裁判が行われ、レバノンにおいても、事項管轄が内戦ではなく「テロ行為」である点等で他の混合裁判とは性質を異にするものの、責任者の処罰を行う動きがみられる。

和平交渉において免責付与を切り札として用いることは過去の政策になったのか。刑事裁判の実施は、国内秩序を脅かすことはないのか。本章では混合裁判のなかでも現職の国家指導層が訴追されたシエラレオネとレバノンの事例を分析することで、この問題を検証する。

一　シエラレオネ——リベリア大統領の起訴と引き渡し

1　和平合意

一九九一年から一〇年余り続いたシエラレオネの内戦は、すべての紛争当事者に過去の犯罪について不処罰を約束する包括的恩赦を盛り込んだ和平合意に基づいて終結した。内戦の犠牲者は一〇万人近くに上り、さらに二〇〇万人が避難民として家を追われたと推定されている。この間、数々の国際犯罪が行われ、特に隣国リベリアの反政府武装組織リーダーで後に大統領となるテイラー（Charles Taylor）の支援を受けた反政府組織「革命統一戦線（Revolutionary United Front: RUF）」は、住民の手足の切断や女性に対する性的暴力や結婚の強要、強制的な少年兵の徴用など残虐な行為で知られる。(2) 一九九六年にはＲＵＦ兵士に対する恩赦や関係諸国の軍の撤退などを盛り込んだアビジャン合意が調印されたが、ＲＵＦが国連平和維持軍の展開を拒んだため実現されることはなかった。一九九七年には軍事クーデターが起き、軍事革命評議会（Armed Forces Revolutionary Council: AFRC）とＲＵＦによる連立軍事政権が誕生したが、翌年、西アフリカ諸国経済共同体（Economic Community of West African States: ECOWAS）の平和維持軍（ECOWAS Monitoring Group: ECOMOG）の介入によって打倒され、隣国ギニアに逃れていたカバー（Ahmad Tejan Kabbah）を大統領とする民主政権が復活した。カバー政権はその後も和平交渉を拒んで反政府勢力駆逐に努めたが、RUFの勢力は衰えず、一九九九年には国際圧力によって交渉のテーブルに着くことに合意したのだった(3)。

当時のECOWAS議長を務めていたトーゴの首都ロメで一九九九年四月に始まった和平交渉では、包括的恩赦の付与はシエラレオネ政府の側から提案され、「意義ある交渉の前提として」最も早く合意された(4)。RUFが軍事的に優勢にあるなかで、恩赦付与はシエラレオネ政府にとっても国際社会にとっても、交渉を進めるうえで不可欠なものと認識されていたのである。ただし、その文言については、国内で死刑判決を受け控訴していたRUF指導者のサンコー(Foday Sankoh)らが拘ったため交渉の終盤まで持ち越され、本件を論じた委員会の関係者以外に知らされることはなかった(5)。

このように恩赦付与は所与の条件と捉えられていたため、交渉の焦点は具体的な権力分掌のあり方にあてられた。当初、RUFは閣僚ポストの半分を自分たちに割り当てる暫定政府の形成を求めたのに対し、政府の側は二つのポストのみ与えることを提案していた。ナイジェリアの提案によって、結局四つの閣僚ポスト(観光産業、エネルギー・電力、国土・住宅・国土計画・環境、観光・文化の各担当)がRUFに与えられることになったが、RUF側はいずれのポストも重要なものではないとして不服とした。また、合意文書調印の数日前になってサンコーが調印を拒否する姿勢を明らかにしたため、サンコーには新たに設けられた「戦略資源・国家再建・開発委員会」の委員長のポストとともに、副大統領の地位が与えられることで合意が得られたのだった(6)。

ロメでシエラレオネ内戦の和平交渉が続けられているのと同じ頃、ニューヨークの国連本部では国際犯罪に関する恩赦付与について国連の立場を明らかにすべく協議が行われていた。一九九九年半ばには国連事務総長室から世界各地の国連代表に宛てて、戦争犯罪、人道に対する罪、ジェノサイドについて恩赦を認めないことを趣旨とする内部文書が送信された(7)。ロメ和平交渉の国連代表を務めたオケロ(Francis Okelo)がこれをいつ受け取ったかは定かではないが、ある国連職員は和平合意調印の二日前にこの文書を読んだと述べている。[8] その結果、七月に調印されたロメ合意では、それまでの交渉内容に従ってシエラレオネ政府がサンコーを特赦するための法的措置をとるとともに、すべての戦闘員や協力者に完全かつ無条件の恩赦を付与することが明記されたが、[9] 国連本部の方針転換と現地における和平交渉の狭間に立たされたオケロ代表は、苦渋の措置として、複数ある合意文書のうち一部の国連代表のサイン横の余白に「国連は合意第四条にある恩赦と特赦は、ジェノサイド、人道に対する罪、戦争犯罪の国際犯罪、およびその他の重大な国際人道法違反には適用されないとの理解である」との但し書きを添えた。交渉参加者は誰もこれについて事前に知らされていなかった。調印式においてオケロの前に署名したサンコーは、この但し書きを目にして驚いた様子で、「これは何だ。我々を裁くということか?」と呟いたが、誰もこれには答えず、式は続けられた。[10]

2　刑事訴追

特別法廷の設置

ロメ和平合意からわずか二年半後にはサンコーらに付与された恩赦は撤回され、国連の支援を受けて設置された特別法廷において裁きを受けることとなった。

和平合意調印後には国連の平和維持軍（UN Mission in Sierra Leone：UNAMSIL）が派遣されたが、ＲＵＦは武装解除に抵抗するなど合意に違反する行為を続け、二〇〇〇年五月には現地に展開されていた国連ＰＫＯ要員五〇〇名以上を襲撃、拘束する事件を起こした。事件の直後に派遣された英国軍が治安回復に努め、サンコーはＰＫＯ要員の救出活動の際に英国軍によって捕らえられた。[11] さらにＲＵＦ関係者数百名もシエラレオネ政府によって拘束された。こうした事態を受けて、カバー大統領は国連に対して「シエラレオネの人々と国連ＰＫＯの人質に対して責任を負うＲＵ

Fメンバーとその共謀者を裁き、信頼に足る正義をもたらす」裁判を行うことを目的に、旧ユーゴスラヴィアやルワンダで行われたのと同様の国連安保理によって設立される「強力な執行力を有する」法廷の設立を要求した[12]。安保理はシエラレオネの事態を「国際の平和と安全への脅威」と認定しながらも、シエラレオネ政府が求める国連憲章第七章下の措置として法廷を設立する案は退け[13]、法廷は国連安保理によってではなく、国連とシエラレオネ政府の間で締結された条約（二〇〇二年一月）を根拠に設立されることとなった。背景には、当時、ICTRとICTYに対して、費用が掛かる割に裁判の進行が遅く、また、法廷が犯罪行為地国外に設置されたために被害者の間での理解も進んでいないという批判が高まっていたことがあった[14]。

特別法廷については、ロメ合意がサンコーらを特赦しているために国内法廷で裁くことができずに設置されたとの見解が根強くあるが、サンコーの拘束直後にカバー大統領と協議した外国の外交官は、カバー大統領の懸念は国内司法の能力欠如とシエラレオネがPKO要員人質事件に関する訴追を行うのに必要な条約（「国際連合要員および関連要員の安全に関する条約」）を締結していないことにあったと語り、この見方を退けている[15]。ロメ合意に規定された恩赦との関係については、特別法廷規程第一〇条で「特別法廷の管轄権内の個人に対して付与された恩赦は訴追の妨げとならない」と規定されている。この点について被告は裁判で争ったが、二〇〇四年に上訴裁判所は、ロメ合意が規定した恩赦に係る権利と義務はシエラレオネの国内法が管轄するものであり、国際法廷や普遍的管轄権の行使による他国の訴追を妨げるものではないとの判断を下した[16]。

法廷は二〇〇二年七月一日に正式に活動を開始し、二〇〇三年三月にはRUFのサンコーら主要な三つの反政府組織指導者を含む七名が起訴された。同時に隣国リベリアのテイラー大統領に対してもRUFを支援し唆すことで内戦中の非人道的行為に関与したとして起訴状が提出されたが、これは極秘に行われた。二〇〇三年九月までにさらに六名が起訴され、テイラーと死亡が伝えられた二名を除く一〇名が逮捕され法廷に移送された。サンコーは最初に捕らえられた他の四名とともに三月一五日と一七日に出廷したが、「髪やひげは手入れされておらず、右足は震え、頭は胸に垂れた状態で」質問に答えられず、裁判官から罪状認定の前に医療と精神鑑定を受けるよう指示されたが、国内に適切な施設はなく、また国外にも彼を受け入れる国はなく、拘束中の同年七月二九日に死亡した[17]。

リベリア大統領の起訴とＡＵの和平交渉

起訴された重要人物のなかでも特に問題となったのは、現職のリベリア大統領、テイラーだった。法廷が活動をはじめた同じころ、リベリアでは隣国ギニアの支援を受けた反政府武装組織「リベリア民主和解連合(Liberians United for Reconciliation and Democracy：LURD)」が首都モンロヴィアに迫ろうとし、また、同じく隣国のコートジヴォワールの支援を受けた反政府武装組織「リベリア民主運動(Movement for Democracy in Liberia：MODEL)」も勢力を拡大するなど隣国を巻き込む形で内戦が激化していた。いずれかの武装勢力に軍事的勝利を許せば、さらなる混乱が生じると懸念したＡＵとＥＣＯＷＡＳは、交渉によるテイラーの平和的退陣の道を模索していた[18]。リベリア国内でも、後にノーベル平和賞を受賞することになるボウイー(Leymah Roberta Gbowee)が率いる女性たちが紛争終結を訴える平和運動を展開し、テイラーに和平交渉への参加を訴えていた[19]。米国の働き掛けもありテイラーはようやく反政府勢力との間で和平交渉に応じることを承諾し、二〇〇三年六月四日、会議に出席するためガーナの首都アクラを訪れた。シエラレオネの特別法廷がテイラーに対して極秘に起訴状を提出したことを公表したのは、まさにこの日だった。テイラーはこの時、関係国がテイラーを含む交渉参加者全員の身の安全を保障することと引き換えに、大統領を辞任する用意があることを伝えていた[20]。

このタイミングでの起訴事実の公表は、関係国、とりわけ仲介の労をとっていたアフリカ諸国から紛争解決の努力を台無しにするものと受け止められた。法廷の首席検察官クレイン(David Crane：アメリカ人)にとっては、テイラーが出国するこの機会をとらえてガーナ政府にテイラーの逮捕と引き渡しを要請することを目論んだものだったが、会議のホストであり当時のECOWAS議長だったガーナのクフォー(John Kufuor)大統領は逮捕を拒否、即座に大統領専用機でテイラーをリベリアに帰国させた。クフォーは後に「国際社会に裏切られたと感じた」と語っている。[21]

クフォーのほかアフリカ四か国(南ア、モザンビーク、ナイジェリア、シエラレオネ)の大統領、米国代表団、LURD代表者、テイラーらが到着して始まろうとしていた和平交渉は延期された。その数日後、LURDはモンロヴィアの中心部からわずか一〇キロの地点にまで迫り、一〇万人以上が暮らす首都周辺の七か所の国内避難民キャンプは反政府勢力の支配下に入った。対する政府軍兵士は、大統領が逮捕されたなら「全員を殺し、すべてを焼き尽くす」と叫びジープで駆け廻った。[22]

和平会議は六月一〇日にテイラー抜きではじまったが、なかなか進展がみられなかった。その間に、LURDはモンロヴィアに達し、激しい戦闘と略奪、性的犯罪が行われた。[23]

八月になってECOWASによって派遣された平和維持部隊がリベリアに到着すると、治安はようやく回復しはじめた。テイラーは八月一一日、関係国の圧力によって辞任、ナイジェリアに亡命した。亡命にあたっては、テイラーがリベリア政治に介入しないことを条件に、特別法廷に引き渡す圧力をかけないことがAU、ECOWAS、米国、英国、国連の間で合意されていたとされる。[24] 一四年に及んだリベリア内戦を終結させる包括的和平合意が締結されたのは、その一週間後の八月一八日のことだった。

引き渡し

大国間の合意に反して、その後、テイラーが裁きを受けることになったのは、テイラー自身が合意に反してリベリアの国内政治に関与し続けたこと、そして、人権団体や欧米諸国からテイラー引き渡しの圧力が高まったためとみられている。二〇〇五年二月には欧州議会がテイラーのシエラレオネ特別法廷への引き渡しを求める決議を可決、二か月後には米国議会でも同様の決議が可決された。国際人権団体も一様に引き渡しを訴えた。ナイジェリア国内においても市民の間で政府がテイラーを匿っていることに疑問の声が上がるようになり、シエラレオネ内戦の取材中にRUFによって手足を切断された二名のジャーナリストは、オバサンジョ(Olsegun Obasanjo)大統領とテイラーを相手に訴訟を起こした。同年五月、ついにオバサンジョは、数か月後に予定されているリベリアの大統領選挙後に、リベリアの新政府が引き渡しを求めるならテイラーの引き渡しに応じると発表した。[25]

二〇〇五年一〇月に実施されたリベリア大統領選でアフリカ初の女性大統領に選出されたサーリーフ(Ellen Johnson Sirleaf)はテイラーの訴追に乗り気ではなく、当初、「テイラーは優先課題ではない」と発言していた。しかし、翌年三月に訪米を控えた頃から、米国の議会や人権団体からテイラーを引き渡すよう強い圧力を強く受けるようになった。さらにナイジェリアとの関係悪化を懸念してこの件に関して強い態度をとらずにいたブッシュ政権も、テイラーの処罰を求める国内の要求に配慮して、ついにリベリア政府に引き渡しを要請するよう促すに至った。その結果、サーリーフは訪米直前の三月、テイラーの身柄を引き取る用意があることをナイジェリア政府に伝えた。テイラーの引き渡しは、米国とEUからリベリアが経済的支援を受けるための条件でもあった。[26]テイラーは二年前の二〇〇三年に特別法廷に引き渡すことはしないという関係国の約束を信じて大統領を辞任したが、その関係国は処罰を求める人々の要求を無視できなくなり、その約束を撤回せざるを得なくなったのだった。

テイラーは同月中にシエラレオネに移送され、二〇一二年四月に戦争犯罪と人道に対する罪で有罪判決(五〇年の禁錮)を言い渡された。なお、特別法廷はシエラレオネの首都フリータウンに設置されたが、テイラーの裁判は治安上の懸念からオランダのハーグで行われた。

二　レバノン——挙国一致内閣の崩壊

1　権力分掌

レバノンは一九七五年半ばに内戦に突入するまで、中東で唯一、一定の長期にわたって民主主義を維持してきた国だった。ただし中東地域において例外的に非イスラーム教徒を多数抱え、一八(一九九〇年の憲法改正以前は一七)もの公認宗派を有する同国が採用してきた民主主義は、レイプハルト(Arend Lijphart)が「多極共存型」と呼ぶ、宗派間の権力分掌に基づく独自の形態だった。(27)

オスマン帝国時代に起源をもつ「宗派制度」と呼ばれるこの政治体制は、一九四三年にレバノンがフランスから独立した際に、マロン派キリスト教徒とスンニ派イスラーム教徒との間で交わされた不文律「国民協約」を根拠に、公職ポストや国会議席を宗派別の人口比に応じて配分するものである。公職ポストについては、大統領職をマロン派に、首相職をスンニ派に、レバノンの国会である国民議会の議長職をシーア派に、副首相職と国民議会副議長職をギリシャ正教徒にそれぞれ割り当てることが不文律として定められた。国民議会の議席もフランス委任統治下の一九三二年に実施された人口統計に基づいて、キリスト教徒各派とイスラーム教徒各派の間で六対五に配分された。(28)この権力分掌制度は多様な宗教と宗派から構成されるレバノン社会に安定をもたらし、独立以来、約三〇年間、中東における「近代化の優等生」と呼ばれる繁栄を享受することを可能にした。(29)

しかし、この権力分掌制度は内戦の元凶とも捉えられている。レイプハルトの「多極共存型デモクラシー」が共同体間の緊張を緩和するどころか対立を助長しうると批判されたのと同様、[30]レバノンの宗派制度が宗派間の対立を煽り、国民統合を阻害したという批判である。[31]レバノンでは宗派制度のもとで各宗派の利権集団化が進み、宗派間の権力闘争に応じて、米国、フランス、イスラエル、シリア、イラン、エジプト、サウジアラビアなど諸外国が介入する構図が形成された。[32]そして一九七〇年代半ばに高い出生率によりシーア派がキリスト教徒を抑えてレバノン最大の宗派集団になると、キリスト教徒に有利に固定された公職ポストや議席数に対する不満が噴出し、一五年に及ぶ内戦が勃発することとなったのだった。内戦期間中は一九七六年に選出された国会が自らの任期を繰り返し延長する異常な事態が続き、議会制民主主義は停止した。[33]

だが、内戦を終結させたのは伝統的な権力分掌の考えだった。一九八九年一〇月にサウジアラビアの仲介のもと同国の保養地ターイフで署名された国民和解憲章(ターイフ合意)は、「政治的宗派主義の廃止は国民的・基本的目標である」としながらも、宗派制度の廃止にいたる「移行期」の措置として宗派間の権力配分を是正した。具体的には、国民議会議席や第一級公務員のポストをキリスト教徒とイスラーム教徒に均等に配分し、首相・内閣への行政権の移譲などを通じて、大統領の権限を縮小することが定められた。すなわち、ターイフ合意は公職ポストの配分比率を均等にすることで宗派間の勢力均衡をめざしたのだった。[34]

また、少なくとも三万人と推定された民兵の[35]武装解除を促すために、国民議会は内戦中の政治的暴力・犯罪を免責する恩赦法を可決、多くの民兵組織がこれに応じた。これにより一九九一年末までに民兵組織間の戦闘は停止した。[36]

この修正された権力分掌制度は、シリアによる実効支配という代償を払うことになった。[37]レバノンでは内戦の初期から政府の招きでシリア軍が駐留していたが、ターイフ合意はこの駐留を二年間の期限付きで認めた。宗派制度が再び宗派間の対立に転化するのを抑えるためには、当面、シリア軍の抑止力が必要と考えられたのだ。しかし、シリア政府は駐留期限を反故にして約四万人の兵士とムハーバラートと呼ばれる諜報・治安部隊のレバノン駐留を既成事実化することで、レバノンを実効支配下に置いた[38]。レバノンに民主主義が復活するには、次節でみるようにシリア軍の撤退を待たなくてはならなかった。

2　刑事訴追

ハリーリ元首相の暗殺

内戦の終結とシリアによる実効支配体制確立から一五年近くが経過した二〇〇五年二月一四日、レバノンの首都ベイルートで自動車爆破事件が起き、ハリーリ（Rafik Hariri）元首相を含む二三名が死亡、二三〇名以上が負傷した。爆破の威力は凄まじく、現場には直径一〇メートル、深さ二メートルのくぼみができたといわれる[39]。この事件は、レバノンに対するシリアの影響力をめぐって国内で政治対立が顕在化し、国際社会が介入政策を強めるなかで起き、「テロ行為」を事項管轄とする異例の国際的な特別法廷の設置に至った。裁判の実施は、レバノン政府が要請したものだが、その後、国内の政治対立によって必要な手続きが滞ったため、法廷は結局、国連安保理決議によって国連憲章第七章下の強制措置として設立された。

前述したように、レバノンでは内戦終了後にシリアの影響力が強まり、同国はシリアの実効支配下に置かれていた。これは米国、フランス、サウジアラビアなど関係諸国の黙認の了解のもとに行われていたが[40]、米国で起きた九・一一事件は事態を大きく変化させた。「テロとの戦い」を掲げたブッシュ（George W. Bush）政権は、イラクやパレスチナ、レバノンにおいて武装組織を支援しているとみられるシリアに対して強硬姿勢に転じ、国内で可決された「シリア問責法」に依拠して制裁措置（輸出規制やシリア航空機の米国内での離発着の禁止、米金融機関のシリア商業銀行との取引禁止など）を課したほか、シリアによるレバノンの実効支配にも批判の目を向けるようになったのである[41]。

シリアがレバノンに圧力をかけてシリア政府の傀儡とされるラフード(Emile Lahoud)大統領の任期を強引に延長させると、米国は中東における影響力回復を狙うフランスと共同で、レバノンの「主権、領土保全、統一、政治的独立[42]」の尊重を求める安保理決議(一五五九)を起草した。二〇〇四年九月二日に採択された同決議は、レバノン大統領選における「自由、公正な選挙プロセス」を支持し、「すべての駐留外国軍の撤退」、およびシリアが支援するレバノンのシーア派政治・武装組織「ヒズボラ(Hizbollah)」等の解体を求める[43]「事実上のシリア非難決議[44]」だった。

暗殺されたハリーリは、一九九二年一〇月から一九九八年一二月、および二〇〇〇年一〇月から二〇〇四年一〇月まで首相を務めた「内戦終結後のレバノン政治を象徴する大物政治家」だった[45]。サウジアラビアの建設業で成功をおさめて巨万の富を築いたハリーリは、レバノンの戦後復興を牽引し、シリアと協調して内戦後のレバノン政治を運営してきた人物といえる[46]。しかし、ラフード大統領の任期延長と安保理決議一五五九の採択は、ハリーリとシリアの関係を悪化させた。シリアは、大統領任期延長に必要な憲法改正案可決の鍵を握るハリーリに圧力をかけて、もともとハリーリとそりのあわない軍人出身のラフードの任期延長を実現させたが[47]、これと相前後して行われた「シリア非難決議」である安保理決議一五五九の採択には、ハリーリの働きかけがあったとみられているからである[48]。ハリーリは大統領の任期延長が決定された直後の九月九日には首相辞任を表明[49]、次第に反シリアを掲げる野党再編の中心人物となり、同年春に予定されていた議会選挙では過半数を獲得することが有望視されていた[50]。また、二〇〇四年一〇月一日には憲法改正案に反対していた閣僚の一人ハマデー(Marwan Hamadeh)を狙った爆弾テロが発生し、同閣僚の護衛が死亡する事件が起きるなど国内の治安も悪化していった[51]。

特別法廷の設置

このようななかで起きたハリーリの暗殺については、当初、国内外でシリア政府の関与が広く疑われた。事件から二日後の二〇〇五年二月一六日には、ベイルートでシリア軍の撤退と暗殺の責任者を裁く国際法廷の開催を求める大規模なデモが起きた[52]。その後も、宗派を超えて結成された反シリア派は、数万人規模の群衆を動員した大規模集会をたびたびベイルートで実施し、欧米メディア等からは「杉の木革命」と呼ばれ、中東で初めて起きた民衆革命運動と注目された。これに対して長年シリアから支援を受けてきたヒズボラは、議長のナスラッラー（Sayyd Hasan Nasrallah）自らが反シリア派を凌駕する五〇万人規模の集会をベイルートで主催し、国内の親シリア勢力の存在をアピールした。対する反シリア派は、暗殺から一か月の節目にあたる三月一四日に一〇〇万人が参加するさらに巨大な追悼集会を成功させ、ハリーリ暗殺の真相究明、シリア軍の完全撤退などを求めた[53]。

国連安保理も暗殺の翌日に事件を「テロ行為」として非難する声明を出し、レバノン政府に責任者の処罰を求めると同時に、国連事務総長に事実関係を報告することを要請した[54]。アナン事務総長が派遣したアイルランド警察の副総監フィッツジェラルド（Peter FitzGerald）を長とする現地調査団は、三月二四日に提出した報告書のなかで、「ハリーリ元首相暗殺に至る政治的緊張の主要な責任はシリア政府にある」と述べてシリアの関与を強く示唆したうえで、シリアの影響下にあるレバノン治安部隊の改革と国際捜査の実施を提言した[55]。

レバノン国内の反発と国際圧力を受けて、シリア軍は二〇〇五年四月二六日までにレバノンから撤退、約三〇年に及んだシリアによるレバノンの事実上の支配は終了した[56]。五月から六月にかけて行われた総選挙では、反シリア派（大規模集会が実施された日をとって「三月一四日勢力」と呼ばれる）がこれまでの親シリア政権を打倒し「革命」を成就させるかと期待された。しかし、実際には反シリア派と親シリア派（同じく大規模集会が実施された日をとって「三月八日勢力」と呼ばれる）が、議席獲得のための選挙戦略として会派横断的な同盟を形成して大勝し、「各政治主体が妥協を通した合意形成を目指す……多極共存型民主主義を機能」させた[57]。

国内ではその後もテロ事件が相次ぎ[58]、一二月一二日には反シリア派の政治家で有力紙「アン＝ナハール」の社長兼主筆としてシリアやヒズボラ批判を繰り返してきたトゥワイニー(Gebran Ghassan Tueni)が、ハリーリ同様に路上に仕掛けられた爆弾によって暗殺された。選挙後の権力分掌内閣を主導したシニオラ(Fouad Siniora)首相(ハリーリの首相在任中に財務相を務めたハリーリの側近でもある)がアナン事務総長に書簡を送り、ハリーリ暗殺事件の責任者を裁くための「国際的な性格を持つ」法廷の設立と一連の暗殺、爆破事件の調査を要請したのは、その翌日のことだった。[59] ただし、ヒズボラを含む親シリア派の閣僚五名は本決定を行った閣議を退席しており、特別法廷の設置と活動は以後、レバノン国内の政治対立の中心的争点となった。[60]

レバノン政府の要請を受けた安保理はレバノンの事態を「国際の平和と安全に対する脅威」と認定し、事務総長に法廷設立に向けた国際支援のあり方を協議するよう求めた。[61] レバノン政府と協議したアナン事務総長は、二〇〇六年三月二一日に法廷がレバノン政府の関与を確保した混合的性格を持ち、レバノン政府と国連の合意によって設立されるべきこと、また、レバノンの国内刑法が適用されるべきであることを報告した。[62] これを受けて安保理は事務総長に法廷設立に向けた話し合いをレバノン政府と行うよう要請した。[63]

しかし、国連が作成した特別法廷設置合意案をレバノン政府が受け取った翌日の一一月一一日には、親シリア派の閣僚五名が法廷設立に抗議して辞任、二日後の一三日にはさらにラフード大統領派の閣僚一名も辞任を表明した。[64] それでもシニオラ首相は緊急閣議の開催を強行し、辞任を表明した六閣僚が閣議を欠席するなかで同法案を承認して国連側に送付した。[65] 合意文書は翌年一月二三日にレバノン政府によって署名されたが、やはり親シリア派の国民議会議長(ナビーフ[Nabih Berri])は議会の招集を拒み、憲法が要請する議会の批准を阻んだ。[66] そのためシニオラ首相は二〇〇七年五月一四日、安保理の権限によって法廷が活動できる措置をとるよう事務総長に要請した。[67] 特別法廷は結局、レバノン国民議会の承認を得ないまま、国連憲章第七章下の措置として安保理がレバノン政府と国連の間の合意文書に効力を与えることで、活動を開始することとなった。[68]

捜査とヒズボラの躍進

しかし、安保理が法廷設立の権限を与えてから、二〇〇九年三月に法廷が活動を開始するまでの約三年の間にレバノン国内外の勢力関係はさらに変化し、これにあわせて特別法廷の動きはレバノン情勢をさらに不安定化させ、レバノン政治を機能不全にまで陥れる契機となった。

捜査は当初、シリアが主要な責任を有しているとの推定のもとに進められた。国連現地調査団の提言に従って安保理が立ち上げた国際独立調査委員会(UN International Independent Investigation Commission: UNIIIC)[69]は、二〇〇五年一〇月一九日に提出した第一回報告書で「ラフィーク・ハリーリ元首相を暗殺する決定は、シリア治安部隊幹部の承認なしには行われず、また、レバノン治安部隊の協力なしには組織化され得なかったと信じる相当な根拠がある」と述べ、シリアの関与を強く示唆した[70]。これに先立って同年八月三〇日には、UNIIICの勧告に従い、レバノン当局がシリアとの関係が深いレバノンの治安部隊幹部四名を逮捕してもいた。うち一名は現職のラフード大統領警護責任者だった[71]。

このシリアを推定有罪とする国際調査は、その後、証言の信憑性をめぐって信用を失った。第一回報告書が依拠した証人の一人、シリアの情報機関部員サッディーク(Zuhair Ibn Muhammad Said Saddik)は、後にドイツ誌にハリーリ家に近い人物に買収されて虚偽の証言を行ったと報じられた。レバノン、シリア両国から逮捕状が発付された後は、偽造旅券を用いて行方をくらますなど疑わしい点も多かった。さらに同報告書中、匿名で証言したレバノンに駐留するシリア情報機関部員フサーム(Hussam Taher Hussam)は、身柄拘束先のホテルからシリアに逃亡してダマスカスで記者会見を開き、自らの証言が強要や金銭的見返りに基づくものだと主張した[72]。

UNIIICの捜査を引き継いだレバノン特別法廷で捜査の主たる対象としてシリアにかわって浮上したのが、ヒズボラだった。しかし、その頃ヒズボラは国内で影響力を増大させており、ヒズボラに対する捜査と起訴は情勢を緊迫化させた。

法廷設立の根拠となる安保理決議一七五七が採択されて一か月余りたった二〇〇六年七月、ヒズボラとイスラエルの間で戦闘が始まった。ヒズボラがイスラエルに捕らえられた捕虜奪還のために仕掛けたこの紛争は、翌月には国連の仲介を受け入れる形で停戦に至った。しかしヒズボラはこの戦闘を通じて、イスラエル軍に対抗できるほどの軍事力を保持していることを国際社会に印象付けたのである[73]。さらに二〇〇八年五月九日には、政府がヒズボラの通信ネットワークの合法性を問題視したことに反発したヒズボラが西ベイルートを占拠する事態が発生した。八〇名以上の死者、二〇〇名以上の負傷者を出したこの「均衡崩壊」と呼ばれる内戦再発の危機は、レバノン国内におけるヒズボラの力の大きさを誇示することとなった[74]。危機はカタールとアラブ連盟閣僚委員会が主導した「ドーハ合意」によって収束したが、そこではヒズボラの勢力拡大を反映する形で、三〇の閣僚ポストのうち拒否権を行使することのできる三分の一を超える一一のポストを親シリア派に配分することが合意された[75]。

二〇〇九年六月に実施されたシリア軍撤退後二回目となる国民議会選挙では、反シリア派が引き続き議席の過半数を確保したが、組閣はヒズボラ率いる親シリア派が拒否権を行使することのできる三分の一のポストを主張したことで難航した。故ハリーリ首相の次男サアド・ハリーリ(Saad Hariri)を首相とする内閣が発足したのは、選挙終了から五か月以上経った一一月のことだった。新内閣はヒズボラの主張を受け入れる形で野党である親シリア派にも閣僚ポストを与えた、権力分掌の原則に基づく挙国一致内閣だった[76]。

ヒズボラの抵抗と「ヒズボラ」内閣の誕生

二〇一〇年に入り、法廷がヒズボラ関係者に対して近々起訴状を提出するとの憶測が広まると、ヒズボラはあらゆる手立てを尽くして起訴の回避を試みた。八月九日にはナスラッラー議長自らが記者会見を開いてハリーリ元首相暗殺にイスラエルの関与があることを示唆する証拠を提示した[77]。さらに法廷の信用を失墜させるべく、暗殺されたハリーリの息子である現首相に法廷に協力しないよう説得工作も試みた[78]。二〇一〇年後半になると証人に対して出廷を取り止めるよう促す電話がかけられたり、国際調査委員会が秘密裡に行った証言者のインタビューの録画映像がレバノンのテレビで放映されるなど、証人を脅迫する行為が行われるようになった。ベイルートで捜査中の特別法廷捜査官が攻撃される事件も起きた[79]。レバノン情勢の不安定化を懸念したサウジアラビアとシリアは共同して事態の鎮静化を図り、二〇一〇年七月三〇日には、アブダッラー国王とアサド大統領がそろってベイルートを訪問、起訴状発付の延期を含む打開策について合意した。これを受けてサウジアラビアは米仏に働きかけを行ったが、起訴状発付延期の要求は米仏両国に退けられた[80]。

特別法廷は二〇一一年一月一七日、ヒズボラの軍事部門司令官バドルッディーン(Mustafa Amine Badreddine)を含むヒズボラ関係者四名[81]に対する起訴状を秘密裡に予審判事に提出した。相前後して、ハリーリ首相が訪米で不在中の一月一三日には、全閣僚三〇名のうちヒズボラ率いる親シリア派閣僚一〇名とこれに同調する一名の計一一名の閣僚が辞任を表明した。レバノン憲法は権力分掌の原則を反映する形で、閣僚の三分の一が不在になった場合には、その内閣を無効とみなすとの規定を有しているため、挙国一致内閣は崩壊した[82]。

さらに親シリア派は次期首相を指名するための国民議会での諮問において、無所属・中道派の議員を取り込み議席の過半数を制することで、自らに近い実業家のミーカーティ(Najib Mikati)を首相に指名することに成功した[83]。これにより六月には「ヒズボラ内閣」とも称される親シリア政権が誕生することとなった[84]。

法廷は、二〇一一年七月八日に正式にヒズボラ関係者四名に対する国際逮捕状を発付[85]、二〇一三年にはさらにもう一名のヒズボラ・メンバーに対する起訴状を提出した[86]。しかし、親シリア政権のもとでヒズボラを訴追対象とする法廷に政府の協力を得ることは難しく、裁判は二〇一四年一月一六日に被告不在のまま始まった。バドルッディーンは二〇一六年五月にダマスカス空港近くの爆弾攻撃で死亡、これを受けて法廷は同年七月に同氏に対する裁判を終了させることを発表した。他の四名の裁判は二〇一八年九月に検察側の論告、被告側の最終弁論、被害者代表による最終陳述が行われ審理が終了、現在(二〇一八年九月)、判決を待っている。

レバノンでは不安定な政情が続いている。裁判が始まる直前の二〇一三年一二月二七日には、ハリーリ元首相の側近でヒズボラを批判してきたチャタ(Mohamad Chatah)が爆破テロで死亡する事件が起きた[87]。首相のミーカーティも選挙法改正等をめぐる対立により二〇一三年三月に辞任、その後、親シリア派に近いながら反シリア派とも良好な関係を維持するサラーム(Tammam Salam)がようやく二〇一四年二月に正式に首相に就任して新内閣が発足したものの、大統領の任期が二〇一四年五月に切れると、後任の大統領について合意が得られず、二〇一六年一〇月末まで大統領職は空席となった。国会議員の任期も本来は二〇一三年六月までであったが、選挙実施のための選挙法について各政治勢力間で合意を得ることができず、ようやく選挙が実施されたのは二〇一八年五月のことだった。

三　小　括

本章で検証したシエラレオネとレバノンの法廷は、設立の背景も法廷の性質も異なるため一概に結論を引き出すことは難しい。しかし、本書の主題である刑事裁判と紛争の平和的解決の関係をみた場合、必ずしも責任者の免責が過去のものとなったとは言い切れず、また、刑事訴追が国内和平を促しているとは言い切れない事情が浮かび上がる。

シエラレオネでは、紛争当事者に免責を付与し権力分掌を図る「伝統的紛争解決」によって和平合意が締結されたが、国際犯罪の処罰を求める国際規範の変化を受けて免責が剝奪され、責任者の処罰に至った。[88] しかし、リベリアのテイラー大統領を辞任させたのは関係国による免責付与を軸とした政治取引であり、これなしに果たして後にテイラーの身柄拘束と裁判が行われ得たかどうかを判断することは難しい。レバノンでは大国、とりわけ米国が「テロとの戦い」を重視するなかで法廷が設置された。しかし当初、レバノンを実効支配していたシリアに向けられていた捜査の矛先がヒズボラに転換されると、依然として権力分掌による宗派間の勢力均衡を政治的安定の基盤とするレバノンでは、ヒズボラもその一角を担う挙国一致内閣の崩壊を招き、長期にわたる政治的混乱の一因となった。

この二つの事例は、国際規範が重大犯罪者の免責を政治的取引の材料として許容するものから、それを許さないものへと転換する過渡期に生じた事態であり、それゆえに免責の位置付けが曖昧だったと捉えることも可能かもしれない。ＩＣＣ設立が象徴する戦後の国際人権規範の浸透は、第五章でみたように権威主義体制から民主体制へと移行した国々、あるいは紛争を終結させた国々において、国外から正義追求の要求を強化し、徐々に過去の人権侵害行為の責任追及を促している。そこには冷戦終結後に国内統治の改善を求めるようになった国際政治と、国内の政治的基盤が脆弱な指導者が統治の正統性を確保しようとする国内政治の相互補完関係がみられる。

しかし、人権保障をめぐる国際政治と国内政治のはざまで画一的に対処できない問題として残り続けているのが、民主化や和平合意交渉の際の紛争当事者の処遇である。国家元首を含む重大犯罪者の処罰が国際社会の大多数の国々によって支持されてもなお、実際の紛争解決においてその適用が問題となるのは、和平交渉が政治的行為であり、さらには依然として分権的な国際社会において行われる国際刑事訴追自体が、ことに紛争当事者を対象とする場合には、極めて政治的行為とならざるを得ないからである。共通の規範は共有できても政治・社会・文化的個別性を排除できない多元的な国際社会における正義の追求は、国内統治をめぐる極めて政治的な課題である。

終章　国際刑事裁判の法の支配

本書では国際刑事裁判が紛争の平和的解決を阻害するのか否かという問いについて、国際刑事裁判の法規範を考察し、紛争当事者に対する国際刑事訴追を政治学的に分析することで答えることを試みた。終章では、これまでの分析によって明らかになったことを確認し、その含意について考察することで本書のまとめとしたい。

一　国際刑事裁判と紛争の平和的解決

序章では国際刑事裁判の是非をめぐる「平和」と「正義」の論争を移行期正義研究に位置付けて検証し、この論争が国際政治学においては伝統的な理想主義と現実主義の論争を基底に展開されていることを確認した。「理想主義者」が、国際刑事裁判の処罰の威嚇の信憑性を高め、分権的な国際社会に中央集権的な法の支配を打ち立てることで将来の犯罪を抑止しようという、国内における刑事司法システムを国際社会に適用する国内類推的構想を提示するのに対して、国際政治における法の役割に懐疑的な「現実主義者」は、国際秩序の礎を各政治共同体（主権国家）の安定に求め、その実現に必要な交渉と妥協を促すために不処罰の余地を残すべきだと主張する。その根底には国際社会の現状が並立する主権国家からなる分権的な構造であるとの認識は共有されながらも、そこにいかに平和を構築し維持するかについては、国際政治における法の役割に対する異なる評価を反映した対極な国際秩序観が存在している。

これに対して本書では、第一部において国際刑事裁判の歴史を、国家を拘束し法の執行を担保する「強制力」と公正な裁判の実施をはかる「正統性」の二つの概念を中心に分析し、今日の国際刑事裁判の法規範が、理想主義者が過信するほど万能ではなく、また、現実主義者が説くほど無力ではないことを論じた。多国間条約によって設立されたＩＣＣと対象国の同意を基本原則とする混合裁判は、主権国家体制を所与のものと捉え、あくまで国家に訴追の「意思と能力」がない場合にのみ国際社会が「補完」的に訴追を行うものであり、世界政府が存在せず共通の警察組織を持たない国際的な刑事裁判では、捜査や逮捕において被疑者の国籍国を含む関係国に頼らざるを得ない。その一方で今日の国際刑事裁判は、第二次大戦後に多国間条約として発展してきた国際人権・人道法に基づいている点で高い規範的正統性を有している。戦争犯罪、人道に対する罪、ジェノサイドという重大犯罪の不処罰を許容しないとの規範を共有するに至ったものの、処罰を実現するための十分な強制力を備えていない国際社会では、不処罰を和平合意と国内安定のための切り札として使う〈免責の確証〉を与えることも、犯罪を抑止するために必要な〈処罰の威嚇〉を確保することも困難になっている。本書ではこのことが〈処罰の威嚇〉か〈免責の確証〉か、という伝統的な国際秩序観に基づいた対応の双方の論拠を弱めていることを指摘し、今日の国際刑事裁判の特徴を「不完全な強制力」と「高い規範的正統性」にあるものと捉えた。

第二部では第一部での考察を踏まえて、本書の主題である国際刑事裁判と紛争の平和的解決の関係について、裁判を支える抑止論を批判的に検討する形で検証した。国際刑事裁判の「不完全な強制力」は抑止が機能するための前提条件となる威嚇の信憑性の確保を困難にするが、本書ではさらに、紛争終結を待たずに紛争当事者の訴追を行う傾向を強める国際刑事裁判が、裁判推進者が主張する犯罪の「抑止」に加えて、目下の人権侵害行為の停止という相手方に何らかの行動を求める「強要」に近い戦略を追求していることを指摘した。相手方の作為による現状変更を求める点で、不作為による現状維持を図る「抑止」以上に困難なものと理解されている「強要」を成功させるためには、威嚇に加えて相手方に行動を促す誘因を与える必要があるというのが外交交渉論の知見だった。しかし、刑事裁判では政治的理由に基づく訴追の取り下げは認められておらず、免責の確証という誘因を与えることができない。国際刑事裁判は、国家指導層や反政府組織指導者の逮捕という強要のなかでも体制の行方を左右するハードルの高い課題を追求しているにもかかわらず、〈処罰の威嚇〉と〈免責の確証〉を両立させることができないというディレンマを抱えているのである。

その結果、裁判は関係国が国際刑事裁判の「規範的正統性」を利用する形で統治の正統性を争う政治的な場に発展する余地を残している。自国内の事態を締約国自身が付託した「自己付託」の事例(ウガンダ、コンゴ民主共和国、中央アフリカ)では、国内の統治基盤が脆弱な政府が反政府組織指導者を主な訴追対象としてICCに事態を付託しており、国際刑事裁判は政敵駆逐のための政治裁判として展開した。国連安保理によってICCに付託された事態(スーダン、リビア)とICC検察官によって捜査が着手された事態(ケニア)では、いずれも現職の国家元首を含む政府高官が訴追対象となったが、これまでのところ国家元首の逮捕には至っていない。裁判はICCが国家指導者を重大犯罪者として訴え、当事国とアフリカ連合(AU)が当該国家指導者を擁護する形で展開しており、国際レヴェルで国家指導者の統治の正統性が争われている。アフリカ諸国は交渉による平和を掲げ、国家元首に対する免責を訴えてICCへの反発を強めている。

しかし、このことは国際刑事裁判が無力であることを意味しない。不完全ながら備わる国際刑事裁判の強制力は、政権の座を降りた権力者や武器を置いた反政府勢力指導者の訴追につながっている。また、一九九〇年代以降、自発的に過去の人権侵害の責任追及を行う国も増えている。第三部では、国際刑事裁判の規範的正統性が各国の国内政治過程に引き起こす影響を分析し、冷戦終結後に国内統治の問題が国際平和と結び付けられ、自由民主主義国家であることが国際社会の構成的規則となるなかで、人権侵害の責任者の処罰はかつてのように民主主義の安定を脅かしかねないマイナスの要因から、国際社会の正統な構成員として認められ、援助や国際機関への加盟という便益を享受しうるプラスの要因に変化していることを確認した。

だが、人権保障をめぐる国際政治と国内政治の狭間で画一的に対処できない問題として残り続けているのが、和平交渉の際の紛争当事者の処遇である。国際社会の支援のもと国家指導層を訴追したシエラレオネとレバノンの事例分析からは、裁判の前提となる国家元首の辞任の際に免責付与を軸とした政治取引が行われ、刑事訴追が権力分掌内閣の崩壊を招く一因となったことが、それぞれ明らかになった。その他の国々においては、人権裁判は、紛争終結や体制移行が問題となる目下の移行期ではなく民主化後に行われており、訴追対象も現職ではなく旧体制の指導者に留まっている。このことは、紛争当事者の刑事訴追が紛争の平和的解決の基盤となる交渉による現状変更を実現するうえで構造的な問題を抱えていることを裏付ける。

二　国際刑事裁判と主権国家体制

国際刑事裁判が圧倒的な強制力を有しているのであれば、紛争解決において国際刑事訴追が問題となることはないだろう。重大な人権侵害行為を行う指導者が逮捕され裁きが下されるのであれば、それは紛争の平和的解決に資する。しかし、第二次大戦直後に行われたニュルンベルク・東京裁判のように、力を背景に勝者が敗者を裁くことが許されない一方で、共通の法執行機関を持たない国際社会では、先に述べたように国際刑事裁判の捜査や逮捕について、被疑者の国籍国を含む関係国の協力を必要とする。もちろん関係国の協力を義務化したり、扱う事態を拡大するなど、現行の国際刑事裁判の強制力を強化するための課題はある。しかし、これらが実現できたとしても、国際法の拘束性の根拠が様々な議論がありながらも基本的には国家の合意に依拠しており、拘束されることを望まない国家の逸脱を防ぐ最終的な手段を国際社会が持ち合わせていない以上、国際刑事裁判が完全な強制力を得ることは難しい。そのため、すでに武器を手離した武装勢力や政権の座を降りた元国家元首の逮捕は可能であっても、紛争下あるいは抑圧体制下で現に重大な人権侵害を犯している現職の国家指導者の訴追と逮捕は、困難を極めている[1]。

本書では「不完全な強制力」と「高い規範的正統性」を特徴とする現代の国際刑事裁判の実施が、国際社会が国内統治に問題を抱える国々への関与を強めるなかで生じた施策の一環であることも明らかにした。国内を統治しきれない国々において内戦が激化し、国際の平和と安全が脅かされているとの認識が共有されるにつれて、安保理は内戦や国際人権・人道法違反を含む形で「平和と安全に対する脅威」の認定を拡大し、現地での平和活動にも選挙支援や法の支配など国家の内政にまで踏み込んだ統治支援機能が加わるようになった。さらに自国民を虐殺するような政府に対しては、「保護する責任」の概念に基づき、国際社会が軍事介入する例も出ている。

国際刑事裁判を含むこれら一連の内政関与型の国際安全保障政策は、しかし、伝統的な主権国家体制にとってかわったものではない。それどころか破綻国家や脆弱国家への関与に「国家建設」という概念が用いられることに象徴されるように、主権国家体制を所与のものとして、脆弱な国家を支えることが国際平和の土台になるとの考えに基づいている。「保護する責任」が自国民を保護する責任を国家が果たさない場合に国際社会が国家に代わってその責任を果たすと概念化されているのと同様に、ＩＣＣはあくまで国家の刑事裁判権を「補完」するにすぎない。この意味で、今日の国際刑事裁判は、主権を制限して法の支配を打ち立てることを強調する「理想主義者」よりも、各主権国家の安定に国際平和の礎を求める現実主義者の国際秩序観に親和的だとすらいえるのかもしれない[2]。

三　国際刑事裁判の法の支配

それにもかかわらず（あるいは「だからこそ」）、国際刑事裁判は主権国家の上位に主権国家を拘束する規範を打ち立て、「国際法の支配に基づく新たな世界秩序」を作り出すものとして語られてきた。[3]「国際裁判を通じた国際法の支配は、主流国際法学の宿願というべきもの」であり、日本における国際人権法の第一人者である阿部浩己が指摘するように、「こうした言説は、眼前に広がる現実を静態的に描写するものである以上に、現実を構成する効果」を企図する「前のめり」的なものだった。[4] その背景にあるのは、国際社会が分権的な構造を克服し、国内社会で想定されるのと同じように中央集権的な法の支配を打ち立てない限り、国際平和は達成できないという考えだった。

国内で成立する命題を国際社会にあてはめて考察する国内類推思考は、国際刑事裁判においては法の執行という強制の側面に着目した議論として立ち現れる。[5] ここで問題とされる法の執行とは、被疑者が逮捕され裁判が実施されるかという国際刑事法の履行にかかる狭義の執行のみならず、そもそも法に国際社会の主要な主体たる国家を拘束する力があるか否かという、これまで繰り返し問われてきた国際法の法的性質にかかる議論を含むものだった。

この点は、実は、裁判を推進する国際法学者ら「理想主義者」だけではなく、国際政治における法の役割に懐疑的な「現実主義者」も同様である。国際刑事裁判の抑止論が中央集権的な国際社会を志向するのに対して、国際刑事裁判に批判的な論者は、国際社会には世界政府がないという意味において、国際社会のアナーキー性を強調する。両者は国際社会の現状が並立する主権国家からなる分権的な構造であるとの認識は共有しながら国際法の役割について異なる評価を与えているが、そこで問題とされるのは、ともに国際法が国家を拘束する力を有するか否かという強制の側面である。この点で、「平和」と「正義」をめぐる議論では、通常、現実主義者が主張する、力を背景にした抑止の考えを裁判推進派が主張しているのは、興味深い。しかし、国際法の機能として強制力にのみ着目する限り、議論が収束することは難しく、また国際刑事裁判の意義を正しく捉えることはできないだろう。

国際刑事裁判の法の支配は、二重の意味で分権的である。第一に、訴追対象者に対する法の直接的な執行において国家の同意が依然として重要な役割を果たしているという意味においてであり[6]、第二に、国際刑事裁判が体現する「重大犯罪者の不処罰を許容しない」という規範が各国で実践され国内裁判所で裁判が行われるという、より間接的な意味においてである。これは今日の国際刑事裁判が、法の執行において不完全な強制力しか持ち得ない一方で、高い規範的正統性を有していることの帰結である。

篠田英朗は国際社会の価値規範が世界政府や世界憲法といった明示的な超越的権力が存在せずとも遵守されることを「新しい国際立憲主義」と呼び、そこに国家を擬人化して考察する国内類推にとらわれない国際社会における法の支配のあり方を見出している[7]。主権国家を超えた超越的権力に執行を依存しないという点で、国際刑事裁判の法の支配は、この「新しい国際立憲主義」の一部をなすものである。ただし、篠田が保護する責任を例に、冷戦後世界では新しい国際立憲主義を支える人権擁護を中心とする自由主義的価値規範の枠組みのなかでのみ主権が機能する（この価値規範から逸脱した場合には国際社会の介入を招く）として国家主権の「制限」に着目するのに対し、本書では国際刑事裁判が国家主権の「補完」を謳う点に注目している。主権の制限と主権の補完は、一見すると相反する方向を示しているように見えるが、しかし、これは冷戦後の国際社会がその構成員の資格として暗黙裡に特定の政治体制を想定してきたことの表裏でもある。この主権国家の同質性を前提とする国際刑事裁判の課題は、異質な少数の国々にどう対処するかという点にある。

この点で本書の事例研究の結果明らかになった興味深い事実がある。それはスーダンのバシール大統領からケニアのケニヤッタ大統領、ウガンダの反政府指導者からレバノンのヒズボラ幹部に至るまで、すべての訴追対象者が国際的な刑事訴追を非常に重大視し、あらゆる手段を講じて訴追の停止や取り下げを図っているということである。国際刑事裁判の不完全な強制力により、これらの指導者の身柄拘束に至っていないにもかかわらず、こうした対応がとられていることは、逆説的に国際刑事裁判がもつ規範的正統性の大きさを物語る。

国際政治における法の無力を説く伝統的な現実主義者の主張にもかかわらず、国際社会において法の支配が進んでいるのは間違いない。しかし、少なくとも重大な人権侵害の責任者を裁く国際刑事裁判をみる限り、その法の支配は国内刑法を国際社会に適用して考える国内類推論者が指摘するような強制力を強化する以上に、規範的正統性を高め、自律的遵守を促す方向で進んでいる。

あとがき

本書は、東京大学大学院総合文化研究科（国際社会科学専攻国際関係論コース）に提出した博士論文（二〇一七年二月学位取得）をもとに、加筆修正したものである。博士課程進学にあたって提出した研究計画のテーマは、私自身がごく短期間であるが開発支援にかかわったカンボジアの、クメール・ルージュ裁判と戦後復興についてだった。国際刑事裁判について当初の計画より、はるかに深い思索を促してくださった指導教授の石田淳先生に、まずは感謝する。博士論文シーシス・コミティーの古城佳子先生、遠藤貢先生、論文の最終審査に加わってくださった大串和雄先生、西村弓先生からも多くを学んだ。深く感謝申し上げる。

研究計画を練り直す際に手掛かりとなったのは、ゴールドスミスとクラズナーによる共著論文「理想主義の限界（The Limits of Idealism）」（*Daedalus* 132, no. 1［2003］）である。今日の国際刑事裁判の試みが戦間期の「理想主義」とどう異なるのか、法は力に替わる国際平和の手段たり得るのか、平和的現状変更を可能にする条件は何か、こうした問いを念頭に研究に取り組んだが、すべてに満足のいく答えが見出せたとは思わない。また、同論文を含め、本研究では多くを欧米（特に米国）の政治学会の議論に依拠している。米国政治学が提起する問題について日本で考察することにいったいどういった意味があるのかという問いからも、もちろん無縁ではいられなかった。本書執筆の過程で見つけた課題については、今後も考えていきたい。

博士論文の執筆過程では、日本国際政治学会、日本平和学会、駒場国際政治ワークショップなどで研究報告の機会をいただいた。また大学院修了後に助教として赴任した明治学院大学国際学部では、私的な勉強会に加えていただき、本書の草稿について報告の機会を得た。思索を深め、研究が孤独な作業ではないことを教えてくれた方々に感謝する。

本書の内容の一部は、以下の既発表論文をもとに加筆修正したもので構成されている。

「国際刑事裁判のディレンマの政治構造」『平和研究』第三八号、五七～七六頁（二〇一二年）

「国際正義と国内秩序――紛争当事者の国際刑事訴追についての政治学的考察」『国際政治』第一七一号、五八～七一頁（二〇一三年）

「国際刑事裁判の法の支配とその射程」『国際政治』第一九四号、一二五～一四〇頁（二〇一八年）

執筆の過程では、東京大学博士課程研究遂行協力制度（二〇一一年度、二〇一二年度）、松下幸之助記念財団研究助成（二〇一二年度）、住友生命保険相互会社「未来を強くする子育てプロジェクト」（女性研究者への支援：二〇一五年四月～二〇一七年三月）、文部科学省科学研究費補助金（特別研究員ＲＰＤ奨励費：二〇一六年四月～二〇一八年三月、課題番号16J40035）の支援を受けた。博士論文の執筆が二児の出産と育児と重なった私は、これらの支援に非常に力づけられた。

本書の出版に際しては、東京大学の東京大学学術成果刊行助成制度の補助を受けた。また、岩波書店の小田野耕明氏にたいへんにお世話になった。この場で心からの御礼を申し上げる。

二〇一九年三月

下谷内奈緒

下谷内奈緒

1998年東京大学法学部卒業，2000年ブラッドフォード大学大学院平和学研究科修士課程修了．ジャパンタイムズ記者，日本国際問題研究所研究員などを経て，2017年東京大学大学院総合文化研究科国際社会科学専攻(国際関係論コース)博士課程修了．

現在－津田塾大学学芸学部国際関係学科講師

専門－国際政治学

国際刑事裁判の政治学
　—平和と正義をめぐるディレンマ

2019年5月30日　第1刷発行

著　者　下谷内奈緒《しもやちなお》

発行者　岡本　厚

発行所　株式会社 岩波書店
〒101-8002 東京都千代田区一ツ橋2-5-5
電話案内 03-5210-4000
https://www.iwanami.co.jp/

印刷・法令印刷　カバー・半七印刷　製本・牧製本

ISBN 978-4-00-022965-4　Printed in Japan

人名索引

（イタリックは注のページである）

あ　行

か　行

さ　行

た　行

な　行

は　行

ま・や　行

ら　行

わ　行・ん

事 項 索 引

（イタリックは注のページである）

あ　行

か　行

さ　行

た　行

な　行

は　行

ま　行

や　行

ら　行

わ　行

略語表

ADFL	Alliance des Forces Démocratiques pour la Libération du Congo-Zaïre（コンゴ・ザイール解放民主勢力連合）
AU	African Union（アフリカ連合）
AUPD	AU High-Level Panel on Darfur（ダルフール問題に関するハイレヴェル・パネル）
CICC	Coalition for the International Criminal Court（国際刑事裁判所を求める連合）
CICIG	Comisión Internacional contra la Impunidad en Guatemala（グアテマラ無処罰問題対策国際委員会）
CIPEV	Commission of Inquiry into Post-Election Violence（選挙後暴力調査委員会）
CNDP	Congrès National pour la Défense du Peuple（人民防衛国民会議）
CPA	Coalition Provisional Authority（連合国暫定当局）
CSCE	Conference on Security and Cooperation in Europe（全欧安全保障協力会議）
ECCAS	Economic Community of Central African States（中部アフリカ諸国経済共同体）
ECCC	Extraordinary Chambers in the Courts of Cambodia（カンボジア特別法廷）
ECOWAS	Economic Community of West African States（西アフリカ諸国経済共同体）
EU	European Union（欧州連合）
FDLR	Forces Démocratiques de Libération du Rwanda（ルワンダ解放民主軍）
FIDH	Fédération Internationale des Ligues des Droits de l' Homme（国際人権連盟）
FPLC	Forces Patriotiques pour la Libération du Congo（コンゴ解放愛国軍）
HRW	Human Rights Watch（ヒューマン・ライツ・ウォッチ）
ICC	International Criminal Court（国際刑事裁判所）
ICG	International Crisis Group（国際危機グループ）
ICJ	International Court of Justice（国際司法裁判所）
ICTJ	International Center for Transitional Justice（国際移行期正義センター）
ICTR	International Criminal Tribunal for Rwanda（ルワンダ国際刑事裁判所）
ICTY	International Criminal Tribunal for the former Yugoslavia（旧ユーゴスラヴィア国際刑事裁判所）

IFOR	Implementation Force（和平履行部隊）
IMF	International Monetary Fund（国際通貨基金）
JEM	Justice and Equality Movement（正義と平等運動）
LMG	Like-Minded Group of States（同志国グループ）
LRA	Lord's Resistance Army（神の抵抗軍）
LURD	Liberians United for Reconciliation and Democracy（リベリア民主和解連合）
M23	March 23 Movement（3月23日運動）
MICT	Mechanism for International Criminal Tribunals（国際刑事法廷メカニズム）
MLC	Mouvement pour la Libération du Congo（コンゴ解放運動）
MONUSCO	UN Organization Stabilization Mission in the Democratic Republic of the Congo（国連コンゴ民主共和国安定化ミッション）
NATO	North Atlantic Treaty Organization（北大西洋条約機構）
NGO	Non-Governmental Organization（非政府組織）
OAS	Organization of American States（米州機構）
ODM	Orange Democratic Movement（オレンジ民主運動）
PKO	Peacekeeping Operations（平和維持活動）
PNU	Party of National Unity（国家統一党）
RCD	Rassemblement Congolais pour la Démocratie（コンゴ民主連合）
RPF	Rwanda Patriotic Front（ルワンダ愛国戦線）
RUF	Revolutionary United Front（革命統一戦線）
SCSL	Special Court for Sierra Leone（シエラレオネ特別法廷）
STL	Special Tribunal for Lebanon（レバノン特別法廷）
TAN	Transnational Advocacy Network（トランスナショナル・アドヴォカシー・ネットワーク）
TJRC	Transitional Justice Research Collaborative（移行期正義共同研究）
UNIIIC	UN International Independent Investigation Commission（国連国際独立調査委員会）
UNMIK	UN Interim Administration Mission in Kosovo（コソヴォ国連暫定行政機構）
UNTAET	UN Transitional Administration in East Timor（東ティモール国連暫定統治機構）
WCC	War Crimes Chamber of the Court of Bosnia and Herzegovina（ボスニア・ヘルツェゴヴィナ戦争犯罪裁判部）

資料１：1990年代以降に国際社会の関与した刑事裁判
（国際的な刑事裁判，2018年9月現在）

■国際組織が主体となって行う裁判（国際刑事裁判）

裁判所・国	開始年（注1）	設立根拠	開催地	備考
【アドホック法廷】				
ICTY 旧ユーゴスラヴィア	1993	安保理決議（S/RES/827）	ハーグ（オランダ）	
ICTR ルワンダ	1994	安保理決議（S/RES/955）	アルーシャ（タンザニア）	
【常設法廷】				
ICC	2002	多国間条約（ローマ規程）	ハーグ（オランダ）	ICC管轄権行使主体
ウガンダ	2004			締約国（ウガンダ）
コンゴ民主共和国	2004			締約国（コンゴ）
スーダン	2005			安保理
中央アフリカ(1)	2007			締約国（中央アフリカ）
ケニア	2010			ICC検察官
リビア	2011			安保理
コートジヴォワール	2011			ICC検察官
マリ	2013			締約国（マリ）
中央アフリカ(2)	2014			締約国（中央アフリカ）
ジョージア	2015			ICC検察官
ブルンジ	2017			ICC検察官

■国際組織あるいは第三国の支援を受けた犯罪行為地国が主体となって行う裁判

裁判所・国	開始年（注1）	設立根拠	開催地	備考
【混合法廷】				
コソヴォ	2000	安保理決議（S/RES/1244）	プリシュティナ（コソヴォ）	UNMIK設立決議
東ティモール	2000	安保理決議（S/RES/1272）	ディリ（東ティモール）	UNTAET設立決議
シエラレオネ	2002	二国間（シエラレオネ＝国連）条約	フリータウン（シエラレオネ）・テイラー元リベリア大統領の公判のみハーグ	シエラレオネ大統領が国連に支援を要請（S/2000/786 Annex）
ボスニア・ヘルツェゴヴィナ	2005	国内法	サラエボ（ボスニア・ヘルツェゴヴィナ）	ICTYの出口戦略の一環として中・下級裁判を処理するために設立（S/PRST/2002/21）
カンボジア	2006	二国間（カンボジア＝国連）条約	プノンペン（カンボジア）	カンボジア首相が国連に支援を要請（A/51/930-S/1997/488, Annex）
レバノン	2009	安保理決議（S/RES/1757）	ハーグ（オランダ）	レバノン首相が国連に支援を要請（S/2005/783）．二国間（レバノン＝国連）条約が締結されたが，議会が批准をめぐって紛糾
中央アフリカ	2015	国内法	バンギ（中央アフリカ）	2014年8月に暫定政府が国連との間で法廷設立に向けた覚書に調印

【その他】

イラク	2003	イラク特別法廷規程(CPA 制定)	バグダッド(イラク)	
グアテマラ	2006	国連とグアテマラ政府間の合意	グアテマラ	

■犯罪行為地国の同意なしに第三国で行われる裁判

裁判所・国	開始年[注1]	設立根拠	開催地	備　考
【普遍的管轄権裁判】[注2]				
スペイン裁判所		スペイン国内法(1985 年の司法権組織法)	マドリード(スペイン)	
チリ	1998			スペインの国際逮捕状に基づきピノチェト元チリ大統領を英国で逮捕，チリで起訴，2006 年にピノチェト死亡で裁判終了
中国	2009			法輪功迫害の容疑で江沢民元中国国家主席らを起訴．中国政府の反発を受けてスペイン政府は法改正を行い，2014 年に訴追却下
ベルギー裁判所		ベルギー国内法(1993/1999 年人道法)	ブリュッセル(ベルギー)	
イスラエル	2001			1982 年に起きたレバノンのパレスチナ難民キャンプで虐殺容疑でシャロン元イスラエル首相を起訴．2003 年に破棄院(最高裁判所)が主権免除を理由に受理許容性を否定し，訴追終了
アフリカ特別法廷(セネガル裁判所)		セネガルと AU 間の合意	ダカール(セネガル)	
チャド	2012			チャドのハブレ元大統領に対して 2016 年 5 月，人道に対する罪で有罪判決(無期禁錮)

出典：各法廷のホームページおよび関連の報道記事，学術論文をもとに作成．

注 1) 「開始年」は法廷の設置あるいは捜査の開始の年を記載．

注 2) 普遍的管轄権に基づく訴訟は代表例のみ記載(この他，スペインではグアテマラ，チベット，ルワンダ等，ベルギーではルワンダ，キューバ，コートジヴォワール等の捜査が行われた／行われている)．なお，ベルギーの 1999 年人道法はイスラエルやアメリカからの圧力で事実上の廃止に追い込まれた．

注 3) 　　は現職の国家指導者あるいは継続中の紛争の当事者(紛争当事者)が訴追対象となった事例(資料 2 参照)．

資料 2：紛争当事者の国際刑事訴追(2018 年 9 月現在)

	裁判所	主導国/組織	裁判				国内免責法
			主要被告人	起訴	逮捕(拘束)	判決	
旧ユーゴスラヴィア	ICTY	安保理	ミロシェヴィッチ大統領	1999.5	2001.4	手続き終了(2006.3 死亡)	1998 2001
			カラジッチ スルプスカ共和国大統領	1995.7	2008.7	2016.3	
			ムラジッチ スルプスカ共和国軍司令官	1995.7	2011.5	2017.11	
シエラレオネ	SCSL	シエラレオネ／国連	テイラー リベリア大統領	2003.3	2006.3	2012.4	1996 1999 2001
レバノン	STL	レバノン／国連	バドルッディーン ヒズボラ軍事部門司令官	2011.1	手続き終了(2016.5 死亡)		1991
			他のヒズボラ・メンバー 4 名	2011.1/ 2013.8	-	-	
ウガンダ	ICC	ウガンダ	コニー LRA 指導者	2005.7	-	-	1987 2000 2006
コンゴ民主共和国	ICC	コンゴ	ルバンガ FPLC 元最高司令官	2006.2	2006.3	2012.3	1999 2003 2005-06 2008-09
			ンタガンダ FPLC 副参謀長	2006.8	2013.3	-	
中央アフリカ	ICC	中央アフリカ	ベンバ コンゴ元副大統領兼 MLC 議長	2008.5	2008.5	2018.6	1997 2003 2008
スーダン	ICC	安保理	バシール大統領	2009.3	-	-	2004 2006
			ハルン人道問題国務大臣	2007.2	-	-	
			クシャイブ ジャンジャウィード指揮者	2007.2	-	-	
			フセイン国防大臣	2012.3	-	-	
ケニア	ICC	ICC 検察官	ケニヤッタ副首相兼財務大臣	2011.3(召喚状発付)	2011.4(出頭)	公訴取り消し(2015.3)	-
			ルト高等教育大臣(停職中)			手続き終了(2016.4 証拠不十分のため)	
リビア	ICC	安保理	カダフィ大佐	2011.6	手続き終了(2011.11 死亡)		
			セイフ・イスラム(カダフィ氏次男)	2011.6	2011.11	-	
			サヌーシ情報機関長	2011.6	2011.11	ICC の受理許容性否定(2013.10)	
マリ	ICC	マリ	アル・マフディ アンサール・ディーン メンバー	2015.9	2015.9	2016.9	2000

出典：ICC (https://www.icc-cpi.int), ICTY (http://www.icty.org/en), SCSL (http://www.rscsl.org), STL (http://www.stl-tsl.org/en) ホームページ. 国内免責法については Amnesty Law Database (http://www.incore.ulst.ac.uk/Amnesty/index.html)のデータを人権団体やシンクタンクの報告書で補って作成した.

注) 被告人の肩書は起訴当時のものである.

資料3：民主化と人権裁判(1974-2010)

本表は1974年以降に民主化した国について，人権裁判(注1)が行われた年を記載したものである．**太字で** ░ のあるものは現職の国家指導層(注2)，**太字**は体制移行後に旧政権の国家指導層に対して訴追が行われた年を示している．外国で行われた人権裁判は普遍的管轄権の行使に基づく裁判，国際裁判には国際刑事裁判と混合裁判が含まれる．対象期間が2010年までとなっているのは，依拠したデータベースが2010年以降，ほとんど更新されていないためである．

	民主体制(注3)	権力移譲の類型(注4)	人権裁判			政治的自由(注5)
			国内	外国	国際	
南欧						
ギリシャ	1975-2010	完全移譲	**1975**			自由(2.0)
ポルトガル	1976-2010	完全移譲	1976-78			自由(2.0)
スペイン	1978-2010	交渉	-	2010		
ラテンアメリカ						
ドミニカ共和国	1978-2010	交渉	1999			自由(2.5)
エクアドル	1979-2010	交渉	1992, 94			自由(2.5)
ペルー	1980-1992	交渉	-			
	1993-2000	交渉	1993	1998		部分的自由(5.0)
	2001-2010	完全移譲	2002, 03, 05, 06, 07			自由(2.5)
ホンジュラス	1982-2010	交渉	1995-96, 2000-01, 05			部分的自由(3.0)
ボリビア	1982-2010	交渉	**1983**, 97	1998		自由(2.5)
アルゼンチン	1983-2010	完全移譲	**1983**, 84, **86**, 87-88, 91, 94-95, **98**, **99**, 2000-04, 06, **07**, **08**, 09-10	1983, 85, 88, **96**, 98-2001, **03**, **05**		部分的自由(3.0)
エルサルバドル	1984-2010	交渉	1983-84, 90-92	2009		部分的自由(4.5)
ウルグアイ	1985-2010	交渉	**2002**, **05**, **07**, 10	1998, 2003		自由(1.0)
ブラジル	1985-2010	交渉	2009	1998		自由(2.0)
グアテマラ	1986-2010	交渉	1987-88, 94, 97-98, **99**, **2001**, 02, 08-10	**1991**, 99-2001, 04, **10**		部分的自由(3.0)
パナマ	1989-2010	完全移譲	1990-91, **92**, 93-94, 97, 2002, **08-09**, 10			部分的自由(3.5)
パラグアイ	1989-2010	完全移譲	**1989**, **92**. **94-95**, 97, **98**, 99, 2001	1979, 98		部分的自由(3.0)
チリ	1989-2010	交渉	**1991-92**, **94**, 95, 97, **99**, **2000**, 02, **03**, **05**, 06-07, 09-10	**1987**, **95-97**, 98, 2001, **04**, 09, **10**		自由(2.0)
ニカラグア	1990-2010	交渉	1979, 90, **92**, 93			部分的自由(5.0)
ハイチ	1990-1991	交渉	1986			部分的自由(4.5)
	1994-1999	完全移譲	**1995**, 96, **2000**			部分的自由(5.0)
	2006-2010	完全移譲	-			

スリナム	1990-2010	交渉	**2006**	**2000**		自由(2.0)
ガイアナ	1992-2010	交渉	-			
メキシコ	1994-2010	交渉	**1989**, 94, **98**, **2002-04**, **06**			部分的自由(3.5)
中東欧						
チェコスロヴァキア	1990-1992	交渉	1989, **90**, 92			非自由(6.0)
ハンガリー	1990-2010	交渉	1993, 95			自由(1.5)
ポーランド	1989-2010	交渉	1984-85, 95, **99**, **2008**			部分的自由(5.5)
ルーマニア	1990-2010	完全移譲	**1989-90**, **99**, 2003, **05**			非自由(7.0)
アルバニア	1990-1996	交渉	1991, **94**, **96**			部分的自由(4.0)
	1997-2010	交渉	-			
ドイツ	1990-2010	新生国家	**1991**, **96-98**, **2000**, 09			自由(1.5)
ブルガリア	1990-2010	交渉	**1993**, 94, 98			自由(2.0)
スロベニア	1991-2010	新生国家	-			
スロヴァキア	1993-2010	新生国家	-			
チェコ	1993-2010	新生国家	1995, 97-98, **99**, 2000, **01**, **03**, 05-07			自由(1.5)
マケドニア	1991-2010	新生国家	-		**2005**	
クロアチア	2000-2010	完全移譲	1991, 93-94, 96, 97-2004, **05**, 06-10		1995-96, 98, 2001-02, **04-05**	部分的自由(3.5)
セルビア	2006-2010	完全移譲	1992-93, 97, 99, **2001**, 02-03, **04**, 05-10	1996	1994, **95**, 96-98, **99-2000**, 01-02, **03**, 04-05	非自由(5.5)
モンテネグロ	2006-2010	新生国家	2007, 09-10			部分的自由(3.0)
コソヴォ	2008-2010	新生国家	1999		2003, 05	部分的自由(5.0)
旧ソ連邦構成国						
ロシア	1992-2010	新生国家	-			
アルメニア	1991-1996	新生国家	-			
	1998-2010	完全移譲	-			
ウクライナ	1991-2010	新生国家	-			
エストニア	1991-2010	新生国家	1996, 2000, 07			自由(1.5)
ジョージア	1991-2010	新生国家	-			
モルドバ	1991-2010	新生国家	-			
ラトヴィア	1991-2010	新生国家	**1995**, 99, 2001			自由(2.0)
リトアニア	1991-2010	新生国家	**1992**, 93, 96, 99, 2001-02, 05-06, 08, 10			自由(2.5)
ベラルーシ	1991-1995	新生国家	-			
アゼルバイジャン	1992-1993	新生国家	-			
キルギスタン	2005-2010	完全移譲	2002, **07**			非自由(5.5)

アジア						
タイ	1974-1976	完全移譲	-			
	1978-1991	交渉	-			
	1992-2006	交渉	**1998**, 2004-06			自由(2.5)
	2008-2010	交渉	**2009**			部分的自由(4.5)
フィリピン	1987-2010	完全移譲	1985-86, 90, 92			部分的自由(3.5)
韓国	1988-2010	交渉	**1987**, 88, 90, **95**			部分的自由(4.0)
パキスタン	1988-1999	交渉	-			
	2007-2010	交渉	-			
フィジー	1990-2006	完全移譲	-			
ネパール	1990-2002	交渉	-			
	2006-2010	交渉	-			
モンゴル	1990-2010	交渉	-			
バングラデシュ	1991-2007	完全移譲	-			
	2009-2010	完全移譲	2010			部分的自由(3.5)
台湾	1992-2010	交渉	-			
カンボジア	1993-1997	交渉	-			
	1998-2010	完全移譲			2007, **09-10**	
インドネシア	1999-2010	交渉	1992, 94-2005			部分的自由(5.0)
東ティモール	2002-2010	新生国家	1999-2001		**2000**, 01-05	部分的自由(5.0)
ソロモン諸島	2004-2010	完全移譲	-			
ブータン	2008-2010	交渉	-			
アフリカ						
ブルキナファソ	1978-1980	完全移譲	-			
ガーナ	1979-1981	交渉	-			
	1996-2010	交渉	-			
ナイジェリア	1979-1984	交渉	-			
	1999-2010	完全移譲	1998, **99**, **2001**			部分的自由(5.0)
ウガンダ	1980-1985	完全移譲	1985, **87**		2005	部分的自由(4.5)
ナミビア	1990-2010	新生国家	-			
コモロ	1990-1995	交渉	-			
	1996-1999	交渉	-			
	2002-2010	交渉	-			
ベナン	1991-2010	交渉	1991, **92**			自由(2.5)
ザンビア	1991-2010	交渉	-			
ニジェール	1992-1996	交渉	1992			部分的自由(4.5)
	1999-2009	完全移譲	-			
	2010-2010	完全移譲	-			
マダガスカル	1992-2009	交渉	-			
マリ	1992-2010	完全移譲	**1991**			部分的自由(5.0)
コンゴ共和国	1992-1997	交渉	2005	2004		部分的自由(4.5)
中央アフリカ	1993-2003	交渉	-		2004	
レソト	1993-1998	交渉	-			
	2002-2010	交渉	-			

南アフリカ	1994-2010	交渉	1992, 94, **95**, 96, **98, 2007**			部分的自由(4.5)
ギニアビサウ	1994-1998	交渉	-			
	2000-2003	交渉	-			
	2005-2010	交渉	-			
マラウイ	1994-2010	交渉	**1995**			自由(2.5)
モザンビーク	1994-2010	交渉	-			
エチオピア	1995-2005	完全移譲	1991-93, **94**, 95, **96**, 97-2001, **05**			非自由(5.5)
ジブチ	1999-2010	交渉	-			
コートジヴォワール	2000-2002	交渉	2001			部分的自由(4.5)
セネガル	2000-2010	交渉	-			
シエラレオネ	2002-2010	交渉	1995-96, 98, 2005		**2003**	非自由(6.5)
ケニア	2002-2010	交渉	-		2010	
ブルンジ	2005-2010	交渉	1996-99			非自由(7.0)
リベリア	2006-2010	交渉	-			
コンゴ民主共和国	2006-2010	交渉	2003-07	1998, **2000**, 01	2006-08	非自由(6.0)
モーリタニア	2007-2008	交渉	-	1999		
ガボン	2009-2010	交渉	-			
ジンバブエ	2009-2010	交渉	**1990**			非自由(5.5)
中東						
トルコ	1983-2010	交渉	-			
スーダン	1986-1989	交渉	2009		**2007**, **08**, 2009	非自由(7.0)
イラン	1997-2004	交渉	-			
アルジェリア	2004-2010	交渉	-			
レバノン	2005-2010	完全移譲	2008, 10		**2005**	部分的自由(4.5)
イラク	2010-2010	完全移譲	**2005-09**	**2002, 09**		非自由(5.5)

出典：Transitional Justice Research Collaborative: Bridging the Qualitative-Quantitative Divide with New Data (https://www.transitionaljusticedata.com), accessed September 5 and 6, 2018; Polity IV: Regime Authority Characteristics and Transitions Datasets (http://www.systemicpeace.org/inscr/inscr.htm); "Freedom in the World" dataset 1973-2018 (http://www.freedomhouse.org).

注1) 人権裁判は人権侵害行為を行った国家関係者を対象に刑事手続きを開始した年を記載．ただし，データベースに記載のあるものでも，権威主義政権下あるいは紛争中に行われた人権問題に関係がないと思われる裁判(クーデターに関与した人物の処罰や移行後に起きた国家関係者による犯罪[警官・軍人・知事等による市民・外国人の殺害・暴行・誘拐・強姦・拷問，刑事被告人の不当な扱い，警官による売春行為の幇助・人身取引・検問所で停止しなかった市民の殺害，国境警備隊員による不法入国者の射殺，国際支援対象国における国連職員・PKO要員の殺害など]に関する裁判)は除外した．判断にあたってはLavinia Stan and Nadya Nedelsky eds., *Encyclopedia of Transitional Justice* Vol. 2の国別資料をはじめとする資料・文献を参照し，そこでデータベースに記載のない裁判の実施が確認された場合は，本リストに追加した．

注2) 「国家指導層」とは，国家元首(事実上の元首を含む)，与党指導部，閣僚，その他国家機関の長が含まれている場合を指す．

注3) 民主体制期間の起点はPolity IVの民主化の定義に従い，3年以内の移行期間中にPolity指標が権威主義(−10〜0)から部分的民主主義(+1〜+6)または完全民主主義(+7〜+10)へ3ポイント以上上昇した年とし，人口50万人以下の国は除いている(Polity IV Project: Dataset Users' Manual 2016, 35頁の4.13 REGTRANTSの説明参照)．また，Polity指標に外国統治(-66)，中央政府の崩壊(-77)，移行期(-88)，REGTRANTS指標に国家新生(99)があり，その直後の年が民主主義(+1〜+10)である場

合，この年も民主体制の起点と捉えている．権威主義体制に戻った場合はその期間を除き，民主体制下にある期間のみを記載した．なお，このPolity IVによる民主化の年と，一般にあるいは研究者の間で捉えられている民主化の時期の間には若干のずれがあるものがあるが，何をもって民主化と捉えるかは民主主義の定義によって変動するため（本文134頁参照），本表では統一の基準としてPolity IVを用いた．

注4）「移行期正義データベース（TJDB）」を基に作成されたGeoffrey T. Dancy, "The Impact of Human Rights Law in Time" (Ph. D. Diss., University of the Minnesota, 2013), Table 5.1に依拠して作成．旧政権の影響力が残る場合には，たとえ選挙という形をとっていても「交渉」と分類している．

注5）国内で人権裁判が行われた最初の年のフリーダムハウスの指標に基づく．カッコ内は政治的権利指標（PR）と市民的権利指標（CL）の平均値．フリーダムハウスの区分に従い，2002年までは平均値が1.0～2.5の間にある国を「自由」国，3.0～5.5の間にある国を「部分的自由」国，5.5～7.0の間にある国を「非自由」国，2003年以降は3.0～5.0の間にある国を「部分的自由」国，5.5～7.0の間にある国を「非自由」国と分類している．なお，フリーダムハウスの指標ではセルビアについては2007年から，コソヴォについては2010年から独立国として指標が掲載されているため，それ以前の1999年の指標についてはユーゴスラヴィアのものを記載した．同様に，リトアニアについては1991年から独立国として指標が掲載されているため，それ以前の1987年の指標についてはソ連のものを記載した．

資料 4：民主化を経ずに人権裁判を行った国(1974-2010)(注1)

	政治体制(注2)	人権裁判(注3)	うち国家指導層の訴追(注4) 現職	旧政権	免責
中東欧					
ボスニア・ヘルツェゴビナ	中央政府の崩壊	1993, 96-97, 99-2009			1996, 99
旧ソ連邦構成国					
ウズベキスタン	権威主義体制	2000-02, 04-05, 08-09			1992, 2000, 02-03
アジア					
アフガニスタン	中央政府の崩壊	1992, 98, 2002-05, 08-09		1992, 2005	1979-81, 86, 91-92, 97, 2003, 07
アフリカ					
アンゴラ	権威主義体制	1999, 2001, 04-06, 09-10			1975, 78, 80, 83, 89, 91, 94, 96, 2000, 02, 06
ギニア	権威主義体制	1984, 89, 93, 95, 2003, 09			1977, 79-80, 84, 88, 2000, 03, 07
ソマリア	権威主義体制	1989, 93, 2005, 07, 09			2007
ルワンダ	権威主義体制	1988, 94-2008, 10			1974, 91, 2003, 07
中東					
イラン	権威主義体制	2007, 09-10			1978-82, 85, 89, 2010
エジプト	権威主義体制	1976, 78, 83-84, 86, 90-2000			1974-76, 81-83, 2003
クウェート	権威主義体制	1987-88, 91-93, 2000, 02-04, 09			-
チュニジア	権威主義体制	1986-87, 92-93, 2000-01			1980, 88-89, 2007
モロッコ	権威主義体制	1990-91, 98-99, 2001-02, 07			1975, 80, 88, 91, 94, 99
ヨルダン	権威主義体制	1997, 2000, 03-07, 09-10			1974, 82, 92, 99
リビア	権威主義体制	2006			-

出典：Transitional Justice Research Collaborative: Bridging the Qualitative-Quantitative Divide with New Data (https://www.transitionaljusticedata.com); Amnesty Law Database (http://www.incore.ulst.ac.uk/Amnesty/index.html); Polity IV: Regime Authority Characteristics and Transitions Datasets (http://www.systemicpeace.org/inscr/inscr.htm).

注1) この期間中あるいは裁判実施年にいたるまで民主体制(Polity 指標が 1〜10)であった国は除く．民主化した国が民主体制期間外に行った裁判については，資料 3 において人権裁判実施(年)が民主体制(年)外であるものを参照されたい．

注2) 裁判が行われた最初の年の Polity 指標に応じて権威主義体制(0 以下)，中央政府の崩壊(-77)，外国統治(-66)に分類．

注3) 人権裁判は人権侵害行為を行った国家関係者を対象に刑事手続きを開始した年を記載．但しデータベースに記載のあるものでも，権威主義体制に起因する人権問題に関係がないと思われる裁判(クーデターや軍部の反乱に関与した人物の裁判，反体制派や分離独立運動メンバーに対する裁判)は除外した．

注4) 「国家指導層の訴追」とは，国家元首(事実上の元首を含む)，与党指導部，閣僚，その他国家機関の長が訴追対象に含まれている場合を指す．

注

序　章

（1）　Hedley Bull, *The Anarchical Society: A Study of Order in World Politics,* 3rd ed.（New York: Columbia University Press, 2002），pp.85-94／臼杵英一訳『国際社会論――アナーキカル・ソサエティ』岩波書店，2000年（原著第2版の邦訳）．ブルは後にカナダのウォータールー大学で行った講演で，国際社会における正義の問題についてより詳細に検討を加えている（“Justice in International Relations,” Hagey Lectures, University of Waterloo, 1983-84）．国際連合総会は1950年代からアパルトヘイトを批判する決議を採択し続け，1960年に採択した「植民地独立付与宣言」では，植民地支配を基本的人権の否認と位置付け，すべての人々に自決権があると宣言している．

（2）　Bull, *The Anarchical Society*, pp.84 and 87.

（3）　Samuel P. Huntington, *The Third Wave: Democratization in the Late Twentieth Century*（Norman, OK: University of Oklahoma Press, 1991）／坪郷實・中道寿一・藪野祐三訳『第三の波――20世紀後半の民主化』三嶺書房，1995年．

（4）　大串和雄「「犠牲者中心の」移行期正義と加害者処罰――ラテンアメリカの経験から」『平和研究』第38号（2012年）10頁．ただし，大串は「ニュルンベルク裁判をはじめとする第二次世界大戦関連の裁判が移行期正義の出発点である」とも述べているが，「その後しばらくは移行期正義の実例がなかった」ことからラテンアメリカを今日の移行期正義の源流と捉えている（同著，10頁）．同様に二村まどかも今日の移行期正義が人権分野から派生したものであり，被害者の正義を求める声を前提としているのに対して，ニュルンベルク裁判が念頭に置いていたのは戦後国際秩序の形成と連合国の占領政策であると述べて，ラテンアメリカの試みが行われた1980年代以降を移行期正義の第1期と捉えている（二村まどか「移行期正義研究史の一考察――平和と正義の関係を軸に」『国際法外交雑誌』第114巻4号［2016年］51～52頁）．なお，移行期正義の起源については論者の間で移行期正義のどの側面に力点を置くかを反映して，若干の見解の相違がある．国際法学者のタイテル（Ruti G. Teitel）は，ニュルンベルク裁判に代表される第二次大戦後の国際刑事訴追の動きはその後，冷戦が展開するなかで途絶えたと述べながらもこれを移行期正義の第1期と捉え，1980年代以降の民主化「第三の波」の動きのなかで追求された移行期正義の第2期を経て，国際社会が各国の紛争問題に関与を強めICCの設立に動く20世紀後半以降の第3期において移行期正義が「常態化」したと分析している（Ruti G. Teitel, “Transitional Justice Genealogy,” *Harvard Human Rights Journal* 16［2003］, pp.69-94）．ラテンアメリカ諸国の事例分析を中心に移行期正義について精力的に研究を行っているシッキンク（Kathryn Sikkink）も，ニュルンベルク裁判を移行期正義の第一の潮流と捉え，これが第二次大戦後の国際人権・人道法の発展を下地に，1980年代以降増加した各国における人権

問題の責任者の刑事訴追の動き(人権裁判移行期正義の第二の潮流)と合流する形でICCの設立に至ったと分析している(Kathryn Sikkink, *The Justice Cascade: How Human Rights Prosecutions Are Changing World Politics* [New York: W. W. Norton & Company, 2011], Chapter 4). これに対して移行期正義を比較政治の観点から歴史的に拡大して捉える試みを行ったエルスター(Jon Elster)は，紀元前5世紀のアテネにおける民主政の発展にまで遡って検証している(Jon Elster, *Closing the Books: Transitional Justice in Historical Perspective* [Cambridge: Cambridge University Press, 2004]).

(5) 例えば， Sikkink, *The Justice Cascade* ; Francesca Lessa, Tricia D. Olsen, Leigh A. Payne, Gabriel Pereira, and Andrew G. Reiter, "Overcoming Impunity: Pathways to Accountability in Latin America," *International Journal of Transitional Justice* 8, no.1 (2014), pp.75-98. 日本では大串和雄が精力的に取り上げており，以下の著作がある．「罰するべきか許すべきか——過去の人権侵害に向き合うラテンアメリカ諸国のジレンマ」『社会科学ジャーナル』(国際基督教大学)第40号(1999年)139～60頁；「ペルー／真実と正義と忘却の間で」『アジ研ワールド・トレンド』no.82(2002年)8～11頁；「ペルーにおける人権運動の考察(一)」『国家学会雑誌』第121巻5・6号(2008年)433～66頁；「ペルーにおける人権運動の考察(二・完)」『国家学会雑誌』第121巻7・8号(2008年)657～98頁；「民主化・内戦後の司法に課せられるもの——フジモリ裁判と世界の潮流」『立教大学ラテン・アメリカ研究所報』第38号(2009年)7～19頁；前掲「「犠牲者中心の」移行期正義と加害者処罰」；「移行期正義の相克——「左派的批判」に対する批判的考察」大串和雄編『21世紀の政治と暴力——グローバル化，民主主義，アイデンティティ』晃洋書房，2015年，223～55頁．内田みどりもウルグアイの事例を中心に以下の論考がある．「ウルグアイにおける軍部人権侵害をめぐる政治力学——「平和のための委員会」の意義と限界」『国際政治』第131号(2002年)49～63頁；「不処罰に抗して——南米南部諸国・人権侵害免責法とのたたかい」『中央大学法学新報』第110巻3・4号(2003年)171～90頁；「米州人権保障システムとフジモリ政権——ペルー恩赦法への判決を中心に」『和歌山大学教育学部紀要　人文科学』第54集(2004年)1～9頁；「バスケス政権と軍政期人権侵害問題」『和歌山大学教育学部紀要　人文科学』第57集(2007年)9～14頁；「アルゼンチン最高裁における免責法無効判決と国際人権法の発展」『中央大学法学新報』第115巻9・10号(2009年)149～84頁．メキシコについては，馬場香織「メキシコにおける「移行期の正義」——正義追求の試みはなぜ挫折したのか」『ラテンアメリカ研究年報』第31号(2011年)95～133頁．

(6) 東欧における移行期正義の問題を最初に提起したのは，ジャーナリストとしてドイツとチェコ，スロヴァキア，ポーランドが抱える葛藤を描いたローゼンバーグ(Tina Rosenberg)の *The Haunted Land: Facing Europe's Ghosts after Communism* (New York: Random House, 1995)／平野和子訳『過去と闘う国々——共産主義のトラウマをどう生きるか』新曜社，1999年だった．また，政治学者のウェルシュ(Helga Welsh)も，後述するようにハンティントンが体制移行の類型が移行期正義の有無を決定すると論じたのに対して(本書第5章参照)，中東欧諸国の民主化後の状況を概観しながら，同地域では元共産党員の選挙基盤が脆弱であるほど公職追放が行われやすく，過去よりも「現在の政治」が重要だと論じて問題提起を行った．Helga A. Welsh,

"Dealing with the Communist Past: Central and East European Experiences after 1990," *Europe-Asia Studies* 48, no.3 (1996), pp.419-28. しかし，実証的な学術研究としてはドイツを中心にした個別研究は行われたものの，体系的な事例研究が行われるようになったのは近年のことである．ドイツを中心とした実証研究としては，例えば，John Borneman, *Settling Accounts: Violence, Justice, and Accountability in Postsocialist Europe* (Princeton, NJ: Princeton University Press, 1997); Anne Sa'adah, *Germany's Second Chance: Trust, Justice, and Democratization* (Cambridge, MA: Harvard University Press, 1998); A. James McAdams *Judging the Past in Unified Germany* (Cambridge: Cambridge University Press, 2001)等がある．体系的な研究としては，Noel Calhoun, *Dilemmas of Justice in Eastern Europe's Democratic Transitions* (New York and Hampshire, UK: Palgrave Macmillan, 2004); Monika Nalepa, *Skeletons in the Closet: Transitional Justice in Post-Communist Europe* (New York: Cambridge University Press, 2010); Lavinia Stan ed., *Transitional Justice in Eastern Europe and the Former Soviet Union: Reckoning with the Communist Past* (Abingdon, Oxon, UK: Routledge, 2009)があげられる．吉川元『国際平和とは何か——人間の安全を脅かす平和秩序の逆説』中央公論新社，2015年，第7章も参照.

(7) 永原陽子「もう一つの「過去の克服」——南アフリカにおける真実と和解」『歴史学研究』第707号(1998年)41～52頁；阿部利洋『紛争後社会と向き合う——南アフリカ真実和解委員会』京都大学学術出版会，2007年；同『真実委員会という選択——紛争後社会の再生のために』岩波書店，2008年．真実委員会についての代表的な研究としては，Priscilla B. Hayner, *Unspeakable Truths: Confronting State Terror and Atrocity* (New York: Routledge, 2001)／阿部利洋訳『語りえぬ真実　真実委員会の挑戦』平凡社，2006年があげられる．なお，本書は第2版が2010年に刊行されている.

(8) 大串，前掲「「犠牲者中心の」移行期正義と加害者処罰」6～10頁；杉山知子『移行期の正義とラテンアメリカの教訓——真実と正義の政治学』北樹出版，2011年，40～42頁；望月康恵『移行期正義——国際社会における正義の追及』法律文化社，2012年，16～18頁；二村，前掲「移行期正義研究史の一考察」61頁．紛争後の平和構築における法の支配に位置付けて論じる研究として，篠田英朗『平和構築と法の支配——国際平和活動の理論的・機能的分析』創文社，2003年；同「正義の回復——平和構築における司法活動」『思想』no.993(2007年)203～14頁があげられる.

(9) Carlos Santiago Nino, *Radical Evil on Trial* (New Haven and London: Yale University Press, 1996), p.187.

(10) 詳しくは第5章参照.

(11) 刑事裁判以外の真実究明や公職追放等の手段は，往々にして刑事裁判を行うことが政治的に困難な場合の補完策として，あるいは刑事裁判の弊害を克服する手段として位置付けられている．例えば，Hayner, *Unspeakable Truths*, pp.8-9; Martha Minow, *Between Vengeance and Forgiveness: Facing History after Genocide and Mass Violence* (Boston: Beacon Press, 1998)／荒木教夫・駒村圭吾訳『復讐と赦しのあいだ——ジェノサイドと大規模暴力の後で歴史と向き合う』信山社，2003年，2～8頁；阿部，前掲『紛争後社会と向き合う』47頁等参照.

(12) 二村，前掲「移行期正義研究史の一考察」62～65頁.

(13) 例えば，Rosalind Shaw and Lars Waldorf, with Pierre Hazan eds., *Localizing Transitional Justice: Interventions and Priorities after Mass Violence* (California: Stanford University Press, 2010); Chandra Lekha Sriram, "Transitional Justice and the Liberal Peace," in Edward Newman, Roland Paris and Oliver P. Richmond eds., *New Perspectives on Liberal Peacebuilding* (Tokyo: United Nations University Press, 2009), pp.112–29. こうした主張の批判的検証については大串，前掲「移行期正義の相克」参照.

(14) 例えば国連人権理事会の移行期正義(正式名称は「真実，正義，賠償および再発防止の保証の推進」)に関する特別報告者グリーフ(Pablo de Greiff)は，両者の差異を強調し，民主化の動きのなかで考案された移行期正義の手段をそのまま紛争後国家に適用することに警鐘を鳴らしている. Report of the Special Rapporteur on the promotion of truth, justice, reparation and guarantees of non-recurrence, A/HRC/36/50 (August 21, 2017).

(15) ICC ローマ規程前文.

(16) Payam Akhavan, "Beyond Impunity: Can International Criminal Justice Prevent Future Atrocities?" *American Journal of International Law* 95, no.1 (2001), p.12.

(17) Diane F. Orentlicher, "Settling Accounts: the Duty to Prosecute Human Rights Violations of a Prior Regime," *Yale Law Journal* 100, no.8 (1991), pp.2537–615.

(18) Hunjoon Kim and Kathryn Sikkink, "Explaining the Deterrence Effect of Human Rights Prosecutions for Transitional Countries," *International Studies Quarterly* 54 (2010), pp.939–63.

(19) Jack Goldsmith and Stephen D. Krasner, "The Limits of Idealism," *Daedalus* 132, no.1 (2003), pp.47–63.

(20) Henry Kissinger, "The Pitfalls of Universal Jurisdiction," *Foreign Affairs* 80, no.4 (2001).

(21) Michael P. Scharf "Swapping Amnesty for Peace: Was There a Duty to Prosecute International Crimes in Haiti?" *Texas International Law Journal* 31 (1996), pp.6–9.

(22) この他 ICC ローマ規程に管轄犯罪として記載されている「侵略の罪」は 2018 年 7 月 17 日に管轄権の行使が始まったばかりである.

(23) Report of the Secretary-General on "The Rule of Law and Transitional Justice in Conflict and Post-conflict Society," S/2004/616 (August 23, 2004), para. 64(c). この報告書を議論した安保理会議では，計 15 か国の理事国のうちブラジルとコスタリカのみが支持を表明し，最終文書に免責に関する事項への言及はない. Mark Freeman, *Necessary Evils: Amnesties and the Search for Justice* (NY: Cambridge University Press, 2009), p.90.

(24) John F. Burns, "Political Realities Impeding Full Inquiry Into Afghan Atrocity," *The New York Times* (August 29, 2002).

(25) Louise Mallinder, *Amnesty, Human Rights and Political Transitions* (Oxford, UK: Hart Publishing, 2008), p.151.

(26) Ibid., p.19 記載の恩赦／免責件数のグラフを Kathryn Sikkink and Carrie B. Walling, "Error about Trials: The Emergence and Impact of the Justice Cascade," Paper presented at the Princeton International Relations Faculty Colloquium (March 27, 2006), p.15 記載の人権裁判件数のグラフと比べた.

(27) Oskar N. T. Thoms, James Ron, and Roland Paris, *The Effects of Transitional Justice Mechanisms* (Ottawa: Centre for International Policy Studies, University of Ottawa, 2008); Hugo Van der Merwe, Victoria Baxter, and Audrey R. Chapman eds., *Assessing the Impact of Transitional Justice: Challenges for Empirical Research* (Washington DC: United States Institute of Peace Press, 2009).

(28) Tricia D. Olsen, Leigh A. Payne, and Andrew G. Reiter, *Transitional Justice in Balance: Comparing Processes, Weighing Efficacy* (Washington DC: United States Institute of Peace Press, 2010). アップデートされたデータベースは http://www.tjdbproject.com/ に掲載されている.

(29) Kim and Sikkink, "Explaining the Deterrence Effect of Human Rights Prosecutions for Transitional Countries," pp.939-63.

(30) Olsen, Payne, and Reiter, *Transitional Justice in Balance,* p.140.

(31) Geoff Dancy, Francesca Lessa, Bridget Marchesi, Leigh A. Payne, Gabriel Pereira, and Kathryn Sikkink, "The Transitional Justice Research Collaborative: Bridging the Qualitative-Quantitative Divide with New Data," 2014, https://www.transitionaljusticedata.com. 共同研究の結果は, データベースが公開される前年のアメリカ政治学会年次研究大会において以下の論文として報告されている. Geoff Dancy, Bridget Marchesi, Tricia Olsen, Leigh Payne, Andrew Reiter, and Kathryn Sikkink, "Stopping State Agents of Violence or Promoting Political Compromise? The Powerful Role of Transitional Justice Mechanisms," Paper presented at the 2013 American Political Science Association Conference Annual Meeting, Chicago, IL, August 30. そこでは刑事訴追は一国内の単年度では人権状況と民主化に悪影響を及ぼす場合もあるが, 累積数で判断した場合および有罪判決は人権状況の改善に寄与する一方, 民主化についてはPolity IVの指標で判断した場合には統計的に優位な結果が得られるが, フリーダムハウスの指標ではマイナスの影響があることが確認されている.

(32) Olsen, Payne, and Reiter, *Transitional Justice in Balance,* pp.154-59.

(33) William W. Burke-White, "Reframing Impunity: Applying Liberal International Law Theory to an Analysis of Amnesty Legislation," *Harvard International Law Journal* 42 (2001), p.510; Trumbull IV, "Giving Amnesties a Second Chance," pp.320-26; Louise Mallinder, "Can Amnesties and International Justice Be Reconciled?" *International Journal of Transitional Justice* 1, no.2 pp.228-29; Freeman, *Necessary Evils*, pp.122-29 など.

第1章

(1) 多国間条約によって設立されたICCの管轄権は, 基本的には締約国が受諾するものだが, ICCローマ規程は管轄権行使主体として締約国のほか国連安保理にも事態を付託する権限を与えており, 安保理によって国連憲章第7章に基づく措置として付託された場合には締約国以外の国家に属する個人も訴追の対象となりうる. これまでにICCが捜査を開始した事態のうち, スーダンとリビアは非締約国である. 同様のことは安保理決議を設立根拠とするICTY, ICTRについても言える.

(2) 古谷修一「国際刑事裁判権の意義と問題——国際法秩序における革新性と連続性」村瀬信也・洪恵子編『国際刑事裁判所——最も重大な国際犯罪を裁く』東信堂, 2007

年，4 頁.
(3) 同書，4 頁.
(4) モーゲンソー／原彬久監訳『国際政治――権力と平和(中)』岩波文庫，2013 年，233～34 頁.
(5) 同書，234 頁.
(6) 同書，250 頁.
(7) E. H. カー／原彬久訳『危機の二十年　理想と現実』岩波文庫，2011 年，327～28 頁.
(8) 同書，341 頁.
(9) 藤田久一『国際法講義 II　人権・平和』東京大学出版会，1994 年，331～32 頁.
(10) ICJ, "Declarations Recognizing the Jurisdiction of the Court as Compulsory," https://www.icj-cij.org/en/declarations (accessed September 7, 2018). なお，国連加盟国でない国でも，安全保障理事会の勧告に基づいて総会でなされる決議によって当事国となることができる(第 4 条 3 項).
(11) M. Cherif Bassiouni, *Introduction to International Criminal Law*, 2nd revised ed. (Leiden: The Netherlands: Martimus Nijhoff Publishers, 2012), p.648.
(12) 戦争終結方式について検討した米国国務省の戦後対外政策諮問委員会・安全保障問題小委員会の第三回会議(1942 年 5 月 6 日)で報告されたものとして，藤田宏郎「フランクリン・D・ローズベルトの無条件降伏論」『甲南法学』第 48 巻 1 号(2007 年)6 頁で引用されている.
(13) 同論文，7～8 頁．なお，第一次大戦では連合国はドイツ国内での共産主義勢力の台頭を恐れて完全勝利を得ることを躊躇し，ドイツが提案した休戦提案を受け入れる形で大戦を終結させた.
(14) 終戦の勅書(玉音放送).
(15) 日本政府と連合国代表がポツダム宣言の履行を含む降伏文書に調印したのは，1945 年 9 月 2 日である．諸外国はこの日を終戦記念日と捉えており，8 月 15 日を終戦の日とする日本とはズレがある.
(16) 石田勇治『過去の克服――ヒトラー後のドイツ』白水社，2002 年，51～52 頁．このうち，ヒトラーに次ぐ No.2 と称されたゲーリング(Hermann Göring)国家元帥，ポーランド総督としてユダヤ人虐殺に関与したフランク(Hans Frank)，親衛隊幹部を務めた後国家保安本部長に任命されたカルテンブルナー(Ernst Kaltenbrunner)，リッベントロップ(Joachim von Ribbentrop)外相，カイテル(Wilhelm Keitel)陸軍元帥ら 12 名に絞首刑，ヘス(Rudolf Hess)ナチ党副総裁ら 3 名に無期禁錮，デーニッツら 4 名に 10 年から 20 年の禁錮が下された.
(17) 日暮吉延『東京裁判』講談社現代新書，2008 年，241～42 頁.
(18) 各判事には判事の欠席を補う予備判事が 1 名，各国から任命された.
(19) ただし，ソ連がポツダム宣言に署名したのは対日宣戦布告した 1945 年 8 月 8 日である.
(20) 戸谷は，各国の政治的利害や訴追努力の優先順位が異なったために調整に時間を要したほか，各国検察官の間の不和がはやくから顕在化し，裁判官の間でも十分にチームワークの精神が育たなかったと指摘している(戸谷由麻『東京裁判――第二次大

戦後の法と正義の追求』みすず書房，2008 年，23 頁）．また，よく知られているように東京裁判の判決ではインド代表判事パル（Radhabinod Pal）が判決を真っ向から否定する形で通例の戦争犯罪を含めたすべての訴因について全被告に無罪を勧告する反対意見を提出した他，ウェッブ裁判長を含む 4 名の裁判官も多数派意見に留保する個別意見書を提出した．東京裁判における裁判官の間での不和については，日暮吉延『東京裁判の国際関係——国際政治における権力と規範』木鐸社，2002 年，411〜54 頁，および日暮，前掲『東京裁判』218〜83 頁に詳しい．

(21) 唯一の例外はナチ党の実力者であった党官房長官のボルマン（Martin L. Bormann）で，彼は終戦後，行方不明のまま起訴され欠席裁判で死刑判決を受けたが，後にソ連軍によるベルリン包囲の際に自殺していたことが確認されている．

(22) 起訴段階での訴因の詳細については，日暮，前掲『東京裁判の国際関係』284〜88 頁，判決段階で絞られた訴因については，同書，428〜30 頁参照．

(23) 清水正義『「人道に対する罪」の誕生——ニュルンベルク裁判の成立をめぐって』丸善プラネット，2011 年，156〜60 頁．

(24) 東京裁判でもほぼ同様の定義が踏襲されたが，東京裁判では「宣戦を布告し，若しくは布告しない侵略戦争若しくは国際法，条約，協定若しくは誓約に違反する……」というように微妙な修正が加えられている（傍点は修正個所）．「宣戦を布告し，若しくは布告しない」との文言が追加されているのは，第二次大戦中に日本が正式な宣戦布告をしないままに武力行使を開始したことが多かった事実があったためである．ニュルンベルク裁判所憲章では「国際条約」となっていたものが，東京裁判憲章では「国際法，条約」と分けて記述されているのは，侵略戦争の犯罪性が国家の合意に基づく国際条約のみならず一般慣習法としても認められていることを強調するためだと考えられている（戸谷，前掲『東京裁判』120〜21 頁）．

(25) モーゲンソー／原訳，前掲『国際政治（中）』234 頁．

(26) モーゲンソー／原訳，前掲『国際政治（下）』101 頁．

(27) カー／原訳，前掲『危機の二十年』345 頁．

(28) 英国は自らが主導した第一次大戦後のカイザー訴追の試みが失敗に終わった経験からか，ナチス指導者に対しては即決処刑（summary execution）を行うべきだとの立場をとっていた．米国内でもドイツが三たび戦争を起こすことのないように工業施設の弱体化を含む対独強硬政策をとるべきだとし，ナチス・ドイツの重要犯罪人は銃殺刑に処すべきだと主張していた財務長官のモーゲンソー（Henry Morgenthau Jr.）と，国際裁判の実施を含む穏健的な戦後対独政策を主張するスティムソン（Henry L. Stimson）陸軍長官の対立があったことが知られている．Telford Taylor, *The Anatomy of the Nuremberg Trials* (New York: Knopf, 1992)；大沼保昭『戦争責任論序説——「平和に対する罪」の形成過程におけるイデオロギー性と拘束性』東京大学出版会，1975 年，251〜57 頁；清水，前掲『「人道に対する罪」の誕生』．

(29) 大沼，前掲『戦争責任論序説』277〜302 頁．

(30) Taylor, *The Anatomy of the Nuremberg Trial*, pp.56–77; 大沼，前掲『戦争責任論序説』295〜303 頁．

(31) それぞれ安保理決議 827（S/RES/827, May 25, 1993），955（S/RES/955, November 8, 1994）．

(32) Statute of ICTY, Article 29 および Statute of ICTR, Article 28, annexed to S/RES/955.

(33) Statute of ICTY, Article 9 および Statute of ICTR, Article 8, annexed to S/RES/955.

(34) 多谷千香子『「民族浄化」を裁く』岩波新書，2005 年，18 頁；Samantha Power, *A Problem From Hell: America and the Age of Genocide* (New York: Perennial, 2003), pp.264-69.

(35) 多谷，前掲『「民族浄化」を裁く』19〜20 頁.

(36) Samantha Power, *A Problem From Hell*, pp.358-64.

(37) ICTY ウェブサイト "Key Figures of the Cases," http://www.icty.org/en/cases/key-figures-cases (Updated: June 2018, accessed September 9, 2018).

(38) Annual Report of the ICTY (A/49/342, S/1994/1007), cited in Diane F. Orentlicher, *Shrinking the Space for Denial: The Impact of the ICTY on Serbia* (New York: Open Society Institute, 2008), p.15.

(39) 多谷，前掲『「民族浄化」を裁く』25 および 155 頁.

(40) 逮捕はそれぞれ，2008 年 7 月 21 日，2011 年 5 月 26 日.

(41) Richard J. Goldstone, *For Humanity: Reflections of a War Crimes Investigator* (New Haven: Yale University Press, 2000), p.107.

(42) Pierre Hazan, *La Justice à Face a la Guerre, de Nuremberg à La Haye* (Paris: Stok, 2000), p.107, cited in International Center for Transitional Justice, *Pursuing Justice in Ongoing Conflict: A Discussion of Current Practice* (May 2007), p.4, note 10.

(43) Goldstone, *For Humanity*, p.103.

(44) Kingsley Moghalu, *Rwanda's Genocide: The Politics of Global Justice* (New York and London: Palgrave Macmillan, 2005), p.131.

(45) Goldstone, *For Humanity*, pp.89-92.

(46) 多谷，前掲『「民族浄化」を裁く』165 および 189〜94 頁；Gary Jonathan Bass, *Stay the Hand of Vengeance: Politics of War Crimes Tribunals* (Princeton, NJ: Princeton University Press, 2000), pp.255-57.

(47) Richard Holbrook, *To End a War* (New York: Random House, 1998), pp.215-27.

(48) Bass, *Stay the Hand of Vengeance*, p.208; Goldstone, *For Humanity*, pp.115-17.

(49) 多谷は，セルビア首相のジンジッチ(Zoran Đinđić)がミロシェヴィッチ引き渡しに応じたのは，国際社会からの孤立を避けるためと，引き渡しを交換条件とする 900 万ポンドにのぼる外国援助を得るためだったと述べている(多谷，前掲『「民族浄化」を裁く』139 頁).

(50) ICTR ウェブサイト "ICTR in Brief," http://www.unictr.org/en/tribunal (accessed September 9, 2018).

(51) Moghalu, *Rwanda's Genocide*, p.108.

(52) Letter of the Permanent Representative of Rwanda to the UN Addressed to the President of the Security Council, S/1994/115 (September 29, 1994).

(53) Goldstone, *For Humanity*, pp.111-12; Moghalu, *Rwanda's Genocide*, p.30-32. この他，中国が棄権した.

(54) Moghalu, *Rwanda's Genocide*, p.24.

(55) 武内進一『現代アフリカの紛争と国家――ポストコロニアル家産制国家とルワン

ダ・ジェノサイド』明石書店，2009 年，395〜96 頁；Moghalu, *Rwanda's Genocide*, p. 102.

(56) Moghalu, *Rwanda's Genocide*, pp.101-07.

(57) Ibid., p.108.

(58) ICTR 規程第 25 条は，第一審の審議手続き終結後に重大な新たな事実が判明した場合に，有罪判決を受けた被告と首席検察官に判決の見直しを申請することを認めている．本件では，上訴裁判部は検察側が提示した新たな事実(被告がカメルーンに拘留中も ICTR 書記局が同国をたびたび訪問していた点や，引き渡しの遅延に対して ICTR が米国を通してカメルーンに被告の引き渡しを要求していた点など)を踏まえて，被告の移送の遅れは検察側の落ち度ではなく，また移送後の裁判開始までの期間も当初の上訴審判決よりも短いものだとして被告の釈放要求を棄却したが，後に有罪判決が出た際には被告が経済的補償を受け，情状を酌量して減刑されうると判断した(ICTR, *Jean-Bosco Barayagwiza v. The Prosecutor*, Decision on Prosecutor's Request for Review or Reconsideration, Case No. ICTR-97-19-AR 72, AC, March 31, 2000)．なお，1999 年 11 月 3 日に実質的にバラヤグウィザの公訴を棄却した上訴裁判部所長のマクドナルド(Gabrielle Kirk McDonald)は，事前に予定されていた通り翌日の 11 月 4 日退任した(Moghalu, *Rwanda's Genocide*, p.108)．

(59) バラヤグウィザは 2003 年 12 月にジェノサイド罪や人道に対する罪で 35 年の禁錮が言い渡され，2007 年 11 月に上訴審において 32 年に減刑された．

(60) Moghalu, *Rwanda's Genocide*, pp.136-45.

(61) Ibid., pp.136 and 145.

(62) Ibid., p.101.

(63) ICC ローマ規程第 86 条．非締約国でも ICC との特別協定により協力を求められるが，それ以外の場合に協力を要請することはできない(ICC ローマ規程第 87 条 5 項)．

(64) ICC ウェブサイト，http://www.icc-cpi.int (accessed September 8, 2018)．

(65) この他，本文執筆後の 2019 年 3 月 17 日にフィリピンも正式に ICC を脱退した．

(66) ローマ規程第 17 条．前文および第 1 条も参照．

(67) Philippe Kirsch and John T. Holmes, "The Rome Conference on an International Criminal Court: The Negotiating Proess," *American Journal of International Law* 93 (1999), p. 4.

(68) この他，裁判所の管轄権が各国にいかに及ぶか(批准すれば自動的に管轄権が及ぶのか，それとも事案ごとにさらに同意が必要なのか)も重大な争点だった．総じて自動的に管轄権が及ぶのであれば管轄犯罪を狭く抑え，管轄権が批准に加えてさらに同意を必要とするのであれば，管轄犯罪を広くしてもよいというスタンスだった．しかし，この管轄権をめぐる問題は会議終盤になって少なくともジェノサイドについては自動的管轄権が及ぶことで合意を得，代わりに争点は ICC 検察官の職権捜査をどう扱うかとの議論に解消されていった(Kirsch and Holmes, "The Rome Conference on an International Criminal Court," p.5, and note 24 in p.8)．

(69) M. Cherif Bassiouni, *Introduction to International Criminal Law*, pp.613-15.

(70) Kirsch and Holmes, "The Rome Conference on an International Criminal Court," p.10.

(71) 逮捕状が発付された被疑者のうち，情報機関トップを務めたサヌーシ(Abdullah Al-Senussi)については，後にリビア政府による受理許容性の異議申し立てが認められ，リビア国内で裁判が行われることとなった．ICC, "Decision on the Admissibility of the Case against Abdullah Al-Senussi," ICC-01/11-01/11 (October 11, 2013).

(72) この他，コートジヴォワールの事態でも，2010年の大統領選後に発生した一連の暴力的衝突の責任でバグボ(Laurent Gbagbo)前大統領が起訴されたが，このICC初の元国家元首に対する裁判は，本文執筆後の2019年1月15日に検察側の立証が不十分であるとして無罪が言い渡された．

(73) レバノン特別法廷では，例外的に国内法のみが適用されている．

(74) レバノン特別法廷がICCとは別に設立された背景には，管轄犯罪をテロ行為に限定することで，2006年7月にヒズボラとイスラエルの間で行われた戦闘(本書第6章第2節参照)において疑われるイスラエルの戦争犯罪行為を対象外とする政治的意図があった(William A. Schabas, *An Introduction to the International Criminal Court*[Cambridge University Press, 2011], p.15).

(75) Antonio Cassese, Paola Gaeta, Laurel Baig, Mary Fan, Christpher Gosnell, and Alex Whiting rev., *Cassese's International Criminal Law*, 3rd ed. (Oxford: Oxford University Press, 2013), p.265; Laura A. Dickinson, "The Promise of Hybrid Courts," *American Journal of International Law* 97, no.2 (2003), pp.300–05.

(76) 安保理決議1757(S/RES/1757, May 30, 2007).

(77) ただし，東ティモールとコソヴォの混合法廷は国連暫定統治の一環として設立された経緯から，混合法廷のうち主に国際スタッフに係る費用は国連加盟国が分担している．混合法廷の財政については，Thordis Ingadottir, "The Financing of Internationalized Criminal Courts and Tribunals," in Cesare P. R. Romano, André Nollkaemper, and Jann K. Kleffner eds., *Internationalized Criminal Courts and Tribunals: Sierra Leone, East Timor, Kosovo, and Cambodia* (Oxford: Oxford University Press, 2004).

(78) 例えばICTYの2003年の年間予算が1億2800万ドルだったのに対して，東ティモール特別法廷は年間約800万ドル，コソヴォ特別法廷は約1500万ドル，シエラレオネ特別法廷は約2000万ドル，カンボジア特別法廷は約600〜700万ドル程度の予算で運営されている(Ingadottir, "The Financing of Internationalized Criminal Courts and Tribunals," p.285).

(79) Agreement between the United Nations and the State of Guatemala on the Establishment of an International Commission against Impunity in Guatemala ("CICIG"), Article 3, http://www.cicig.org/uploads/documents/mandato/cicig_acuerdo_en.pdf (accessed September 20, 2016).

(80) UN Security Council, *Report to the Secretary-General of the Commission of Experts to Review the Prosecution of Serious Violations of Human Rights in Timor-Leste (then East Timor) in 1999,* S/2005/458 (July 15, 2005) (Commission of Experts Report); Caitlin Reiger, "Hybrid Attempts at Accountability for Serious Crimes in Timor Leste," in Naomi Roht-Arriaza and Javier Mariezcurrena eds., *Transitional Justice in the Twenty-First Century: Beyond Truth versus Justice* (Cambridge, UK: Cambridge University Press, 2006); 松野明久「連戦連敗の移行期正義——インドネシアと東ティモールにおける責任追及の

軌跡　1998年～2010年」『平和研究』第38号(2013年)等参照.

(81) Tom Perriello and Marieke Wierda, *Lessons from the Deployment of International Judges and Prosecutors in Kosovo* (New York: International Center for Transitional Justice, March 2006); Amnesty International, *Kosovo (Serbia): The Challenge to Fix a Failed UN Justice System* (January 2008); John Cerone and Clive Baldwin, "Explaining and Evaluating the UNMIK Court System," in Cesare P. R. Romano, André Nollkaemper, and Jann K. Kleffner eds., *Internationalized Criminal Courts: Sierra Leone, East Timor, Kosovo, and Cambodia* (Oxford: Oxford University Press, 2009)等参照.

(82) Olga Martin-Ortega, "Prosecuting War Crimes at Home: Lessons from the War Crimes Chamber in the State Court of Bosnia and Herzegovina," *International Criminal Law Review* 12 (2012), p.594.

(83) Ibid., p.596; 越智萌「移行期正義における刑事司法の多元的な取組み――旧ユーゴスラヴィア地域における国際・半国際・国内的な戦争犯罪等訴追の20年」『未来共生学』第1号(2014年)147頁.

(84) Court of Bosnia and Herzegovina, "10th Anniversary of Section I for War Crimes at the Court of Bosnia and Herzegovina," file:///C:/Users/Nao/Downloads/10_anniversary_of_Section_I.pdf (accessed February 26, 2019), pp.6 and 19-20.

(85) Dzana Brkanic, "Bosnia Hopes to Complete War Crimes Cases in 2023," *Balkan Transitional Justice* (February 23, 2018), https://balkaninsight.com/2018/02/23/bosnia-hopes-to-complete-war-crimes-cases-in-2023-02-23-2018/(accessed February 26, 2019).

(86) 犠牲者数については諸説ある. ポル・ポト政権の研究の第一人者であるイェール大学の歴史学者キアナン(Ben Kiernan)は170万人, キアナンがイェール大学に立ち上げたカンボジア・ジェノサイド・プログラムのカンボジア現地事務所である「カンボジア文書センター(Documentation Center of Cambodia: DC-CAM)」の設立に携わり, 2006年から2012年までカンボジア特別法廷共同検察官室の調査主任を務めたエチソン(Craig Etcheson)は220万人と推定している.

(87) 交渉過程については, 古谷修一「カンボジア特別裁判部の意義と問題――国際刑事司法における普遍性と個別性」『国際法外交雑誌』第102巻4号(2003年)612～23頁 ; Craig Etcheson, "A 'Fair and Public Trial': A Political History of the Extraordinary Chambers," *Justice Initiatives* (Spring 2006), pp.7-24に詳しい.

(88) カンボジア政府による司法介入については, Open Society Justice Initiative, *Political Interference at the Extraordinary Chambers in the Courts of Cambodia* (July 2010); John D. Ciorciari and Anne Heindel, "Experiments in International Criminal Justice: Lessons from the Khmer Rouge Tribunal," *Michigan Journal of International Law* 35, no.2 (2014).

(89) Voice of America (March 18, 2009), cited in Open Society Justice Initiative, *Political Interference*, p.16.

(90) Agreement between the United Nations and the Royal Government of Cambodia concerning the Prosecution under Cambodian Law of Crimes Committed During the Period of Democratic Kampuchea (ECCC Agreement), Article 1, and Law on the Establishment of the Extraordinary Chambers, with inclusion of amendments as promulgated on 27 October

2004 (NS/RKM/1004/006), Article 1.

(91) カンボジア特別法廷で裁かれたのは次の5名である．元S21(トゥール・スレン)政治犯収容所所長のケク・イウ(Kaing Guek Eav)，ポル・ポト政権下でポル・ポトに次ぐ第二の地位にあったヌオン・チア(Nuon Chea)とキュー・サムファン(Khieu Samphan)，ポル・ポト政権で副首相，外相を務めクメール・ルージュ内の序列三位といわれていたイエン・サリ(Ieng Sary)と妻のイエン・シリト(Ieng Thirith)．最高指導者のポル・ポトは1998年に死亡，党内の実力者タ・モク(Ta Mok)も起訴前の2006年7月に拘束中に病死している．イエン・サリ夫妻は2007年11月にプノンペンの自宅で逮捕され，2010年9月にケク・イウ以外の元クメール・ルージュ幹部とともに起訴され裁判を受けていたが，イエン・サリは2013年3月に病死，イエン・シリトも重度の認知症により裁判に耐えられないと判断され，2012年9月に釈放された．審理が継続したのは3名のみで，最初に公判が行われたケク・イウについては2012年2月3日に最高審で無期禁錮が確定している．残るヌオン・チアとキュー・サムファンについては2014年8月7日に一審判決が出され，住民の強制移住などの人道に対する罪で無期禁錮が言い渡された．両者はさらに，チャムおよびベトナム人に対するジェノサイド罪で2018年11月16日にも無期禁錮が言い渡されている．

(92) Matthew M. Taylor, "Lessons From Guatemala's Commission Against Impunity: What Other Countries Can Learn From CICIG's First Decade" (June 19, 2017), https://www.cfr.org/report/lessons-guatemalas-commission-against-impunity (accessed December 28, 2018); Washigngton Office on Latin America, "The International Commission against Impunity in Guatemala (CICIG): An Innovative Instrument for Fighting Criminal Organizations and Strengthening the Rule of Law" (June 2015). ただし，自らの選挙資金疑惑を告発されたモラレス(Jimmy Morales)大統領は2019年1月7日，CICIGの廃止を通告しており，今後の展開が注目される．朝日新聞「汚職の調査機関，国連に廃止通告　グアテマラ「内政干渉」」(2019年1月10日)．

(93) 竹村仁美「国際刑事裁判所と普遍的管轄権」『九州国際大学法学論集』第17巻1号(2010年)138頁．

(94) 最上敏樹「普遍的管轄権論序説――錯綜と革新の構図」坂元茂樹編『藤田久一先生古稀記念　国際立法の最前線』有信堂，2009年，26～27頁．

(95) 国際正統性を行為規範と構成員の資格要件の二面からとらえる視点については，Ian Clark, *Legitimacy in International Society* (Oxford: Oxford University Press, 2005), pp. 2-5. ただし，クラークも行為規範の側面は既存研究であまり触れられてこなかったと述べている(p.5)．

(96) Martin Wight, "International Legitimacy," *International Relations* 4, no.1 (1972), pp.1 and 28.

(97) この国際社会が欧州からその他の地域に拡大していったとの見解はワイトを含む英国学派と呼ばれる「国際社会論」者に典型的にみられるものだが，それは「ヨーロッパ諸国が圧倒的な国力を背景にして拡張政策をとったという事実に由来」するのであり，「ヨーロッパだけが国際的な社会を知っていたというよりも，力の格差のためにヨーロッパの国際社会が他の国際的な社会の形態を駆逐したと考えるのが適切」だという点にも留意が必要である(篠田英朗『国際社会の秩序』東京大学出版会，2007

年，8 頁）.

(98)　大沼保昭『国際法――はじめて学ぶ人のための』東信堂，2005 年，28 頁.

(99)　同書，93 頁.

(100)　James F. Willis, *Prologue to Nuremberg: The Politics and Diplomacy of Punishing War Criminals of the First World War* (Westport, CT: Greenwood Press, 1982); Bass, *Stay the Hand of Vengeance*; 清水正義「第一次世界大戦後の前ドイツ皇帝訴追問題」『白鷗法学』第 21 号（2003 年）133〜55 頁.

(101)　連合国共同宣言（1942 年）.

(102)　「戦地にある軍隊の傷者及び病者の状態の改善に関する条約」（第一条約），「海上にある軍隊の傷者，病者及び難船者の状態の改善に関する条約」（第二条約），「捕虜の待遇に関する条約」（第三条約），「戦時における文民の保護に関する条約」（第四条約）から成る.

(103)　「国際武力紛争における犠牲者の保護に関する 1949 年 8 月 12 日ジュネーブ条約に対する追加議定書」（第一追加議定書）および「非国際武力紛争の犠牲者の保護に関する 1949 年 8 月 12 日ジュネーブ条約に対する追加議定書」（第二追加議定書）から成る．なお，2005 年には赤十字国際委員会の紋章を新たに一つ加える第三追加議定書が採択された.

(104)　第一条約第 49 条，第二条約第 50 条，第三条約第 129 条，第四条約第 146 条.

(105)　UN General Assembly, "Affirmation of the Principles of International Law recognized by the Charter of the Nurnberg Tribunal," Resolution adopted by the General Assembly 95 (I). A/RES/1/95 (December 11, 1946).

(106)　藤田久一『新版　国際人道法』有信堂，2003 年，198 頁.

(107)　この他，アパルトヘイト条約（1973 年）にも国際刑事裁判所の規定がある.

(108)　G. I. A. D. Draper, "The Geneva Conventions of 1949," *Recueil des Cours* 1 (1965), p. 157, cited in 藤田『新版　国際人道法』204 頁.

(109)　Antonio Cassese, "Introductory Note to the Affirmation of the Principles of International Law recognized by the Charter of the Nürnberg Tribunal, General Assembly resolution 95 (I), New York, 11 December 1946," *UN Audiovisual Library of International Law,* http://legal.un.org/avl/ha/ga_95-I/ga_95-I.html (accessed April 29, 2015).

(110)　Hedley Bull, *The Anarchical Society: A Study of Order in World Politics,* 3rd ed. (New York: Columbia University Press, 2002), pp.84 and 87／臼杵英一訳『国際社会論――アナーキカル・ソサエティ』岩波書店，2000 年（原著第 2 版の邦訳）.

(111)　Amnesty International, "The Forgotten Prisoners by Peter Benenson," http://www.amnestyusa.org/about-us/amnesty-50-years/peter-benenson-remembered/the-forgotten-prisoners-by-peter-benenson (accessed January 10, 2013); Martin Ennals, "Amnesty International and Human Rights," in Peter Willetts ed., *Pressure Groups in the Global System: The Relations of Issue-Oriented Non-Governmental Organizations* (London: F. Pinter, 1982), pp.63–64; William Korey, *NGOs and the Universal Declaration of Human Rights: "Curious Grapevine"* (New York: Palgrave, 1998), pp.160–62.

(112)　Kathryn Sikkink, *The Justice Cascade: How Human Rights Prosecutions Are Changing World Politics* (New York: W. W. Norton & Company, 2011), pp.40–41.

(113) Korey, *NGOs and the Universal Declaration of Human Rights*, pp.170–77.

(114) Ibid., pp.341–43; Aryeh Neier, *Taking Liberties: Four Decades in the Struggle for Rights* (New York: Public Affairs, 2003), pp.149–65.

(115) Korey, *NGOs and the Universal Declaration of Human Rights*, pp.343–44.

(116) 内戦が冷戦終結後の世界に特有の現象ではなく，冷戦下においても頻発していたとの指摘については，Kalevi J. Holsti, *The State, War, and the State of War* (Cambridge: Cambridge University Press, 1996), p.25. 冷戦期の内戦と冷戦終結後の内戦の性質の違いについては，石田淳「内政干渉の政治学――冷戦終結と内戦」藤原帰一・李鍾元・古城佳子・石田淳編『国際政治講座(4) 国際秩序の変動』東京大学出版会，2004年，162～73頁.

(117) 植民地独立付与宣言(国連総会決議1514，1960年)第3項.

(118) 例えば，NATO軍によるコソヴォ空爆に際しては，現地報道を受けて虐殺を止めるための軍事介入を求める主張が強まった(Power, *A Problem from Hell*, p.446)．またスーダンのダルフール問題に関しては米国で大規模な「ダルフール救済(Save Darfur)」キャンペーンが展開され，米国政府がダルフールの事態をジェノサイドと認定するのに貢献した．同キャンペーンについての批判的検討についてはMahmood Mamdani, *Saviors and Survivors: Darfur, Politics, and the War on Terror* (New York: Doubleday Religion, 2008), Chapter 2参照.

(119) 武内進一「序論「紛争後の国家建設」」『国際政治』第174号(2013年)2～3頁．この他，この時期に国際刑事裁判(暫定的な法廷であるICTYとICTR)が実現した要因には，当然ながら冷戦期の米ソ対立が解消したこともあげられる.

(120) 稲田十一「「ガバナンス」論をめぐる国際的潮流――概念の精緻化と政策への取込み」下村恭民編『アジアのガバナンス』有斐閣，2006年，8頁.

(121) World Bank, *Sub-Saharan Africa: From Crisis to Sustainable Growth* (1989), p.xii.

(122) 例えば代表的な世界銀行のガバナンス指標は，①国民の声(発言力)と説明責任，②政治的安定と暴力の不在，③政府の効率性，④規制の質，⑤法の支配，⑥腐敗防止の6つを掲げている(Worldwide Govenrance Indicators, http://info.worldbank.org/governance/wgi/index.asp).

(123) 「平和に対する脅威，平和の破壊及び侵略行為に関する行動」を規定する国連憲章第7章に言及して採択された安保理決議数は，冷戦期(1946年～1989年)の44年間では計24本に留まったのに対して，1990年代の10年間にはその7倍近い166本に上る．Simon Chesterman, *Just War or Just Peace?: Humanitarian Intervention and International Law* (New York: Oxford University Press, 2001), p.121.

(124) これはまず1989年にナミビアにおいて「自由かつ公正な選挙」を通した早期独立の支援を目的として，選挙と憲法制定支援のほか敵対行為の停止や軍人の基地への帰還，政治犯の釈放，法と秩序の維持などを行った国連暫定支援グループ(UN Transition Assistance Group: UNTAG)にみられ，1991年にはアンゴラ，エルサルバドル，1992年にはカンボジア，1993年にはリベリア等でも同様に紛争後国家の選挙支援を中心とした広範なマンデートを有する国連ミッションが立ち上げられた．その後，ソマリアや旧ユーゴスラヴィア，ルワンダにおいてPKOが直面した困難や挫折を経て出された『ブラヒミ・レポート』("Report of the Panel on United Nations Peace Opere-

tions," A/55/305-S/2000/809[August 21, 2000])が平和の社会的基盤を作るための非軍事的な政治・開発分野の重要性を指摘すると，国連 PKO はさらに多機能化した(コソヴォ，東ティモール，シエラレオネにおけるミッション)．これに伴い PKO における文民職員の数も増加している．

(125) John H. Herz, "Rise and Demise of the Territorial State," *World Politics* 9, no.1 (1957), pp.473–94.

第 2 章

(1) 例えば，Juan E. Méndez, "In Defense of Transitional Jutice," in A. James McAdams ed., *Transitional Justice and the Rule of Law in New Democracies* (Notre Dame and London: University of Notre Dame Press, 1997).

(2) Diane F. Orentlicher, "Settling Accounts: The Duty to Prosecute Human Rights Violations of a Prior Regime," *Yale Law Journal* 100, no.8 (1991), pp.2537–615.

(3) ロンドン憲章第 1 条および極東国際軍事裁判所(東京裁判)条例第 1 条.

(4) ICTY を設立した安保理決議 827(S/RES/827, May 25, 1993)前文．同様の文言は，ICTR を設立した安保理決議 955(S/RES/955, November 8, 1994)前文にもみられる.

(5) Kate Cronin-Furman, "Managing Expectations: International Criminal Trial and the Prospects for Deterrence of Mass Atrocity," *International Journal of Transitional Justice* 7 (2013), pp.436–37.

(6) Payam Akhavan, "Beyond Impunity: Can International Criminal Justice Prevent Future Atrocities?" *American Journal of International Law* 95, no.1 (2001), pp.7–31.

(7) Ibid., pp.9–13.

(8) Alexander L. George and Richard Smoke, *Deterrence in American Foreign Policy: Theory and Practice* (New York: Columbia University Press, 1974), p.11.

(9) Jeremy Bentham, *An Introduction to the Principles of Morals and Legislation* (1780), https://www.utilitarianism.com/jeremy-bentham/index.html. 邦文は要約版が J. ベンサム『道徳および立法の諸原理序説』として関嘉彦責任編集『世界の名著 49　ベンサム／J.S. ミル』中央公論社，1979 年に所収されている.

(10) Mark A. Drumbl, *Atrocity, Punishment, and International Law* (New York: Cambridge University Press, 2007), p.171.

(11) Martti Koskenniemi, "Between Impunity and Show Trials," *Max Planck Yearbook of United Nations Law* 6 (2002), p.8.

(12) Ibid., p.8.

(13) Helena Cobban, *Amnesty after Atrocity? Healing Nations after Genocide and War Crimes* (Boulder, CO: Paradigm Publishers, 2007), pp.214–15.

(14) Payam Akhavan, "Are International Criminal Tribunals a Disincentive to Peace?: Reconciling Judicial Romanticism with Political Realism," *Human Rights Quarterly* 31 (2009), p.628.

(15) Benjamin Valentino, Paul Huth, and Dylan Balch-Lindsay, "'Draining the Sea': Mass Killing and Guerrilla Warfare," *International Organization* 58, no.2 (2004), pp.375–407. この他，民間人の虐殺が反政府勢力の側にとっては離反者を防ぐための合理的戦略とし

て行われていることを示す研究もある．Stathis Kalyvas, "Wanton and Senseless? The Logic of Massacres in Algeria," *Rationality and Society* 11, no.3 (1999), pp.243–85.

(16) Akhavan, "Beyond Impunity," p.12.

(17) ベッカリーアとベンサムが触れた刑罰の重さ，確実性，迅速性は，今日に至るまで刑事法学の処罰論の中心概念となっている．Ihekwoaba D. Onwudiwe, Jonathan Odo, and Emmanuel C. Onyeozili, "Deterrence Theory," in Mary Bosworth ed., *Encyclopedia of Prisons and Correctional Facilities* (London: Sage Publications, 2004), pp.233–37.

(18) ICC は国際犯罪に「最大の責任(the highest level of responsibility)」を負う加害者を訴追し，よりランクの低い加害者の訴追は各国の訴追に委ねるという二段階方針を採用している．International Criminal Court, "Paper on Some Policy Issues before the Office of the Prosecutor" (September 2003), p.3.

(19) Cronin-Furman, "Managing Expectations," p.443.

(20) ICC ローマ規程第 77 条.

(21) *The Prosecutor v. Thomas Lubanga Dyilo,* Decision on Sentence Pursuant to Article 76 of the Statute, ICC-01/04-01/06-2901 (July 10, 2012); *The Prosecutor v. Germain Katanga*, Décision relative à la peine (article 76 du Statut) ICC-01/04-01/07-3484 (May 23, 2014); The Prosecutor v. Ahmad Al Faqi Al Mahdi, Judgment and Sentence ICC-01/12-01/15-171 (September 27, 2016).このほか中央アフリカの事態では，一審で隣国コンゴ民主共和国のベンバ元副大統領兼 MLC 議長に強姦，殺人，略奪(人道に対する罪と戦争犯罪)の罪で禁錮 18 年が言い渡されたが，二審判決で刑事責任が否定され，逆転無罪となった.

(22) Statute of ICTY, Article 24, and Statute of ICTR, Article 23.

(23) ICTY Judgement List, http://www.icty.org/en/cases/judgement-list (accessed September 9, 2018).

(24) ICC ローマ規程第 5 条.

(25) Statute of ICTY, Article 1.

(26) Koskenniemi, "Between Impunity and Show Trials," p.3.

(27) Julian Ku and Jide Nzelibe, "Do International Criminal Tribunals Deter or Exacerbate Humanitarian Atrocities?" *Washington University Law Review* 84 (2006), p.777.

(28) Richard J. Goldstone, *For Humanity: Reflections of a War Crimes Investigator* (New Haven: Yale University Press, 2000), p.111–12. 他の理由は，裁判がルワンダ国外で行われることと，時間的管轄が(新政府がジェノサイドの計画が始まったと主張する 1992 年あるいは 1993 年ではなく)1994 年に限定されていることだった.

(29) Leslie Vinjamuri, "Deterrence, Democracy, and the Pursuit of International Justice," *Ethics & International Affairs* 24, no.2 (2010), pp.191–211.

(30) Akhavan, "Are International Criminal Tribunals a Disincentive to Peace?" p.654.

(31) 安保理決議 827(S/RES/827, May 25, 1993)および 955(S/RES/955, November 8, 1994).

(32) ロドマン(Kenneth A. Rodman)も紛争継続中の事態に対して国際刑事裁判に必要なのは抑止ではなく強要の戦略だと指摘している．Kenneth A. Rodman, "Darfur and the Limits of Legal Deterrence," *Human Rights Quarterly* 30 (2008), pp.529–60.

(33) Thomas C. Schelling, *The Strategy of Conflict* (Cambridge, MA: Harvard University Press, 1960), pp.195-99; T. C. Schelling, *Arms and Influence* (New Haven and London: Yale University Press, 1966), pp.69-78；石田淳「外交における強制の論理と安心供与の論理」中西寛・石田淳・田所昌幸『国際政治学』有斐閣，2013 年，124 頁.

(34) ジョージ(Alexander L. George)は，すでに行われている行動を停止させる戦略のみを「強要(coercive deiplomacy)」と呼び，新たに行動を行わせる戦略を「恫喝(blackmail)」と名付けている．A. George, David K. Hall, and Willian E. Simons, *The Limits of Coercive Diplomacy: Laos, Cuba, Vietnam* (Bonston: Little, Brown and Company, 1971), p.24; A. George, *Forceful Persuation: Coercive Diplomacy as an Alternative to War* (Washington DC: United States Institute of Peace Press, 1991), p.5.

(35) George, et al., *The Limits of Coercive Diplomacy,* pp.24-25; Robert Jervis, *Perception and Misperception in International Politics* (Princeton, NJ: Princeton University Press, 1976), pp.79 and 112.

(36) Schelling, *Arms and Influence,* pp.74-76; George, et al., *The Limits of Coercive Diplomacy,* p.25; George, *Forceful Persuation*, pp.10-11 and 68; Robert J. Art, "Coercive Diplomacy: What Do We Know?" in Robert Art and Patrick M.Cronin eds., *The United States and Coercive Diplomacy* (Washington DC: United States Institute of Peace Press, 2003), pp.388-89.

(37) Schelling, *Arms and Influence*, pp.73-74.

(38) Jervice, *Perception and Misperception,* pp.78-84.

(39) Schelling, *Arms and Influence*, pp.2-4.

(40) Alexander L. George, "Development of Doctrine and Strategy," in *The Limits of Coercive Diplomacy*, p.26; George, *Forceful Persuasion*, pp.12-13.

(41) Kenneth N. Waltz, *Man, the State and War: A Theoretical Analysis* (New York: Columbia University Press, 1959), pp.80-158.

(42) Anne-Marie Slaughter, "International Law in a World of Liberal States," *European Journal of International Law* 6 (1995), pp.503-38.

(43) Fernando Tesón, "The Kantian Theory of International Law," *Columbia Law Review* 92, no.1 (1992), pp.53-102; John Rawls, *The Law of Peoples* (Cambridge, MA: Harvard University Press, 1999)／中山竜一訳『万民の法』岩波書店，2006 年.

(44) Gerry Simpson, "Two Liberalisms," *European Journal of International Law* 12, no.3 (2001), pp.537-71. なお，グレイ(John Gray)も政治哲学の見地から，自由主義には多様性を認める妥協(modus vivendi)型と普遍的価値についてのコンセンサスを志向する型の「二つの顔」があるとしている．John Gray, *Two Faces of Liberalism* (Cambridge: Polity Press, 2000)／松野弘監訳『自由主義の二つの顔――価値多元生義と共生の政治哲学』ミネルヴァ書房，2006 年.

(45) 石田淳「人権と人道の時代における強制外交――権力政治の逆説」大芝亮・古城佳子・石田淳責任編集『日本の国際政治学 2　国境なき国際政治』有斐閣，2009 年，231 頁.

(46) 前者に Ted Robert Gurr, *People versus States : Minorities at Risk in the New Century* (Washington DC : United States Institute of Peace Press, 2000)，後者に Paul Collier and

Anke Hoeffler, "Greed and Grievance in Civil Wars," *Oxford Economic Papers* 56, no.4 (2004); James D.Fearon and David D. Laitin, "Ethnicity, Insurgency, and Civil War," *American Political Science Review* 97, no.1 (2003), pp.75-90 がある.

(47) Otto Kirchheimer, *Political Justice: The Use of Legal Procedure for Political Ends* (Princeton, NJ: Princeton University Press, 1961), p.6.

(48) 安保理によって付託された事態にスーダンとリビア，ICC 検察官が捜査を開始した事態にケニア，コートジヴォワール，ジョージア，ブルンジがある．なお，自己付託の場合でも自ら付託した当該国政府の意図に反して政府関係者が訴追対象になる可能性があるが，これまでのところ ICC ではそのような事態は生じていない．

第 3 章

(1) このほかマリが自国内の事態を 2012 年 7 月に付託したが，比較的最近の事例であり十分な検証が難しいため本章の事例研究からは除外する．

(2) William A. Schabas, *An Introduction to the International Criminal Court.* 4th ed. (New York: Cambridge University Press, 2011), p.159; W. A. Schabas, "'Complementarity in Practice': Some Uncomplimentary Thoughts," *Crminal Law Forum* 19, no.1 (2008), pp. 12-18.

(3) そのため法学者の間では自己付託の法的妥当性をめぐって様々な議論が行われた．例えば以下の文献を参照．Claus Kress, "'Self-Referrals' and 'Waivers of Complementarity': Some Considerations in Law and Policy," *Journal of International Criminal Justice* 2, no.4 (2004), pp.944-48; Gaeta Paola, "Is the Practice of 'Self-Referrals' a Sound Start for the ICC?" *Journal of International Criminal Justice* 2, no.4 (2004), pp.949-52; Schabas, "Complementarity in Practice," pp.5-33; Andreas Th. Müller and Ignaz Stegmiller, "Self-Referrals on Trial; From Panacea to Patient," *Journal of International Criminal Justice* 8, no.5 (2010), pp.1267-94. なお，ロビンソン (Darryl Robinson) は，ローマ規程の準備委員会などで「犯罪が行われた国」による付託が議論されたことなどから自己付託は想定外ではなかったと主張しているが，これについては前述のように概ね犯罪行為地国である締約国が第三国の責任を訴えることを想定していたとの解釈があるため，本書では「自己付託はローマ規程起草段階では想定外であった」との多数派の見解に従っている．Darryl Robinson, "The Controversy over Territorial State Referrals and Reflections on ICL Discourse," *Journal of International Criminal Justice* 9, no.2 (2011), pp. 355-84.

(4) Refugee Law Project, "Whose Justice? Perceptions of Uganda's Amnesty Act 2000," *Refugee Law Project Working Paper* no.15 (February 2005), p.7.

(5) Human Rights Watch, *Uprooted and Forgotten: Impunity and Human Rights Abuses in Northern Uganda* (September 2005), pp.9-10.

(6) ICC Press Release, "President of Uganda refers situation concerning the Lord's Resistance Army (LRA) to the ICC," ICC-20040129-44 (January 29, 2004).

(7) Refugee Law Project, "Whose Justice?" p.9; Tim Allen, *Trial Justice: The International Criminal Court and the Lord's Resistance Army* (London: Zed Books, 2006), p.48; Adam Branch, "Uganda's Civil War and the Politics of ICC Intervention," *Ethics & International*

Affairs 21, no.2 (2007), p.184; International Crisis Group, "Northern Uganda: The Road to Peace, With or Without Kony," *African Report* no.152 (December 10, 2008), p.15.

(8) IRIN, "Uganda: 1,000 Displaced Die Every Week in War-torn North" (August 29, 2005); HRW, *Uprooted and Forgotton*.

(9) Payam Akhavan, "The Lord's Resistance Army Case; Uganda's Submission of the First State Referral to the International Criminal Court," *American Journal of International Law* 99, no.2 (2005), pp.404, 415–20; Allen, *Trial Justice*, pp.116–17.

(10) Tim Allen のインタビューに対する LRA 准将バンヤ(Kenneth Banya)の発言(*Trial Justice,* pp.120–21).

(11) Allen, *Trial Justice,* 94; "ICC may drop LRA charges," *New Vision* (November 14, 2004); Ali Mao, "Govt can withdraw ICC case, say army," *New Vision* (January 4, 2005).

(12) Refugee Law Projet による調査("Whose Justice?")参照．またアチョリにおける伝統的司法や和解の概念については，Allen, *Trial Justice* も参照．

(13) *New Vision*, "Court Rules Out Kony Immunity" (April 17, 2005).

(14) "interests of justice" の外務省公定訳は「裁判の利益」であるが，これについては同条文の意味する "justice" が「裁判」よりは広義であり「正義」の訳語の方がふさわしいとの指摘があるため，このように表現した(竹村仁美「日本と国際刑事裁判所における検察官の裁量」『九州国際大学法学論集』第 15 巻 3 号(2009 年)237 頁，注 196; ウィリアム・シャバス／鈴木直訳『勝者の裁きか，正義の追求か──国際刑事裁判の使命』岩波書店，2015 年，33 頁，訳注 25 参照)．"interests of justice" という表現は検察官が捜査の開始にあたり考慮する事項としてローマ規程第 53 条 1 項にも記載されている．ICC 検察局はその後 2007 年の政策ペーパーのなかでこの概念の明確化を図り，"interests of justice" はあくまで例外的に捜査の開始と訴追を阻却する事由であること，また "interests of justice" と "interests of peace" は異なる概念であり後者は ICC 検察官の責任の範囲外であることを強調している．ICC Office of the Prosecutor, "Policy Paper on the Interests of Justice," ICC-OTP-2007 (September 2007).

(15) ICC, "Joint Statement by ICC Chief Prosecutor and the Visiting Delegation of Lango, Acholi, Iteso and Madi Community Leaders from Northern Uganda," ICC-OTP-20050416-99 (April 16, 2005).

(16) 逮捕状は同年 7 月 8 日に発付されていたが，被害者と証人の安全を考慮して極秘扱いとなっていた．

(17) Allen, *Trial Justice,* pp.127 and 186–87. ただし，この交渉は 2004 年 11 月と 2005 年 2 月に政府による限定的な停戦宣言に至ったものの，すでに 2005 年はじめより LRA による民間人の攻撃が激化し，政府側でも 2 月の停戦期間を延長せずに軍事攻撃を開始するといった形で頓挫しかけていたとの指摘もあるため(ICG, "Shock Therapy for Northern Uganda's Peace Process," *Africa Briefing* no.23 (April 11, 2005)，必ずしも ICC の訴追が和平の障害になったとは言い切れないところもある．

(18) AFP, "ICC urged to drop charges against Kony" (July 12, 2006).

(19) Annexure to the Agreement on Accountability and Reconciliation (February 19, 2008), Article 7.

(20) International Crisis Group, "Northern Uganda: The Road to Peace, With or Without

Kony," *African Report* no.152 (December 10, 2008), p.9.

(21) オカンポ検察官の声明は, ICC "Twelfth Diplomatic Briefing of the International Criminal Court" (March 18, 2008) より引用. ICG, "Northern Uganda," p.3 も参照.

(22) Riek Machar, "Report and recommendations of the chief mediator of the peace process between the Government of the Republic of Uganda and the Lord's Resistance Army," para.14, Enclosed in UN Doc. S/2008/414 (June 24, 2008).

(23) ICG, "Northern Uganda," pp.3–4.

(24) IRIN, "DRC: Civilians suffer as Uganda takes on LRA" (January 20, 2009); HRW, *Trial of Death: LRA Atrocities in Northeastern Congo* (March 2010), p.5.

(25) 現在のコンゴ民主共和国は独立以降, 頻繁に国名を変更しているが, 本節では以下, コンゴで統一する.

(26) ICC Press Release. "Prosecutor receives referral of the situation in the Democratic Republic of Congo," ICC-OPT-20040419-50 (April 19, 2004), http://www.icc-cpi.int/en_menus/icc/press%20and%20media/press%20releases/2004/Pages/prosecutor%20receives%20referral%20of%20the%20situation%20in%20the%20democratic%20republic%20of%20congo.aspx (accessed July 14, 2013). オカンポのこの姿勢は「積極的補完性」の原則と呼ばれ, ICC 検察局自身,「可能であれば国内での純粋な審理を奨励し, 国内および国際的ネットワークを活用し, 国際協力のシステムに参画する」ことと説明している. ICC Office of Prosecutor, "Report on Prosecutorial Strategy" (September 14, 2006), pp.4–5.

(27) 武内進一「コンゴ民主共和国における紛争解決の難航」川端正久・武内進一・落合雄彦編『紛争解決　アフリカの経験と展望』ミネルヴァ書房, 2010 年, 37～40 頁.

(28) ヒューマン・ライツ・ウォッチはイトゥリにおいて 2002 年 7 月～2003 年 3 月の間だけでも少なくとも民間人 5000 人が犠牲になったとしている. HRW, *Ituri: Covered in Blood: Ethnically Targeted Violence in Northeastern Congo* (July 2003). キヴ州でも 2004 年 2 月以降の政府派と反政府派の間の武力衝突により, 10 万人以上が故郷を追われた. ICG, "The Congo's Transition Is Falling: Crisis in the Kivus," *Africa Report* no.91 (March 30, 2005), p.i.

(29) 死亡の大半は紛争の結果引き起こされた病気と栄養失調による. International Rescue Committee (IRC), "IRC study reveails that 31,000 die monthly in Congo conflict and 3.8 million died in the past six years—when the world care?" Press Release (December 9, 2004).

(30) Global and Inclusive Agreement on Transition in the Democratic Republic of the Congo (signed in Pretoria on December 16, 2002), III-Transition Principles 8. これに基づいてコンゴでは 2003 年 4 月に恩赦についての大統領令が発布され, 2005 年には恩赦法が制定された.

(31) 暫定政権に参加した武装勢力は, 1) RCD 主流派である RCD ゴマ, 2) RCD ゴマから分裂した RCD-K/ML (RCD Kisangani-Mouvement de Libération), 3) RCD-K/ML から分裂した RCD-National, 4) MLC (Mouvement pour la Libération du Congo), 5) マイマイである.

(32) ICG, "The Congo's Transition Is Falling," pp.4–7.

(33) Global and Inclusive Agreement on Transition in the Democratic Republic of the Con-

go（signed in Pretoria on December 16, 2002）, IV-Duration of the Transition. この規定によれば選挙は2005年7月に行われる予定だったが，実際には準備が遅れ2006年7月に行われた．

(34) William W. Burke-White "Complementarity in Practice: The International Criminal Court as Part of a System of Multi-level Global Governance in the Democratic Republic of Congo," *Leiden Journal of International Law* 18 no.3（2005）, pp.565-66. ベンバは2006年7月に行われた大統領選挙でカビラに僅差で敗れ，翌年1月には上院議員に当選して野党として影響力を保持していたが，2007年に欧州滞在中に中央アフリカにおける犯罪の容疑でICCに起訴された．ルベルワは起訴されていない．なお，カビラ大統領の主要な対抗勢力を形成していたベンバの逮捕について，武内は「逮捕がコンゴ国内におけるベンバの政治力を失わせ，カビラ政権側に有利に作用したことは間違いない」(武内「コンゴ民主共和国における紛争解決の難航」注11)と述べ，また，ベルギーのコメンテーターもベンバの逮捕がコンゴにおける野党の発展の可能性をなくしたと発言している．ICTJ, *DRC: Impact of the Rome Statute and the International Criminal Court,* note 19.

(35) ヒューマン・ライツ・ウォッチ「コンゴ民主共和国――カビラ大統領が野党など反対派に残虐な弾圧」(2008年11月25日)，https://www.hrw.org/ja/news/2008/11/25/235082.

(36) HRW, "We Will Crush You: The Restriction of Political Space in the Democratic Republic of Congo"（November 25, 2008）, https://www.hrw.org/sites/default/files/reports/drc1108web.pdf.

(37) うち2名(ルバンガ[Thomas Lubanga Dyilo]コンゴ解放愛国軍[FPLC]元最高司令官，カタンガ[Germain Katanga]イトゥリ愛国抵抗軍[FRPI]元指揮官)に有罪判決が下され，1名(ングジョロ[Mathieu Ngudjolo Chui]民族主義者・統合主義者戦線[FNI]の元指導者)は無罪放免，1名(ンバルシマナ[Callixte Mbarushimana]ルワンダ解放民主軍[FDLR]事務局長)は予備裁判の段階で釈放，1名(ムダクムラ([Sylvestre Mudacumura])FDLR最高司令官)は逃亡中である．残る1名のンタガンダ(Bosco Ntaganda)については後述．ICCホームページhttps://www.icc-cpi.int/drc参照(last accessed February 27, 2019)．

(38) 2008年の合意に基づいて2009年5月には従来の恩赦法(注30参照)を南北キヴ州にも拡大する形で法制化された(Law 09/003)．

(39) HRW, *Selling Justice Short: Why Accountability Matters for Peace*（July 2009）, pp. 45-47.

(40) HRW, *Attacks on Civilians in Eastern Congo*（December 2009）, p.31.

(41) Ibid., pp.27-42; HRW, *Selling Justice Short*, pp.52-54; ICG, "Eastern Congo: Why Stabilisation Failed," *Africa Briefing* no.91（October 2012）, p.2.

(42) ICG, "Eastern Congo," note 80.

(43) 同作戦は国連コンゴ民主共和国安定化ミッション(UN Organization Stabilization Mission in the Democratic Republic of the Congo: MONUSCO)の限定的支持も得ていた．

(44) ICG, "Eastern Congo," p.4.

(45) Ibid., p.2.

(46) Ibid., p.6.

(47) 3000か所以上の投票所から投票用紙が紛失する一方で，カビラ大統領の支持基盤である地区では100％を超える投票率を記録される事態などが発生し，EUの選挙監視団や米国のカーターセンターは選挙結果の信憑性に疑問を呈した．Eastern Congo Initiative, "Democratic Republic of Congo 2011 Presidential Elections: Eastern Congo Initiative's Final Report"（January 2012）.

(48) Ibid., p.9.

(49) HRW, "DR Congo: M23 Rebels Committing War Crimes"（September 11, 2012）and "DR Congo: War Crimes by M23, Congolese Army"（February 5, 2013）; MONUSCO and OHCHR, "Report of the United Nations Joint Human Rights Office on Human Rights Violations Perpetrated by Soldiers of the Congolese Armed Forces and Combatants of the M23 in Goma and Sake, North Kivu Province, and in and around Minova, South Kivu Province, from 15 November to 2 December 2012"（May 2013）. その後もM23およびコンゴ政府軍双方による残虐行為が続いている．UN Security Council, "Report of the Secretary-General on MONUSCO," S/2013/388（June 28, 2013）"; HRW, "DR Congo: M23 Rebels Kill, Rape Civilians"（July 22, 2013）.

(50) MONUSCO and OHCHR, " Report ," para.43. 制裁リストはUN Security Council, "List of Individuals and Entities Subject to the Measures Imposed by Paragraphs 13 and 15 of Security Council Resolution 1596（2005）, as Renewed by Paragraph 3 of Resolution 2078（2012）," http://www.un.org/sc/committees/1533/pdf/1533_list.pdf.

(51) Framework for Peace, Security and Cooperation for the Democratic Republic of the Congo and the Region. 詳細についてはUN Security Council, "Special Report of the Secretary General on the Democratic Republic of the Congo and the Great Lakes Region," S/2013/119（February 27, 2013）参照.

(52) 安保理決議2098（S/RES/2098, March 28, 2013）, para.9. 設立の経緯についてはS/2013/119, para.60. 山下光「MONUSCO介入旅団と現代の平和維持活動」『防衛研究所紀要』第18巻1号（2015年）7～8頁.

(53) UN Security Council, "Report of the Secretary-General on MONUSCO," S/2016/579（June 28, 2016）, paras.21-28; UN Security Council, "Report of the Secretary-General on MONUSCO," S/2016/833（October 3, 2016）, paras.23-34等参照.

(54) 本文執筆後の2018年12月30日に実施された大統領選では，野党候補のチセケディ（Félix Tshisekedi）の当選が発表された．しかし，各種調査ではベンバをはじめとするカビラ大統領に敵対する勢力が後押しし，カビラ政権の汚職対策を訴えたファユル（Martin Fayulu）の優勢が伝えられており，カビラの後継候補（シャダリ［Emmanuel Ramazani Shadary］元内務大臣）が明らかに国民の支持を得ることができないなかで，ファユルの当選を阻むために，次善策として比較的カビラに友好的なチセケディの当選が不正に画策されたとみられている．The Economist, "Amid allegations of fraud, Congo's high court confirms a new president—Lucky Félix"（January 21, 2019）, https://www.economist.com/middle-east-and-africa/2019/01/21/amid-allegations-of-fraud-congos-high-court-confirms-a-new-president（accessed February 26, 2019）; 日本経済新聞「コンゴ民主共和国，大統領選再集計の是非判断へ」（2019年1月18日）.

(55) UN Security Council, "Report of the Secretary-General on MONUSCO," S/2013/388 (June 28, 2013), paras.2–4.
(56) 2013年にはベンバの裁判において，証人に賄賂を渡して偽証させたなどの容疑で，ベンバの弁護人らも起訴された．ICC, Warrant of arrest for Jean-Pierre Bemba Gombo, Aimé Kilolo Musamba, Jean-Jacques Mangenda Kabongo, Fidèle Babala Wandu, and Narcisse Arido, ICC-01/05-01/13-1-Red 2-tENG (November 20, 2013).
(57) FIDH, *War Crimes in the Central African Republic: When the Elephants Fights, the Grass Suffers* (February 2003).
(58) Amnesty International, *Central African Republic: Five Months of War against Women* (November 10, 2004).
(59) ICC, "Background Situation in the Central African Republic," ICC-OPT-BM-20070522-A_EN (May 22, 2007).
(60) ICC Press Release, "ICC－Prosecutor opens investigation in the Central African Republic," ICC-OPT-20070522-220 (May 22, 2007), http://www.icc-cpi.int/en_menus/icc/situations%20and%20cases/situations/situation%20icc%200105/press%20releases/Pages/prosecutor%20opens%20investigation%20in%20the%20central%20african%20republic.aspx. (accessed August 6, 2013).
(61) HRW, *State of Anarchy: Rebellion and Abuses against Civilians* (September 2007), p. 4.
(62) ICG, "Central African Republic: Untangling the Political Dialogue," *Africa Briefing* no.55 (December 9, 2008), p.8.
(63) Ibid.
(64) Ibid., p.6.
(65) HRW, *Unfinished Business,* pp.31–33.
(66) セレカにも防衛大臣を含む5つの大臣ポストが与えられたが，その他の司法や外務等の重要ポストは政府が握った．ICG, "Central African Republic: Priorities of the Transition," *Africa Report* no.203 (June 11, 2013), pp.18–21.
(67) Ibid., p.26.
(68) HRW, "Central African Republic: ICC Investigaton Needed" (June 26, 2014); HRW, *World Report 2015; Event of 2014* (2015), pp.143–48.
(69) Ibid.

第4章

(1) 本事例研究の主な分析対象であるバシール大統領は，本文執筆後の2019年4月11日に数か月に及んだ民衆デモの末に失脚した．そのため，スーダン情勢は，バシール大統領の裁きも含め流動化しているが，国家指導者の国際刑事訴追という本書の趣旨に照らした場合，本節の分析の意義に影響を及ぼすものではないと考えている．なお，バシール失脚後のスーダン情勢をICCとの関係で分析した論文としては，次が優れている．Mark Kersten, "Bashir to the ICC? Seeing the Forest for the Trees, While Preparing for One to Fall," *Justice in Conflict* (April 16, 2019), https://justiceinconflict.org/2019/04/16/bashir-to-the-icc-seeing-the-forest-for-the-trees-while-preparing-for-one-to-fall

(accessed April 17, 2019).

(2) International Crisis Group, "Sudan's Spreading Conflict (III): The Limits of Darfur's Peace Process," *Africa Report* no.211 (January 27, 2014), p.1.

(3) ICG, "Sudan: Justice, Peace and the ICC," *Africa Report*, no.152 (July 17, 2009), p.4. 40万人という数字はダルフールへの人道的介入を求める米国のアドヴォカシー運動「ダルフール救済(Save Darfur)」キャンペーンが出したものである．これらの数字の政治性については，Mahmood Mamdani, *Saviors and Survivors: Darfur, Politics, and the War on Terror* (New York: Doubleday Religion, 2008), pp.25-39.

(4) 反政府勢力側の攻撃の残忍さについても指摘されており，例えば国連の調査委員会は戦争犯罪を構成する深刻な国際人権，人道法違反の十分な証拠があるとしている．International Commission of Inquiry on Darfur, *Report to the Secreatary-General,* (Geneva, January 25, 2005).

(5) ICCローマ規程第6条およびジェノサイド禁止条約第2条.

(6) ジェノサイド禁止条約第1条は「締約国は，集団殺害が，平時に行われるか戦時に行われるかを問わず，国際法上の犯罪であることを確認し，これを防止し及び処罰することを約束する」と規定している.

(7) それぞれ安保理決議1556(S/RES/1556, July 30, 2004)，1564(S/RES/1564, September 18, 2004).

(8) International Commission of Inquiry on Darfur, *Report to the Secreatary-General.*

(9) 安保理決議1593(S/RES/1593, March 31, 2005)．決議は賛成11：反対0：棄権4(米国，中国，アルジェリア，ブラジル)で採択された．米国はスーダンの事態はアフリカの混合法廷で裁かれるほうが望ましく，ICCが締約国でない国家の指導者や国民を裁くのは主権の侵害にあたると考えるが，国際社会が一致した態度をとる必要があると述べ，決議に反対はせず棄権した．中国もスーダン政府の同意なしにICCに事態を付託することに反対の立場を表明し，スーダンの裁判所かAUの混合パネルで裁かれるべきだと述べた．Security Council 5158th meeting, S/PV.5158(March 31, 2005).

(10) 米国国務省は2004年6月に，アフリカ人権委員会は同年7月にそれぞれ調査団を派遣している．米国調査団がダルフールでジェノサイドが起きていると結論付けているのに対し，アフリカ人権委員会の報告は，スーダン政府によって戦争犯罪と人道に対する罪に該当する犯罪が行われているとしながら，ジェノサイドに該当する犯罪行為が行われているか否かについての判断は保留し，政府が国連調査団の捜査に協力するよう要請している．米国国務省の調査の詳細についてはJohn Hagan and Wenona Rymond-Richmond, *Darfur and the Crime of Genocide* (New York: Cambridge University Press, 2009)，アフリカ人権委員会の報告書は，Report of ACHPR Fact-Finding Mission to the Repoublic of Sudan in the Darfur Region, EX.CL/364 (XI) Annex III (Pretoria, South Africa, September 20, 2004), http://www.achpr.org/states/sudan/missions/fact-finding-2004.

(11) Julie Flint and Alex de Waal, *Darfur: A New History of a Long War*, 2nd ed. (London: Zet Books, 2008), Chapter 7, note 37.

(12) AU High-Level Panel on Darfur (AUPD), "Sudan: Darfur—The Quest for Peace, Justice and Reconciliation, Report of the African Union High-Level Panel on Darfur" (Abuja,

Nigeria, October 29, 2009), paras.215–23.

(13) ICG, "Sudan: Justice, Peace and the ICC," p.11; AUPD, *Quest for Peace, Justice and Reconciliation*, para.217.

(14) ICC はハルンがダルフールの治安担当者として警察や軍，治安・諜報機関，ジャンジャウィードの調整役を務めたとして，人道に対する罪(計 20 件)と戦争犯罪(計 22 件)の容疑で起訴した．ICC, Warrant of Arrest for Ahmad Harun, ICC–02/05–01/07–2 (April 27, 2007).

(15) クシャイブは人道に対する罪(計 22 件)と戦争犯罪(計28 件)の容疑で起訴された．ICC, Warrant of Arrest for Ali Kushayb, ICC-02/05-01/07-3 (April 27, 2007).

(16) ICG, "Sudan: Justice, Peace and the ICC," p.11.

(17) HRW, *Selling Justice Short: Why Accountability Matters for Peace* (July 2009), p.73.

(18) AUPD, "The Quest for Peace, Justice and Reconciliation," para.242.

(19) ICG, "Justice, Peace and the ICC," pp.17–18.

(20) Ibid., pp.12–13.

(21) Laurie Nathan, "The Making and Unmaking of the Darfur Peace Agreement," in Alex de Waal ed., *War in Darfur and the Search for Peace* (Cambridge, MA: Global Equity Initiative, Harvard University, 2007), pp.245–66.

(22) ICG, "Justice, Peace and the ICC," pp.7–8 and 17; 外務省外務報道官談話「スーダン政府と「正義と平等運動」(JEM)との合意文書署名について」(2009 年 2 月 18 日), http://www.mofa.go.jp/mofaj/press/danwa/21/dga_0218.html

(23) ICG, "Justice, Peace and the ICC," p.20.

(24) ICG, "Sudan's Spreading Conflict (III)," pp.17–18.

(25) ICC ホームページ https://www.icc-cpi.int/darfur/albashir (accessed August 1, 2016).

(26) 前述したように逮捕状が請求された直後に要求したほか，スーダン政府が 2008 年 9 月に AU の平和安全保障理事会に国内改革の進捗状況を記載した報告書を提出すると，AU はジャン・ピン委員長の書簡とともにスーダン政府の報告書を安保理理事国に送付し，バシール大統領の訴追の延期を求める決議を採択するよう再度，要求した．

(27) African Union, "Decision on the Meeting of African States Parties to the Rome Statute of the International Criminal Court (ICC)," Doc. Assembly/AU/13 (XIII) (Sirte, Libya, July 3, 2009), para.3.

(28) ボツワナ，ウガンダ，チャドはこの決議に従わない姿勢を明らかにした．

(29) AUPD, "The Quest for Peace, Justice and Reconciliation."

(30) ICG, "Sudan's Spreading Conflict (III)," p.1.

(31) AUPD, "The Quest for Peace, Justice and Reconciliation," para.189.

(32) ICG, "Sudan's Spreading Conflict (III)."

(33) ICC ローマ規程第 86 条は，締約国が ICC の捜査と訴追に協力する義務を負うことを規定している．

(34) Camila Demonoske, "South Africa Announces Withdrawal from International Criminal Court," *NPR* (October 21, 2016), http://www.npr.org/sections/thetwo-way/2016/10/21/498817513/south-africa-announces-withdrawal-from-international-criminal-court (accessed Oc-

tober 24, 2016).

(35) 例えば，Navi Pillay, Richard Goldstone, and Mark Kersten, "A Graceful Exit for South Africa's ICC Withdrawal Plans" (September 10, 2018), https://justiceinconflict.org/2018/09/10/a-graceful-exit-for-south-africas-icc-withdrawal-plans/#more-7625 (accessed September 11, 2018).

(36) リビアの事態ではカダフィを含む当初の3名(カダフィ，カダフィの次男であるセイフ・イスラム，情報機関トップのサヌーシ)に対する訴追に加えて，カダフィ政権下で公安庁(Internal Security Agency)長官を務めたカリッド(Al-Tuhamy Mohamed Khaled)にも2013年に極秘に逮捕状が発付されていたことが2017年に明らかにされた．また2017年にはカダフィ政権崩壊後の混乱のなかで生じた戦争犯罪の容疑でリビア軍の指揮官であるワルファリ(Mahmoud Mustafa Busayf al-Werfalli)にも逮捕状が発付された(2018年には2度目の逮捕状が発付された)．本節では本研究の主題である国際刑事裁判と紛争の平和的解決に最も関係するカダフィに対する訴追に焦点を絞って分析する．

(37) UN Security Council 6528th Meeting Record (ICC Prosecutor's first briefing to the Security Council on Libya, May 4, 2011), S/PV.6528, p.3.

(38) 国連安保理決議1970(S/RES/1970, February 26, 2011).

(39) Max du Plessis and Antoinette Louw, "Justice and the Libyan Crisis: the ICC's Role Under Security Council Resolution 1970," Briefing Paper, Institute for Security Studies (Pretoria, May 31, 2011), p.2.

(40) 国連安保理決議1973(S/RES/1973, March 17, 2011).

(41) 3月24日には米軍からNATO軍に作戦指揮権が移譲された．

(42) John W. Miller, Richard Boudreaux and Sam Dagher, "Prosecutor Seeks Gadhafi's Arrest, but Regime Digs In," *Wall Street Journal* (May 16, 2011), http://online.wsj.com/news/articles/SB10001424052748703509104576326860847920224 (accessed January 16, 2014).

(43) カダフィは1979年に全国人民会議書記長を辞任してすべての公職を退いており，以後は実質上の元首としてリビアを統治してきた．

(44) リビア法務大臣Mohammed al-Qamoodiの発言．BBC, "Libya Rejects ICC Warrant for Muammar Gaddafi" (June 27, 2011).

(45) UN Security Council 6566th Meeting Record S/PV.6566 (June 27, 2011), p.2.

(46) Miller, et al., "Prosecutor Seeks Gadhafi's Arrest, but Regime Digs In."

(47) Reuters, "ICC Prosecutor: 'Game over' for Gaddafi in 2–3 months" (June 28, 2011).

(48) Miller, et al., "Prosecutor Seeks Gadhafi's Arrest, but Regime Digs In."

(49) UN Security Council 6566th Meeting Record S/PV.6566 (June 27, 2011), p.4.

(50) Alex de Waal, "The African Union and the Libya Conflict of 2011," *Reinventing Peace* (World Peace Foundation, December 19, 2012), http://sites.tufts.edu/reinventingpeace/2012/12/19/the-african-union-and-the-libya-conflict-of-2011 (accessed December 19, 2013).

(51) AU, Communique of the 265th Meeting of the Peace and Security Council, PSC/PR/COMM.2 (CCLXV), Addis Abeba, March 10, 2011, paras.7 and 8.

(52) de Waal, "The African Union and the Libya Conflict of 2011."

(53) Alex de Waal, "African Roles in the Libyan Conflict of 2011," *International Affairs*

89, no.2 (2013), p.371.

(54) Ibid., p.372.

(55) AU, "Report of the Chairperson of the Commission on Current Challenges to Peace and Security on the Continent and the AU's Efforts," EXT/ASSEMBLY/AU/2.(01.2011), cited in de Waal, "African Roles in the Libyan Conflict of 2011," p.373.

(56) AU, "African Union Decision on the Peaceful Resolution of the Libyan Crisis, May 25, 2011," EXT/ASSEMBLY/AU/DEC/(01.2011). Extraordinary Session of the Assembly of the Union on the State of Peace and Security Africa, Addis Ababa, Ethiopia (May 25, 2011).

(57) UN Security Council 6541st Meeting Record (May 31, 2011), A/PV.6541, p.3.

(58) de Waal, "African Roles in the Libyan Conflict of 2011," p.374.

(59) Dave Clark, "Possible Diplomatic Opening in Libyan Crisis," *AFP* (July 12, 2011).

(60) AU, "Communique: Meeting of the AU High-level Ad Hoc Committee on Libya (Pretoria, South Africa, June 26, 2011), para.6; UN Security Council 6595th Meeting Record (July 28, 2011), S/PV.6595, p.4.

(61) AU Press Release, "Official Presentation by the AU to the Libyan Parties of a Proposal on a Framework Agreement for a Political Solution to the Crisis in Libya" (July 1, 2011).

(62) AU, "Decision on the Implementation of the Assembly Decisions on the International Criminal Court－Doc. Ex. CL/670(XIX)," Assembly. AU/Dec. 366 (XVII), 17th Ordinary Session (Malabo, Equatorial Guinea, June 30－July 1, 2011), para.6.

(63) Andrew Meldrum, "African Union Refuses to Arrest Gaddafi: Africa's Leaders Side with Libyan Leader and against the International Criminal Court," *Global Post* (July 1, 2011), http://www.globalpost.com/dispatches/globalpost-blogs/africa-emerges/african-union-refuses-arrest-gaddafi (accessed December 19, 2013).

(64) カダフィの死について国民暫定評議会はカダフィは拘束後の移送中に旧政府軍との間で発生した銃撃戦に巻き込まれて死亡したとの見解を発表したが，メディアはカダフィが反体制派に虐殺されたことを窺わせる映像を流していた．ヒューマン・ライツ・ウォッチは2012年10月に公表した調査報告で，ミストラータに拠点を置く武装勢力がスルトを脱出しようとしたカダフィらを捉え激しく殴打した後，少なくとも66名を処刑したと述べている．HRW, *Death of a Dictator: Bloody Vengeance in Sirte* (October 2012).

(65) 2015年12月には，両者の間で統一政府の樹立に向けた合意が形成されたが，その後も強硬派が反発し，内戦が続いている．

(66) HRW, "Libya: New ICC Investigation Needed Amid Crisis" (May 11, 2015), https://www.hrw.org/news/2015/05/11/libya-new-icc-investigation-needed-amid-crisis (accessed July 8, 2015); Amnesty Internatinal, "One Year of Conflict: ICC Offers Path to Accountability in Libya" (May 18, 2015), https://www.amnesty.org/download/Documents/MDE1916602015english.pdf (accessed July 8, 2015).

(67) コートジヴォワールも形式的にはICC検察官による捜査着手の事態だが，これは非締約国である同国の要請を受けて行われたもので，実質的には自己付託に近い．

(68) 被害者数はCommission of Inquiry into Post-Election Violence, *Report of the Com-*

mission of Inquiry into Post-Election Violence（Waki Report）, October 15, 2008 による．

（69） "National Dialogue and Reconciliation Accord of 2008"（February 28, 2008）．

（70） これらの一連の合意文書は，アフリカ賢人委員会の調停で行われた「ケニア国民対話と和解（Kenya National Dialogue and Recionciliation）」プロセスのホームページ（http://www.dialoguekenya.org/index.php/agreements.html）で閲覧できる（accessed February 14, 2014）．

（71） ケニアの司法システムは憲法162条に規定されているため，既存の司法制度から独立して活動する特別法廷を設立するためには，憲法改正が必要となる．

（72） 津田みわ「2007/8年紛争勃発後のケニアにおける国民和解と国際刑事裁判所」佐藤章編『紛争と和解――アフリカ・中東の事例から』アジア経済研究所，2012年，109～10頁．

（73） ICC Office of the Prosecutor, "Agreed Minutes of the Meeting between Prosecutor Moreno-Ocampo and the Delegation of the Kenyan government"（The Hague, July 3, 2009）．

（74） Hans Corell, "Note on Handover of CIPEV Materials to the Prosecutor of the ICC,"（July 29, 2009）, http://www.dialoguekenya.org/pressmedia/29-Jul-2009%20-%20Statement%20by%20the%20Legal%20Advisor%20to%20the%20Panel%20of%20Eminent%20African%20Personalities.pdf（accessed February 3, 2014）．

（75） Stephen Brown with Chandra Lekha Sriram, "Big Fish Won't Fry Themselves: Criminal Accountability for Post-Election Violence in Kenya," *African Affairs* 111, no.443（2012）, p.253.

（76） Christine Alai and Njonjo Mue, "Kenya: Impact of the Rome Statute and the International Criminal Court," *ICTJ Briefing*（International Center for Transitional Justice, May 2010）, p.3.

（77） その後，国際人権団体等の圧力によってICCが管轄する重大な国際犯罪について免責は認められないとする法改正が行われ，真実委員会は2010年に活動を開始した．

（78） Brown with Sriram, "Big Fish Won't Fry Themselve," p.254; 松田素二「理不尽な集合暴力はいかにして裁かれるか――2007年ケニア選挙後暴動の軌跡」『アフリカレポート』no.50（2010年）3～9頁．

（79） 他の3名は前産業化相・オレンジ民主運動議長のコスゲイ（Henry Kiprono Kosgey），元警察長官のアリ（Mohamed Hussein Ali），ラジオ局幹部のサング（Joshua arap Sang）．ICC, "Prosecutor's Application Pursuant to Article 58 as to Francis Kirimi Muthaura, Uhuru Muigai Kenyatta and Mohammed Hussein Ali," ICC-01/09-31-Red 2（December 15, 2010）; ICC, "Prosecutor's Application Pursuant to Article 58 as to William Samoei Ruto, Henry Kiprono Kosgey and Joshua Arap Sang," ICC-01/09-30-Red 2（December 15, 2010）．このうち予審裁判部はアリとコスゲイを除く4名について2012年1月23日に人道に対する罪に関する犯罪事実を確認した．さらにムタウラに対する起訴は，ケニア政府が重要な証拠の提供や証人へのアクセスを拒んでいる等の理由で2013年3月11日に取り下げられた．ICC, "Statement by ICC Prosecutor on the Notice to Withdraw Charges against Mr Muthaura"（March 13, 2013）, http://www.icc-cpi.int/

en_menus/icc/press%20and%20media/press%20releases/Pages/OTP-statement-11-03-2013.aspx（accessed February 15, 2014）.

（80） ケニアではこれとは別に2007/8年紛争を調査したケニアの人権団体（国家人権委員会：Kenya National Commission on Human Rights［KNCHR］）の報告書『危機の瀬戸際で（On the Brink of the Precipice）』が200人の被疑者リストを報告書のなかで作成，KNCHRは報告書本体のみを公開しリストは非公開としていたが，7月後半にリストの公開に踏み切った．KNCHRリストには当時の現職大臣7名，副大臣3名，国会議員7名があげられており，前評判通り，その中にはケニヤッタとルトが含まれていた．KNCHR, "On the Brink of the Precipice: A Human Rights Account of Kenya's Post-2007 Election Violence, Final Report"（August 31, 2008）, pp.177-85.

（81） ICG, "Kenya: Impact of the ICC Proceedings," *Africa Briefing* no.84（January 9, 2012）, pp.6-7.

（82） Ibid., pp.6-7; Brown with Sriram, "The Big Fish Won't Fry Themselves," pp.252-53.

（83） Thomas Obel Hansen, "Transitional Justice in Kenya? An Assessment of the Accountability Process in Light of Domestic Politics and Security Concerns," *California Western International Law Journal* 42, no.1（2011）, p.11.

（84） Peter Anyang' Nyong'o, "Petition to the Members of the UN Security Council regarding the Kenyan Case at the ICC"（March 11, 2011）.

（85） ICTJ, "Criminal Accountability, the ICC and the Politics of Succession," *The Kenya Transitional Justice Brief* 1, no.1（April 2011）, p.3.

（86） ICG, "Kenya: Impact of the ICC Proceedings," p.9.

（87） 訴追延期を再度求める3月23日付の安保理議長宛の書簡では，ODMが3月22日にICCが扱う案件を国内で裁くことを支持する決定をしたと記載されているが，直後にはニョンゴから訴追延期に関するODMの立場は変わらないと述べる書簡が安保理の各理事国宛に送られるなど依然としてODM内では見解の相違が続いた．UN Security Council, "Letter dated 23 March 2011 from the Permanent Representative of Kenya to the United Nations addressed to the President of the Security Council," S/2011/201（March 29, 2011）; UN Security Council, "Update Report No.1: Kenya and the ICC"（April 6, 2011）, http://www.securitycouncilreport.org/kenya/（accessed February 16, 2014）; UN Security Council, "Chronology of Event; Kenya"（December 3, 2013）, http://www.securitycouncilreport.org/chronology/kenya.php（accessed February 16, 2014）.

（88） ICC, "Application on Behalf of the Government of the Republic of Kenya Pursuant to Article 19 of the ICC Statute" ICC-01/09-01/11-19（March 31, 2011）, para.2.

（89） ICCローマ規程第17条.

（90） ICC, "Decision on the Application by the Government of Kenya Challenging the Admissibility of the Case Pursuant to Article 19(2)(b) of the Statute ICC-01/09-01/11-101 and ICC-01/09-02/11-96（May 30, 2011）; ICC, "Judgment on the Appeal of the Republic of Kenya against the Decision of Pre-Trial Chamber II of May 30, 2011" ICC-01/09-02/11-274（August 30, 2011）.

（91） ICG, "Kenya: Impact of the ICC Proceedings," p.11.

（92） Dominic Burbidge, "Kenya: to the Election, and Beyond. Part One," *Democracy in Af-*

rica (February 5, 2013), http://democracyinafrica.org/kenya-to-the-election-and-beyond/ (accessed February 17, 2014).

(93) Burbidge, "Kenya: to the Election, and Beyond. Part One." G7連合にはルト，ケニヤッタ，ムショカの他，Eugene Wamalwa, Omingo Magara, Aden Duale, Najib Balalaが加わった．このうちNajib BalalaはG7を離脱してオディンガ率いるODMに復帰した．ICG, "Kenya: Impact of the ICC Proceedings," p.11.

(94) ケニヤッタ＝ルト連合に加わっていたムショカは，2012年12月にオディンガの陣営に加わった．

(95) HRW, "African Union: Don't Let Them In!!" (May 13, 2013), https://www.hrw.org/news/2013/05/13/african-union-dont-let-them (accessed February 18, 2014).

(96) *The Economist*, "A Kenyatta is Back in Charge" (March 16, 2013).

(97) 津田みわ「2017年大統領選挙に向かうケニア——国政選挙への募る不信」『アフリカレポート』第54号(2016年)97頁.

(98) ロイター,「ケニア大統領選でケニヤッタ氏当選，半数わずかに超える得票」(2013年3月11日)，http://jp.reuters.com/article/topNews/idJPTYE92A00N20130311 (2014年2月18日アクセス).

(99) BBC News, "African Union Accuses ICC of 'Hunting' Africans" (May 27, 2013); UN Security Council, "Chronology of Event; Kenya."

(100) AU, "Decision on Africa's Relationship with the Internaiotnal Criminal Court (ICC)," xt/Assembly/AU/Doc. 1 (October 13, 2013).

(101) UN Security Council, "Identical Letters dated 21 October 2013 from the Permanent Representative of Kenya to the United Nations addressed to the Secretary-General and the President of the Security Council," S/2013/624 (October 22, 2013).

(102) 採決に先立ち，10月31日に安保理はAUの代表と面会し意見交換を行ったが，決議案は安保理内の意見対立が解消せず，採択の見込みがないまま採決にかけられた．賛成したのは決議を提案したアフリカ3国の他，アゼルバイジャン，中国，パキスタン，ロシア．棄権したのはアルゼンチン，オーストラリア，フランス，グアテマラ，ルクセンブルク，韓国，英国，北アイルランド，米国．棄権した国々は，ケニアの事態に対するICCの訴追が「国際の平和と安全に対する脅威」を構成するとは言い難く，また，訴追が正副大統領の職務遂行に支障をきたしかねないとのケニアの懸念を議論するにふさわしい場は安保理ではなく5日後に開催を控えたICC締約国会議であると考えたが，アフリカ諸国との関係を重視して(反対ではなく)棄権という選択をした．UN Security Council 7060th Meeting, S/PV.7060 (November 15, 2013).

(103) ICC, "Decision on the Withdrawal of Charges against Mr Kenyatta," ICC-01/09-02/11 (March 13, 2015).

(104) ICC, "Ruto and Sang Case: ICC Trial Chamber V(A) Terminates the Case without Prejudice to Re-prosecution in Future," ICC-CPI-20160405-PR 1205 (April 5, 2016).

(105) HRW, "ICC: Hopes for Justice Set Back" (December 5, 2014), https://www.hrw.org/news/2014/12/05/icc-hopes-justice-set-back (accessed July 9, 2015).

(106) ICC, "Statement by ICC Prosecutor on the Notice to Withdraw Charges against Mr Muthaura" (November 3, 2013), http://www.icc-cpi.int/en_menus/icc/press%20and%20media/

press%20releases/Pages/OTP-statement-11-03-2013.aspx（accessed July 9, 2015）. ICC 検察官の当初の捜査対象となった 6 名のうち，残るコスゲイとアリについては捜査段階で証拠不十分の理由により審理が終了され，サングについてはルトと同じく 2013 年 9 月に公判が始まった．

（107） Julie Flint and Alex de Waal, "To Put Justice before Peace Spells Disaster for Sudan," *Guardian*（March 6, 2009）, http://www.theguardian.com/commentisfree/2009/mar/06/sudan-war-crimes（accessed April 1, 2014）.

（108） ICG, "Popular Protest in North Africa and the Middle East（V）: Making Sense of Libya," *Middle East/North Africa Report* no.107（June 6, 2011）, p.ii.

（109） 新設されるアフリカ人権司法裁判所の国際刑事法部門については，稲角光恵「アフリカ連合（AU）のアフリカ国際刑事裁判所の概要と特徴」『金沢法学』第 59 巻 1 号（2016 年）1～25 頁参照．

（110） AU, Withdrawal Strategy Document（January 12, 2017）, https://www.hrw.org/sites/default/files/supporting_resources/icc_withdrawal_strategy_jan._2017.pdf#search=%27withdrawal+strategy+document+au%27, p.12.「脱退戦略文書」はそのタイトルが示唆するように AU 諸国による ICC 脱退のロードマップを示すというよりは，国家元首に刑事訴追が及ばないようにする様々な改革案が提示されたものとなっている．アフリカ地域の刑事システム強化の他には，ICC ローマ規程を改正し，安保理の役割を見直すことなどが提案されている．なお，アフリカ諸国は ICC への反発に関して一枚岩ではなく，シエラレオネ，コートジヴォワール，ザンビア，ナイジェリア，マラウイ，セネガル，ボツワナは ICC への支持を表明している（「脱退戦略文書」p.7）.

第 5 章

（1） この他，コートジヴォワールの事態では，2010 年の大統領選後に発生した一連の暴力的衝突でバグボ前大統領が人道に対する罪で起訴・逮捕され，ICC 初の元国家元首に対する裁判が行われた．しかし，本文執筆後の 2019 年 1 月 15 日に，検察側の立証が不十分であるとして無罪が言い渡され，ICC の訴追能力や正統性（これには大統領選の一方の候補者であるバグボとその側近のみが裁かれ，国際社会の肩入れで大統領に就任した現政権側の責任が不問に付されているとの批判も含まれる）について議論が起きている．

（2） William W. Burke-White, "Proactive Complementarity: The International Criminal Court and National Courts in the Rome System of International Justice," *Harvard International Law Journal* 49, no.1（2008）, p.53.

（3） ICTY と ICTR が犯罪行為地国から遠く離れたオランダのハーグで開催され，現地社会への成果の還元に乏しかったとの批判と反省から，ICC や混合法廷では，現地社会に国際法廷の活動を伝えるアウトリーチ活動に力が入れられるようになっている．ICC では被害者救済のために被害者信託基金も設けられ，混合法廷では法律家を育成する能力構築の側面も強調されている．

（4） Samuel P. Huntington, *The Third Wave: Democratization in the Late Twentieth Century*（Norman, OK: University of Oklahoma Press, 1991）, p.228／坪郷實・中道寿一・藪野祐三訳『第三の波――20 世紀後半の民主化』三嶺書房，2000 年．

(5) Ibid., p.231.

(6) Ibid., p.217.

(7) Ibid., p.231.

(8) Ibid., p.228.

(9) Juan J. Linz, *The Breakdown of Democratic Regimes: Crisis, Breakdown and Reequilibration* (Baltimore and London: Johns Hopkins University Press, 1978), p.45.

(10) Ibid., pp.34–49.

(11) Adam Przeworski, *Democracy and the Market: Political and Economic Reforms in Eastern Europe and Latin America* (Cambrdige: Cambridge University Press, 1991), pp. 75–76. プシェヴォルスキはこの他，新政権が軍部の影響力を温存させる理由として，急進派の牽制と国防の必要性もあげている(Ibid., pp.76–77). また，交渉による体制移行が可能となるためには新旧双方の主要勢力の利害が民主化によって阻害されないことを保障する制度的妥協が必要だが，こうした妥協は旧政権側が過去の抑圧行為に対する責任を追及される恐れを抱く場合には不可能になり，武力による体制移行の道しか残されなくなるとも述べている．"Democracy as a Contingent Outcome of Conflicts," in Jon Elster and Rune Slagstad eds., *Constitutionalism and Democracy* (Cambridge: Cambridge University Press, 1988), pp.70–76 and 79–80.

(12) John H. Herz, "On Reestablishing Democracy after the Downfall of Authoritarian or Dictatorial Regimes," *Comparative Politics* 10 (1978), p.560.

(13) John H. Herz, "Conclusion." in Herz ed. *From Dictatorship to Democracy: Coping with The Legacies of Authoritarianism and Totalitarianism* (Westport CT and London: Greenwood Press, 1982), pp.288–89. 体制移行期の正義の追求の問題は，旧体制関係者が過去の責任追及の可能性に対して抱く不安が体制移行を阻害しうるという点で，相手が力によって現状を変更するのではないかという不安が軍備縮小を阻害するという，ハーツ自身が命名した国際政治における「安全保障のディレンマ」(John H. Herz, "Idealist Internationalism and the Security Dilemma," *World Politics* 2, no.2 [1950])に通じる問題である．

(14) Guillermo O'Donnell and Philippe C. Schmitter eds., *Transitions from Authoritarian Rule: Tentative Conclusions about Uncertain Democracies* (Baltimore MD: Johns Hopkins University Press, 1986), p.30. ただし，オドネルとシュミッターはこの膨大なリスクにもかかわらず，前政権の重大な人権侵害の責任者を処罰することが「まだましな戦略("least worst" strategy)」であると述べ，旧政権下での人権侵害が深刻であればあるほど社会の安定を求めて軍を擁護する勢力が弱まることに希望をつないでいる(pp.30–31).

(15) より最近では，エルスター(Jon Elster)が，移行期正義の実現には交渉による体制移行の制約に加えて，貴重な資源を社会の再建に割かなくてはならない経済的制約があると指摘している．Jon Elster, *Closing the Books: Transitional Justice in Historical Perspective* (Cambridge: Cambridge University Press, 2004), pp.208–11.

(16) Priscilla B. Hayner, *Unspeakable Truths: Confronting State Terror and Atrocity* (New York: Routledge, 2001), pp.13–14 and Chapter 8.

(17) Tricia D. Olsen, Leigh A. Payne, and Andrew G. Reiter, *Transitional Justice in Bal-*

ance: Comparing Processes, Weighing Efficacy（Washington DC: United States Institute of Peace, 2010）, pp.154–59.

(18)　ギリシャについては Amnesty International, *Torture in Greece: The First Torturers' Trial 1975*（April 1, 1977）; Harry J. Psomiades, "Greece; From the Colonels'Rule to Democracy." in John H. Herz ed., *From Dictatorship to Democracy*, pp.251–73; Nicos C. Alivizatos and P. Nikiforos Diamandouros, "Politics and the Judiciary in the Greek Transition to Democracy," in A. James McAdams ed., *Transitional Justice and the Rule of Law in New Democracies*（Notre Dame, IN: University of Notre Dame Press, 1997）; Kathryn Sikkink, *The Justice Cascade: How Human Rights Prosecutions Are Changing World Politics*（New York: W. W. Norton & Company, 2011）, pp.36–50；ポルトガルについては António Costa Pinto, "Authoritarian Legacies, Transitional Justice and State Crisis in Portugal's Democratization," *Democratization* 13, no.2（2006）, pp.173–204: Pinto, "Political Purges and State Crisis in Portugal's Transition to Democracy," *Journal of Contemporary History* 43, no.2（2008）, pp.305–32; Sikkink, *The Justice Cascade,* pp.50–56.

(19)　Edward Malefakis, "Spain and Its Francoist Heritage," in John H. Herz ed., *From Dictatorship to Democracy*, pp.251–273; Sikkink, *The Justice Cascade,* pp.56–58.

(20)　ラテンアメリカ諸国の移行期正義については多くの事例研究が行われている．例えば，Sikkink, *The Justice Cascade*; 内田みどり「不処罰に抗して――南米南部諸国・人権侵害免責法とのたたかい」『中央大学法学新報』第 110 巻 3・4 号（2003 年）171～90 頁；杉山知子『移行期の正義とラテンアメリカの教訓――真実と正義の政治学』北樹出版，2011 年；大串和雄「「犠牲者中心の」移行期正義と加害者処罰――ラテンアメリカの経験から」『平和研究』第 38 号(2012 年)1～22 頁；Francesca Lessa, Tricia D. Olsen, Leigh A. Payne, Gabriel Pereira, and Andrew G. Reiter, "Overcoming Impunity: Pathways to Accountability in Latin America" *International Journal of Transitional Justice* 8, no.1（2014）, pp.75–98.

(21)　Tina Rosenberg, *The Haunted Land: Facing Europe's Ghosts after Communism*（New York: Vintage Books, 1996）, pp.336–37. 共産主義体制確立期の 1950 年代初頭にかけて拷問や殺害，政治的裁判を含む厳しい弾圧が行われた．しかし，1953 年のスターリン死去後は，こうした表立った物理的暴力は低下し，かわりに旧東ドイツの政治家ティールゼ(Wolfgang Thierse)が「日々の穏やかな恐怖体制」と呼んだ，低強度の抑圧政策が続くことになった．A. James McAdams, *Judging the Past in Unified Germany*（Cambridge: Cambridge University Press, 2001）, p.15.

(22)　中東欧諸国の移行期正義に関する研究は，主に公職追放と秘密ファイルへのアクセスを対象に行われてきたが，これらの実施の有無や程度を左右する要因としては，専ら旧共産主義勢力の影響力に着目した分析が行われてきた．例えばウェルシュ(Helga Welsh)は，ハンティントンが体制移行の類型が移行期正義の有無を決定すると論じていたのに対し，過去よりも「現在の政治」が重要だと論じ，元共産党員の選挙基盤が脆弱であるほど公職追放が行われやすいと述べている(Helga Welsh, "Dealing with the Communist Past: Central and East European Experiences after 1990," *Europe-Asia Stydues* 48, no.3［1996］, pp.419–28)．ネデルスキー(Nedya Nedelsky)は旧共産党政権がどれだけ国民によって正統なものだと認識されているかが公職追放の実施におけ

る重要な要因だと指摘し（“Divergent Responses to a Common Past: Transitional Justice in the Czech Republic and Slovakia,” *Theory and Society* 33, no.1［2004］, pp.65–115），ナレパ（Monika Nalepa）は旧共産党勢力が選挙での敗北を予測した際に，より厳しい移行期正義策を回避する目的で穏健な公職追放を導入していると主張している（*Skeletons in the Closet: Transitional Justice in Post-Communist Europe*［New York: Cambridge University Press, 2010］）．移行期正義研究において中東欧諸国を対象にはじめて広範な事例研究を行ったスタン（Lavinia Stan）も，旧共産主義勢力と反対派勢力の力関係に着目し，これは反対派勢力の組織力，旧共産主義体制の抑圧の程度，政治的多元性の経験の有無に左右されると述べている（“Conclusion: Explaining Country Differences,” in Lavinia Stan ed., *Transitional Justice in Erastern Europe and the Former Soviet Union: Reckoning with the Communist Past*［Abington, Oxon, UK: Routledge, 2009］, pp.267–69）．

(23)　ただし，こうした動きは検察局を含む様々な勢力の反対にあい，2008年11月に検察局の異議申し立てを受けた法廷は，起訴を行った全国管区裁判所のガルソン（Baltasar Garzón）判事に当該案件を扱う権限がないとの判断を下し，集団墓地の発掘の停止を命じた（Carlos Closa, “Spain,” in Lavinia Stan and Nadya Medelsky eds., *Encyclopedia of Transitional Justice* Vol. II［New York: Cambridge University Press, 2013］, pp.459–65）.「歴史の記憶法」の成立過程については加藤伸吾「スペイン「歴史記憶法」の成立過程（2004～2008年）」『外務省調査月報』no.4（2008年）1～28頁も参照.

(24)　大串，前掲「「犠牲者中心の」移行期正義と加害者処罰」10～15頁；内田みどり「ウルグアイにおける軍部人権侵害をめぐる政治力学――「平和のための委員会」の意義と限界」『国際政治』131号（2002年）49～63頁；内田みどり「バスケス政権と軍政期人権侵害問題」『和歌山大学教育学部紀要　人文科学』第57集（2007年）9～14頁. ただし，ウルグアイでは2013年2月に，人道に対する罪には時効が成立しないとして，免責法によって阻まれていた軍政期の犯罪の責任追及を可能にする法律18831号（2011年10月27日）について，最高裁が一部違憲とする判決を出しており，事態は錯綜している．内田みどり「ウルグアイにおける歴史の政治的利用――軍政の責任をめぐって」『法政理論』第45巻3号（2013年）172頁.

(25)　杉山，前掲『移行期の正義とラテンアメリカの教訓』123～27頁.

(26)　ヤルゼルスキに対しては1980年代初頭に民主化運動に対抗すべく発布した戒厳令の責任をめぐって，民主化後に議会に設けられた委員会が1992年から調査を行ったものの，十分な証拠を提示しないまま責任追及の必要性を否定し，活動を終えていたが，それから10年以上経った2008年に再び起訴されるに至った．ただし，高齢のため裁判に耐えられず，2014年5月に判決を待たずに死去した．Lavinia Stan, “Poland,” in Lavinia Stan ed., *Transitional Justice in Eastern Europe and the Former Soviet Union*（Abingdon, Oxon, UK: Routledge, 2009）, pp.93–95; Monika Nalepa, “Poland,” in Lavinia Stan and Nadya Medelsky eds., *Encyclopedia of Transitional Justice* Vol. II, pp. 388–89参照.

(27)　2003年に元通信局長のホフマン（Karel Hoffman）に対して，ソ連率いるワルシャワ条約機構軍の侵攻を伝えるラジオ放送を妨害した罪で禁錮4年の有罪判決が下された（“Former Hard-line Communist Sentenced for Role in 1968 Invasion,” *Radio Prague*［June 9, 2003］, http://www.radio.cz/en/section/curraffrs/former-hard-line-communist-sentenc

ed-for-role-in-1968-invasion [accessed September 15, 2016]). ただし，チェコでは 1990 年代半ばから共産主義政権下での犯罪の捜査が進められたが，象徴的な事件であるプラハの春の弾圧に関して有罪判決が下された政府高官はホフマン 1 人に留まっている．チェコはドイツに次いで，中東欧諸国のなかでは例外的に広範な移行期正義を行った国と位置付けられているが，その焦点は公職追放措置であり，体制移行直後のチェコスロヴァキアで共産党プラハ支部長(Miroslav Stepan)に有罪判決が出された例はあるものの，裁判は限定的なものに留まっている(Nedya Nedelsky, "Czechoslovakia and the Czech and Slovak Republics," in Lavinia Stan ed., *Transitional Justice in Eastern Europe and the Former Soviet Union*, pp.37-60 参照)．なお，ドイツでは統一後にホーネッカー(Erich Honecker)元社会主義統一党書記長を含む一連の裁判が行われたが，同国の場合は東側が西側に「吸収された」という特殊な事情を有している．

(28) 人権裁判の定義は移行期正義に関するデータベース「移行期正義共同研究」による．Geoff Dancy, Francesca Lessa, Bridget Marchesi, Leigh A. Payne, Gabriel Pereira, and Kathryn Sikkink, "The Transitional Justice Research Collaborative: Bridging the Qualitative-Quantitative Divide with New Data," 2014, https://www.transitionaljusticedata.com. 当該国のイニシアティブに基づく国内裁判および国際裁判のうち混合裁判を行った国の数．本節での考察の対象が 2010 年までに限定されているのは，このデータベースが 2010 年以降ほとんどアップデートされていないことによる．

(29) 既存の種々の仮説を計量データをもとに検証した研究として Olsen, Payne, and Reiter, *Transitional Justice in Balance* がある．

(30) フランコ体制下では 14 万人が失踪あるいは殺害され，スペイン内戦前後に 26 万 7000 人から 40 万人が抑留されたとされる(Closa, "Spain," p.460; Sikkink, *The Justice Cascaede*, p.56)．これに対してスペインと同じくらい長期にわたる独裁の続いたポルトガルでは 1940 年代に約 3 万人が抑留され，1945 年以降は政治的抑圧は主に司法の枠内で行われ，殺害はほとんど行われなくなったとされる(António Costa Pinto, "Portugal," in Lavinia Stan and Nadya Medelsky eds., *Encyclopedia of Transitional Justice* Vol. II, p.392)．ギリシャの軍事独裁政権は他の南欧 2 か国に比すれば 1967 年から 1974 年までの 7 年間と短い．

(31) マックス・ウェーバー／濱嶋朗訳『権力と支配』講談社学術文庫，2012 年，24 頁．

(32) 同書，24～25 頁．

(33) Seymour Martin Lipset, *Political Man: The Social Bases of Politics* (New York: Anchor Books, 1963), p.64; Robert A. Dahl, *Polyarchy: Participation and Opposition* (New Haven and London: Yale University Press, 1971), pp.129-32; Linz, *The Breakdown of Democratic Regimes,* pp.16-18.

(34) Linz, *The Breakdown of Democratic Regimes*, p.18.

(35) 民主主義国の定義については，Larry Diamond, *Developing Democracy: Toward Consolidation* (Baltimore, MD: Johns Hopkins University Press, 1999), pp.7-17.

(36) Freedom House, "Freedom in the World－Electoral Democracies."

(37) 丸山眞男「政治の世界」『丸山眞男集　第五巻』岩波書店，1995 年(初出，御茶の水書房，1952 年)152～60 頁．

(38)　Diamond, *Developing Democracy*, pp.2-3.

(39)　篠田英朗『「国家主権」という思想——国際立憲主義への軌跡』勁草書房，2012年，第7章．ただし，篠田は法の支配が「擬人化した国家を経由せずに，直接個人に適用される」ことを「新しい国際立憲主義」と呼び(262頁)，「類推適用」という言葉の使用を退けている．

(40)　大串，前掲「「犠牲者中心の」移行期正義と加害者処罰」17頁．この他，ネイヤー(Aryeh Neier)も「虐待の被害者はしばしば憎み嫌われた少数派である」として過去への対処方法を大衆の意思に委ねることに懸念を表明している．Aryeh Neier, *Taking Liberties: Four Decades in the Struggle for Rights* (New York: Public Affairs, 2003), p.229.

(41)　Sikkink, *The Justice Cascade*, p.57.

(42)　Ibid., 大串，前掲「「犠牲者中心の」移行期正義と加害者処罰」1～22頁，杉山，前掲『移行期の正義とラテンアメリカの教訓』等を参照．なお，本研究が依拠した民主化指標Polity IV(巻末の資料3参照)では，チリの民主化は1989年となっているが，1989年12月に実施された大統領選と議会選の後も1990年3月まではピノチェト率いる軍事政権が存続し，同選挙で当選した議員も就任していないため，実質的な民主化の年は1990年である．この点については大串和雄氏の指摘に感謝申し上げる．

(43)　国内人権団体への寄付については，大串和雄氏の指摘による．

(44)　Margaret E. Keck and Kathryn Sikkink, *Activists beyond Borders: Advocacy Networks in International Politics* (Ithaca, NY: Cornell University Press, 1998), pp.12-13.

(45)　Ibid., Chapter 3; Ellen Lutz and Kathryn Sikkink, "The Justice Cascade: The Evolution and Impact of Foreign Human Rights Trials in Latin America," *Chicago Journal of International Law* 2, no.1 (2001), pp.8-12.

(46)　吉川元『国際安全保障論——戦争と平和，そして人間の安全保障の軌跡』有斐閣，2007年，94～100頁．

(47)　1994年末までにアフリカ人権委員会のオブザーバー資格が認められたNGOの数は約140に上る．Frans Viljoen, "A Human Rights Court for Africa, and Africans," *Brooklyn Journal of International Law* 30, no.1 (2004), p.8.

(48)　CICCウェブサイト, http://iccnow.org/?mod=home (accessed September 14, 2018).

(49)　大串和雄「民主化・内戦後の司法に課せられるもの——フジモリ裁判と世界の潮流」『立教大学ラテン・アメリカ研究所報』第38号(2009年)13～14頁；大串，前掲「「犠牲者中心の」移行期正義と加害者処罰」11～12頁．

(50)　Kathryn Sikkink and Carrie Booth Walling, "Argentina's Contribution to Global Trends in Transitional Justice." in Naomi Roht-Arriaza and Javier Mariezcurrena eds., *Transitional Justice in the Twenty-First Century: Beyond Truth versus Justice* (Cambridge: Cambridge University Press, 2006), p.316.

(51)　アルゼンチンの人権団体「法と社会研究センター」(Centro de Estudios Legales y Sociales: CELS)の統計による(http://www.cels.org.ar/blogs/estadisticas [accessed on December 2, 2016])．

(52)　NGOおよび個人の提訴を認めている8か国は，ベニン，ガーナ，コートジヴォワール，タンザニア，ブルキナファソ，マラウイ，マリ，チュニジア(アフリカ人権

裁判所ウェブサイト, http://en.african-court.org/index.php/12-homepage1/1-welcome-to-the-african-court［accessed on September 14, 2018］). アフリカ人権裁判所には加盟国の他, 人権監視組織であるアフリカ人権委員会(正式名は「人及び人民の権利に関するアフリカ委員会［the African Commission on Human and Peoples' Rights］」)とアフリカの国際組織も提訴することができる(アフリカ人権裁判所に関する議定書第5条2項). しかしアフリカ人権委員会の報告に拘束力はなく, その権限は米州人権委員会に比して弱い.

(53) Terry Lynn Karl, "The Hybrid Regimes of Central America," *Journal of Democracy* 6, no.3 (1995), pp.72–87; Larry Diamond, "Thinking About Hybrid Regimes," *Journal of Democracy* 13, no.2 (2002), pp.21–35.「混合体制」はここに列挙した様々な名称を含む包括的な概念として用いられている.

(54) Fareed Zakaria, "The Rise of Illiberal Democracy," *Foreign Affairs* 76, no.6 (1997), pp.22–42.

(55) Larry Diamond, Juan J. Linz, and Seymour Martin Lipset, "What Makes for Democracy?" in Diamond, Linz, and Lipset, eds., *Politics in Developing Countries: Compararing Experiences with Democracy* (Bolder, CO: Lynne Rienner, 1995), p.8.

(56) Diamond, *Developing Democracy,* pp.8–10.

(57) William Case, "Can the 'Halfway House' Stand? Semidemocracy and Elite Theory in Three Southeast Asian Countries," *Comparative Politics* 28 (1996), pp.437–64; Scott Mainwaring, Daniel Brinks, and Aníbal Pérez-Liñán, "Classifying Political Regimes in Latin America, 1945–1999," *Studies in Comparative International Development* 36, no.1 (2001), pp.37–65.

(58) Thomas Carothers, "Struggling with Semi-Authoritarians," in Peter Burnell eds., *Democracy Assistance: International Cooperation for Democratization* (London: Frank Cass, 2000); Marina Ottaway, *Democracy Challenged: The Rise of Semi-Authoritarianism* (Washington DC: Carnegie Endowment for International Peace, 2003).

(59) Andreas Schedler, "The Logic of Electoral Authoritarianism," in Andreas ed., *Electoral Authoritarianism: The Dynamics of Unfree Competition* (Bolder, CO: Lynne Rinner Publishers, 2006).

(60) Steven Levitsky and Lucan A. Way, "The Rise of Competitive Authoritarianism," *Journal of Democracy* 13, no.2 (2002), pp.51–65; Levitsky and Way, *Competitive Authoritarianism: Hybrid Regimes after the Cold War* (New York: Cambridge University Press, 2010).

(61) Thomas Risse, Stephen C. Ropp, and Kathryn Sikkink, "The Socialization of International Human Rights Norms into Domestic Practices: Introduction," in Risse, Ropp, and Sikkink eds., *The Power of Human Rights: International Norms and Domestic Change* (Cambridge: Cambridge University Press, 1999), pp.17–34.

(62) Thomas Risse, Stephen C. Ropp, and Kathryn Sikkink, *The Persistent Power of Human Rights: From Commitment to Compliance* (Cambridge: Cambridge University Press, 2013).

(63) Monika Nalepa, *Skeletons in the Closet: Transitional Justice in Post-Communist Europe* (New York: Cambridge University Press, 2010) p.127; 大串, 前掲「「犠牲者中心

の」移行期正義と加害者処罰」17頁．近年においても例えばメキシコでは，文民権威主義体制から民主化したフォックス（Vicente Fox）政権が2005年に元大統領と当時の内務大臣を過去のデモ弾圧事件の責任で起訴しようと試みたが，旧政権下で影響力を持っていた軍の抵抗などによって挫折している．馬場香織「メキシコにおける「移行期の正義」――正義追求の試みはなぜ挫折したのか」『ラテンアメリカ研究年報』第31号（2011年）108〜09頁．

(64) コソヴォについても加盟候補国として地位付与の前提となる安定化・連合協定が2015年10月に調印された．

(65) 5か国のうち，ボスニア・ヘルツェゴヴィナはデイトン合意後に国際監視下に置かれ民主体制が確立していない．

(66) Monica Ciobanu, "Criminalising the Past and Reconstructing Collective Memory: The Romanian Truth Commission," *Europe-Asia Studies* 61, no.2 (2009), pp.313-36; John Gledhill, "Integrating the Past: Regional Integration and Historical Reckoning in Central and Eastern Europe," *Nationalities Papers* 39, no.4 (2011), pp.481-506.

(67) Lavinia Stan, "Romania," in Lavinia Stan ed., *Transitional Justice in Eastern Europe and the Former Soviet Union*, pp.135-36.

(68) Ciobanu, "Criminalising the Past and Reconstructing Collective Memory," p.323.

(69) 吉川元『国際平和とは何か――人間の安全を脅かす平和秩序の逆説』中央公論新社，2015年，371頁．

(70) 吉川，前掲『国際平和とは何か』371〜72頁．ただし，引き続きロシアの影響が残った旧ソ連邦構成国の対応は異なる．旧ソ連邦構成国のなかで共産主義体制下での人権侵害の責任追及を行う裁判を行ったのは，例外的にロシアと距離を置き，NATOとEUへの加盟を果たすなど親西欧政策をとってきたバルト三国（エストニア，ラトビア，リトアニア）に限られている．バルト三国を除いた旧ソ連邦構成国で構成されるCIS諸国は次第に自由・民主主義的価値の推進を図るOSCEから離れ，中国との接近を強めて上海協力機構の創設に加わることになるが（同書，381〜84頁），ここには比較政治学者たちが指摘したように，移行期正義における旧政権の影響が見て取れる．

(71) 1989年に始まった一連の東欧革命のなかで唯一，暴力的に共産党政権が打倒されたルーマニアでは，革命後の暫定政権を担うことになる旧共産党の非主流派党員がチャウシェスク元大統領を裁判にかけ，即日，銃殺刑に処した．

(72) タイで2010年4月〜5月にかけて反政府デモと治安部隊が衝突した後に，当時のアピシット（Abhisit Vejjajiva）政権が反政府派指導者らを重罪で起訴する一方で，その後に誕生したインラック（Yingluck Shinawatra）政権が政敵であるアピシット前首相とステープ（Suthep Thaugsuban）前副首相（事件当時）を起訴するなど，裁判の政治化が問題視されている．HRW, "Thailand: After 5 Years, No Justice for 2010 Violence" (May 18, 2015), https://www.hrw.org/news/2015/05/18/thailand-after-5-years-no-justice-2010-violence (accessed July 12, 2015).

(73) バングラデシュでは1971年の独立戦争時に独立に反対するパキスタン軍とその協力者によって行われた虐殺について，40年近く経た後に責任追及が行われている．しかし，2008年の総選挙の際に当時の野党アワミ連盟が戦犯法廷の設置を公約に掲

げた背景には，それまで政権を担っていたバングラデシュ民族主義党（Bangladesh Nationalist Party: BNP）と協力関係にあるイスラーム政党ジャマティ・イスラミ（Jamaat-e-Islami）の弱体化を狙う動機があったとみられており，実際にジャマティ・イスラミ幹部が不十分な証拠をもとに死刑判決を言い渡され，刑が執行されていることが国際的に非難されている．HRW, “Bangladesh: War Crimes Verdict Based on Flawed Trial” （March 22, 2016）, https://www.hrw.org/news/2016/03/22/bangladesh-war-crimes-verdict-based-flawed-trial（accessed October 10, 2016）.

（74） Jelena Subotic, “The Paradox of International Justice Compliance,” *International Journal of Transitional Justice* 3, no.3（2009）, pp.362–83.

（75） 旧政権の幹部を起訴した国も 1 国のみである（1992 年の社会主義政権崩壊後に同政権下で治安部門の長を務めたサルワリ［Assadullah Sarwari］を住民殺害の罪で裁いたアフガニスタン）．なお，さらに巻末の資料 3記載の民主化経験国が民主体制期間外に行った裁判をみてみると，旧政権幹部が起訴される場合は，イラク戦争後にフセイン元大統領ら旧バアス党幹部を裁いた米軍統治下のイラク，1985 年の軍事クーデターでオボテ（Milton Obote）大統領が失脚した際に同大統領のもとで国務大臣を務めていた人物（Chris Rwakasisi）を誘拐と殺人の罪で裁いたウガンダなど，政治色の強い裁判となりやすい．

（76） Sari Kouvo, “Transitional Justice in the Context of Ongoing Conflict: The Case of Afghanistan,” *ICTJ Briefing*（September 2009）.

（77） HRW, *Still Waiting for Justice: No End to Impunity in Nepal*（2009）.

第 6 章

（1） Tom Fawthrop and Helen Jarvis, *Getting Away with Genocide?: Elusive Justice and the Khmer Rouge Tribunal*（Sydney, UNSW Press, 2004）, p.72.

（2） Tom Perriello and Marieke Wierda, *The Special Court for Sierra Leone Under Scrutiny*（ICTJ, March 2006）, pp.8–9.

（3） Priscilla Hayner, *Negotiating Peace in Sierra Leone: Confronting the Justice Challenge*（Centre for Humaniatian Dialogue and ICTJ, December 2007）, pp.8–9.

（4） Ibid., p.13.

（5） Ibid., p.14.

（6） Ibid., pp.21–22.

（7） “Guidelines for Untied Nations Representatives on Certain Aspects of Negotiations for Conflict Resolution”（a memo from the Secretary-General to UN representatives, 1999）.

（8） Hayner, *Negotiating Peace in Sierra Leone*, p.17.

（9） Lome Accord（July 7, 1999）, Article IX, “Pardon and Amnesty.”

（10） Hayner, *Negotiating Peace in Sierra Leone*, pp.5–6.

（11） Roland Paris, *At War's End: Building Peace After Civil Conflict*（Cambridge: Cambridge University Press, 2004）, pp.222–23.

（12） Letter from the Permanent Representative of Sierra Leone to the UN addressed to the President of the Security Council（S/2000/786, August 9, 2000）.

（13） 安保理決議 1315（S/RES/1315, August 14, 2000）.

(14) Perriello and Wierda, *The Special Court for Sierra Leone Under Scrutiny*, p.12.
(15) Hayner, *Negotiating Peace in Sierra Leone*, p.25.
(16) Prosecutor v. Morris Kallon, Brima Bazzy Kamara, SCSL-04-15-PT-060-II, Decision on Challenge to Jurisdiction: Lomé Accord Amnesty (March 13, 2004).
(17) ICG, "The Special Court for Sierra Leone: Promises and Pitfalls of a 'New Model'," *Africa Briefing* (Freetown and Brussels, August 4, 2003), note 61.
(18) Abdul Tejan-Cole, "A Big Man in a Small Cell," in Ellen L. Lutz and Caitlin Reiger eds, *Prosecuting Heads of State* (New York: Cambridge University Press, 2009), pp.212–13.
(19) Leymah Gbowee with Carol Mithers, *Mighty Be Our Powers: How Sisterhood, Prayer, and Sex Changed a Nation at War* (New York: Beast Books, 2011), Chapter 13／東方雅美訳『祈りよ力となれ』英治出版, 2012年.
(20) AU, 94th Ordinary Session at Ambassadorial Level of the Central Organ of the Mechanism for Conflict Prevention, Management and Resolution (August 29, 2003) "Report of the Interim Chairperson on the Peace Process in Liberia," Central Organ/MEC/AMB/3.(XCIV), p.1; Lansana Gberie, Jarlawah Tonpoh, and Efam Dovi, "Charles Taylor Why Me?" *New African* 451 (May 2006), p.13; Kathy Ward, "Might v. Right: Charles Taylor and the Sierra Leone Special Court," *Human Rights Brief* 11, no.1 (2003), pp.8–9. ただし, テイラーがそれまでに数々の停戦合意を破っていることから, 本交渉における引退について疑問視する声も強かった. Tejan-Cole, "A Big Man in a Small Cell," pp.214–15; Priscilla Hayner, *Negotiating Peace in Liberia: Preserving the Possibility for Justice* (Centre for Humanitarian Dialogue and ICTJ, November 2007), p.7.
(21) Interview with John Kufuor, "Kufur: 'We are on Course'," *New African* 427 (March 2004), p.vii.
(22) Gbowee with Mithers, *Mighty Be Our Powers*, p.155. ただし本書ではモザンビークの代わりにコートジヴォワール大統領が参加した旨の記載があるが, Gberie, et al., "Charles Taylor Why Me?" では当時のAU議長であったモザンビーク大統領が出席した旨の記載があるため, こちらに変更した.
(23) Ibid., pp.155–57.
(24) Ward, "Might v. Right," p.10; Gbrtie, et al., p.13; Tejan-Cole, "A Big Man in a Small Cell," p.215.
(25) Tejan-Cole, "A Big Man in a Small Cell," p.215–17.
(26) Ibid.; Ward, "Might v. Right," p.14.
(27) 末近浩太『イスラーム主義と中東政治——レバノン・ヒズブッラーの抵抗と革命』名古屋大学出版会, 2013年, 11頁. レイプハルトは多極共存型デモクラシーの第三世界における成功例としてレバノンを考察したが, それは内戦前のレバノン(1943〜1975年)についてであり(内山秀夫訳『多元社会のデモクラシー』三一書房, 1979年, 189〜91および195〜99頁), 後に権力分掌を担う宗派を固定する制度は, 差別的で柔軟性に欠けると附言している(Arend Lijphart, "The Wave of Power-Sharing Democracy," in Andrew Reynolds ed., *The Architecture of Democracy: Constitutional Design, Conflict Management, and Democracy* [Oxford: Oxford University Press, 2002], p.

50).

(28) 青山弘之・末近浩太『現代シリア・レバノンの政治構造』岩波書店，2009年，14頁, Marie-Joëlle Zahar, "Power Sharing in Lebanon: Foreign Protectors, Domestic Peace, and Democratic Failure," in Philip G. Roeder and Donald Rothchild eds., *Sustainable Peace: Power and Democracy after Civil Wars* (Ithaca: Cornell University Press, 2005), pp.219-40 等参照.

(29) 末近，前掲『イスラーム主義と中東政治』11頁.

(30) 例えば Brian Barry, "The Consociational Model and Its Dangers," *European Journal of Political Research* 3 (1975), pp.393-412.

(31) 末近浩太「レバノンにおける多極共存型民主主義」酒井啓子編『中東政治学』有斐閣，2012年，82頁．ハンティントンは，レバノンの多極共存型民主主義は「実際には多極共存型寡頭制(consociational oligarchy)」であると評している(Samuel Huntington, *The Third Wave: Democratization in the Late Twentieth Century* [Norman, OK: University of Oklahoma Press, 1991], p.308).

(32) 末近，前掲『イスラーム主義と中東政治』11〜12頁.

(33) 青山・末近，前掲『現代シリア・レバノンの政治構造』17頁.

(34) 同上，20頁．これらの合意事項は翌年，憲法改正で修正条項として明文化された.

(35) Ahmad Hariri, "L'Armée et le pouvoir politique au Liban" (Thèse de doctorat, Université Paris 1 Panthéon-Sorbonne, 1990) p.150, cited in Florence Gaub, "Multi-Ethnic Armies in the Aftermath of Civil War: Lessons Learned from Lebanon," *Defence Studies* 7, no.1 (2007), p.18.

(36) 末近，前掲『イスラーム主義と中東政治』116〜17頁．ただし，ヒズボラはターイフ合意においてイスラエルに対するレジスタンスの継続が正当化されたため，イスラエルの脅威からレバノン国家を防衛する名目で武器の保有を認められた(同書，117頁等参照).

(37) レバノンの平和は，国外のパトロンの関与と密接に関係しているとの議論については Zahar, "Power Sharing in Lebanon," pp.219-40. また，カー(Michael Kerr)は，レバノンと北アイルランドを比較分析し，多極共存型の権力分掌の成否は国外の関係者の支持にかかっていると論じている．Michael Kerr, *Imposing Power-Sharing: Conflict and Coexistence in Northern Ireland and Lebanon* (Dublin: Irish Academic Press, 2005).

(38) 末近，前掲『イスラーム主義と中東政治』119〜20頁.

(39) Special Tribunal for Lebanon (STL), "Creation of the STL," http://www.stl-tsl.org/en/about-the-stl/creation-of-the-stl (accessed on September 7, 2015).

(40) 安武塔馬『レバノン——混迷のモザイク国家』長崎出版，2011年，36頁.

(41) 米国の対シリア政策の変化については，青山弘之「実効支配の終焉——2004年半ば〜2005年4月」青山・末近，前掲『現代シリア・レバノンの政治構造』61〜67頁参照．レバノンのシリアをめぐる国際情勢については，ICG, "Trial by Fire: The Politics of the Special Tribunal for Lebanon," *Middle East Report* no.100 (December 2, 2010), pp.2-4 も参照.

(42) 安保理決議1559(S/RES/1559, September 2, 2004), para.1.

(43) Ibid., paras.2, 3 and 5.ヒズボラ等の解体は「レバノン人および非レバノン人の民兵組織の武装解除と解体」という表現で記載されている.

(44) 末近，前掲『イスラーム主義と中東政治』202 頁.

(45) 同書，284 頁.

(46) ハリーリの経歴については，安武，前掲『レバノン』38〜49 および 64〜68 頁参照.

(47) ハリーリは任期延長に明確に反対の意思は示していなかったが，ハリーリが主導する政治勢力が国民議会内で任期延長反対派とあわせると，シリアが企図する任期延長憲法改正案を廃案に追い込むことを可能にする 3 分の 1 以上の議席を有したため，危惧したシリアはハリーリの説得工作に乗り出し，2004 年 8 月 24 日にアサド大統領がダマスカスでハリーリと会談した．会談の内容には諸説あるが，いずれにせよハリーリは会談を機に延長支持にまわり，安保理決議 1559 が採択された翌日の 9 月 3 日に法改正が実現することとなった(青山，前掲「実効支配の終焉」69〜70 頁).

(48) 安武，前掲『レバノン』56 頁．国連の調査報告は「(ハリーリとシリアの)両者の間に何らかの形で存在していた信頼関係を終焉させることとなった」と述べている. UN Security Council, "Report of the Fact-finding Mission to Lebanon Inquiring into the Causes, Circumstances and Consequences of the Assassination of Former Prime Minister Rafik Hariri," S/2005/203 (March 24, 2005), para.11.

(49) 実際の首相辞任は 10 月 21 日である．Ibid.; ICG, "Trial by Fire: The Politics of the Special Tribunal for Lebanon," *Middle East Report* no.100 (December 2, 2010), p.2.

(50) UN Security Council, "Report of the Fact-finding Mission," para.14.

(51) 竹村仁美「レバノン特別法廷をめぐる国際刑事法上の諸論点」『北九州市立大学法制論集』第 40 巻 4 号(2013 年 3 月)204 頁.

(52) ICG, "Trial by Fire," p.3; Chatham House, "The Special Tribunal for Lebanon: The UN on Trial?" *Middle East/International Law Briefing paper* 07/01 (July 2007), p.4.

(53) 安武，前掲『レバノン』95〜98 頁；青山，前掲「実効支配の終焉」81〜85 頁.

(54) UN Security Council, "Statement by the President of the Security Council," (February 15, 2005, S/PRST/2005/4).

(55) UN Security Council, "Report of the Fact-fiding Mission," paras.24–36 and 60–63.

(56) Chatham House, "The Special Tribunal for Lebanon: The UN on Trial?" *Middle East/International Law Briefing paper* 07/01 (July 2007), p.4.

(57) 末近浩太「レバノンにおける多極共存型民主主義」酒井啓子編『中東政治学』85 頁.

(58) 青山弘之「駐留シリア軍撤退後の国連の対応――2005 年 4 月〜2006 年 7 月」青山・末近，前掲『現代シリア・レバノンの政治構造』95〜98 頁；Detlev Mehlis, "Report of the International Independent Investigation Commission established pursuant to Security Council resolution 1597 (2005)," attached to S/2005/662 (October 19, 2005), pp.7–9; ICG, "Trial by Fire," note 31 参照.

(59) UN Security Council, "Letter dated 13 December 2005 from the Chargé d'affaires a.i. of the Permanent Mission of Lebanon to the United Nations addressed to the Secretary-General" (S/2005/783, December 12, 2005).

(60) 安武，前掲『レバノン』117 頁.

(61) 安保理決議 1644（S/RES/1644, December 15, 2005）.

(62) UN Security Council. “Report of the Secretary-General pursuant to paragraph 6 of resolution 1644 (2005)”（S/2006/176, March 21, 2006）.

(63) 安保理決議 1664（S/RES/1664, March 29, 2006）.

(64) それぞれサッルーフ（Fawzi Sallukh）外務在外居住者大臣，フナイシュ（Muhammad Funaysh）電力水資源大臣，サーヒリー（Talal al-Sahili）農業大臣，ハリーファ（Muhammad Khalifa）保健大臣，ハマーダ（Turad Hamada）労働大臣，およびサッラーフ（Ya'qub al-Sarraf）環境大臣である（末近浩太「反転攻勢がもたらしたさらなる内政麻痺――2006 年 9 月～2007 年 6 月」青山・末近，前掲『現代シリア・レバノンの政治構造』207～08 頁）．なお，末近は閣僚辞任の背景には，2007 年 11 月 24 日に任期が切れるラッフード大統領の後任選びを有利に運ぶという中長期的狙いもあったとみている（同書，201 頁）.

(65) 同書，209 頁.

(66) Chatham House, “The UN on Trial?” p.6; ICG, “Trial by Fire,” p.6.

(67) UN Security Council, “Letter dated 14 May 2007 from the Prime Minister of Lebanon to the Secretary-General”（S/2007/281, May 16, 2007）.

(68) 安保理決議 1757（S/RES/1757, May 30, 2007）.

(69) 安保理決議 1595（S/RES/1595, April 7, 2005）.

(70) Mehlis, “Report of the International Independent Investigaton Commission Established Pursuant to Security Council Resolution 1597 (2005),” para.124.

(71) 4 名は共和国防護隊のハムダーン（Mustafa Hamdan）司令官（ラフード大統領警護責任者），公安総局のサイイド（Jamil as-Sayyed）前長官，国軍情報局のアザール（Raymond Azar）前局長，内務治安部隊のハッジ（Ali Hajj）前司令官である．後者 3 名は，いずれもハリーリ暗殺事件後に反シリア世論の圧力で辞任した（安武，前掲『レバノン』109～10 頁）.

(72) 青山弘之「駐留シリア撤退後の国連の対応」102 および 105 頁；安武，前掲『レバノン』112～13 頁.

(73) ICG, “Hizbollah and the Lebanese Crisis,” *Middle East Report* no.69 (October 10, 2007), p.1.

(74) ICG, “Lebanon: Hizbollah's Weapons Turn Inward,” *Middle East Briefing* no.23 (May 15, 2008), p.4.

(75) “Doha Agreement on the outcome of the meeting of the Lebanese National Dialogue,” annexed to the letter dated May 22, 2008 from the Permanent Observer of the League of Arab States to the United Nations addressed to the President of the Security Council (S/2008/392, June 10, 2008): Christopher Daaboul, “The doha Agreement, Lebanon and the Near future of the Near East” (European Union Instutute for Security Studies, July 2, 2008). 末近，前掲『イスラーム主義と中東政治』306～08 頁参照.

(76) 末近，同書 309～12 頁.

(77) 安武，前掲『レバノン』86～87 および 159 頁.

(78) ICG, “Trial by Fire,” pp.19–20.

(79) STL, *Second Annual Report* (*2010–2011*), pp.25–26.

(80) ICG, "Trial by Fire," pp.14–16.

(81) 他の3名はアイヤーシュ(Salim Jamil Ayyash), ウニーシー(Hussein Hassan Oneissi)およびサブラー(Assad Hassan Sabra). このうちアイヤーシュはハリーリ暗殺チームのリーダーだったとみられている.

(82) Chatham House, "The UN on Trial?" p.6.

(83) 末近, 前掲『イスラーム主義と中東政治』322頁.

(84) BBC News, "Q & A: Hariri Tribunal," (January 16, 2014), http://www.bbc.com/news/world-middle-east-12182326 (accessed September 10, 2015).

(85) STL, *Third Annual Report* (*2011–2012*), p.13.

(86) 起訴されたのはメリ(Hassan Habib Merhi). STL, *Fifth Annual Report* (*2013–2014*), p.32.

(87) BBC News, "Q & A: Hariri tribunal."

(88) ロメ和平合意に規定された恩赦が国際法廷や普遍的管轄権に基づく他国による訴追を妨げるものではないと判断したシエラレオネ特別法廷上訴裁判所は, 判決のなかで, 国際的な重大犯罪の免責がロメ和平合意締結時点において国際慣習法上違法とは言えないにしても, そうした免責を認めない方向で国際慣習法は発展していると述べている(SCSL-04-15-PT-060-II, para.84).

終　章

(1) 本文執筆後の2019年1月に下された, バグボ・コートジヴォワール前大統領に対する無罪判決は, 政権の座を降りたといえども国家関係者を相手とする裁判の難しさを改めて浮き彫りにした.

(2) これに対して破綻国家や脆弱国家への対応として「新たな信託統治」や永続的な「主権共有」など主権に制限を加える見解が現実主義的論者の側から出されている点は興味深い. James D. Fearon and David D. Laitin, " Neotrusteeship and the Problem of Weak States," *International Security* 28, no.4 (2004), pp.5–43; Stephen Krasner, "Sharing Sovereignty: New Institutions for Collapsed and Failing States," *International Security* 29, no.2 (2004), pp.85–120.

(3) Antonio Cassese, "On the Current Trend towards Criminal Prosecution and Punishment of Breaches of International Humanitarian Law," *European Journal of International Law* 9 (1998), p.8.

(4) 阿部浩己「解説」ウィリアム・シャバス／鈴木直訳『勝者の裁きか, 正義の追求か――国際刑事裁判の使命』岩波書店, 2015年, 121頁.

(5) 国際法学における国内類推思考については, 大沼保昭「国際法学の国内モデル思考――その起源, 根拠そして問題性」広部和也・田中忠編『山本草二先生還暦記念論文集　国際法と国内法』勁草書房, 1991年を参照. 国際関係論における国内類推思考については, Hidemi Suganami, *The Domestic Analogy and World Order Proposals* (Cambridge: Cambridge University Press, 1989); 篠田英朗「「国際法学の国内モデル思考」批判の射程――その可能性と限界」中川淳司・寺谷広司編『大沼保昭先生記念論文集　国際法学の地平――歴史, 理論, 実証』東信堂, 2008年, 87〜106頁; 石田淳

「国際秩序」中西寛，石田淳，田所昌幸『国際政治学』有斐閣，2013 年，169〜229 頁.

(6) 国家の同意は，第一に国際刑事裁判所の管轄権の受諾(ローマ規程を批准するか否か)において，第二に管轄権受諾後に捜査に協力するか否かの場面で必要となる.

(7) 篠田英朗『平和構築と法の支配——国際平和活動の理論的・機能的分析』創文社，2003 年，38〜39 頁；同『「国家主権」という思想——国際立憲主義への軌跡』勁草書房，2012 年，262 および 273 頁.